子どもの保健

新基本保育シリーズ 11

監修
公益財団法人
児童育成協会

編集
松田 博雄
金森 三枝

中央法規

新・基本保育シリーズ
刊行にあたって

　認可保育所を利用したくても利用できない、いわゆる「保育所待機児童」は、依然として社会問題になっています。国は、その解消のために「子育て安心プラン」のなかで、保育の受け皿の拡大について大きく謳っています。まず、2020年度末までに全国の待機児童を解消するため、東京都ほか意欲的な自治体への支援として、2018年度から2019年度末までの2年間で必要な受け皿約22万人分の予算を確保するとしています。さらに、女性就業率80％に対応できる約32万人分の受け皿整備を、2020年度末までに行うこととしています。

　子育て安心プランのなかの「保育人材確保」については、保育補助者を育成し、保育士の業務負担を軽減するための主な取り組みとして、次の内容を掲げています。

・処遇改善を踏まえたキャリアアップの仕組みの構築
・保育補助者から保育士になるための雇上げ支援の拡充
・保育士の子どもの預かり支援の推進
・保育士の業務負担軽減のための支援

　また、保育士には、社会的養護、児童虐待を受けた子どもや障害のある子どもなどへの支援、保護者対応や地域の子育て支援など、ますます多様な役割が求められており、保育士の資質および専門性の向上は喫緊の課題となっています。

　このような状況のなか、2017（平成29）年3月の保育所保育指針、幼稚園教育要領、幼保連携型認定こども園教育・保育要領の改定・改訂、2018（平成30）年4月の新たな保育士養成課程の制定を受け、これまでの『基本保育シリーズ』を全面的に刷新し、『新・基本保育シリーズ』として刊行することになりました。

　本シリーズは、2018（平成30）年4月に新たに制定された保育士養成課程の教科目の教授内容等に準拠し、保育士や幼稚園教諭など保育者に必要な基礎知識の習得を基本に、学生が理解しやすく、自ら考えることにも重点をおいたテキストです。さらに、養成校での講義を想定した目次構成になっており、使いやすさにも配慮しました。

　本シリーズが、保育者養成の現場で、保育者をめざす学生に広く活用されることをこころから願っております。

公益財団法人　児童育成協会

はじめに

　保育の原点は、子どもの命を守り、子どもの健やかな育ちを支えることにある。一人ひとりの子どもの心身の状態や発達、特性、個性にそった保育によって子どもの健康は保たれる。乳幼児期は、特に病気に対する抵抗力が弱く、心身の機能の未熟さもあり、健康状態、発達状態を把握し、適切な判断に基づく保健的な対応を行うことも求められる。保育士の保育活動すべてが子どもの健康にかかわっているといっても過言ではない。

　2018（平成30）年4月から適用されている保育所保育指針「第1章　総則」の「1　保育所保育に関する基本原則」では、目標として「十分に養護の行き届いた環境の下に、くつろいだ雰囲気の中で子どもの様々な欲求を満たし、生命の保持及び情緒の安定を図ること」「健康、安全など生活に必要な基本的な習慣や態度を養い、心身の健康の基礎を培うこと」が示されている。生命の保持という点では、一人ひとりの子どもが快適に生活すること、健康で安全に過ごせること、生理的欲求が十分に満たされること、健康増進が積極的に図られるようにすることなどが含まれる。このことは、養護の観点からも理解する必要があり、子どもの保健に関する知識を学び、保育のなかで実践していくことが必須のこととなる。保育者は、誕生から大人になるまでの長期的な視野をもって、子ども自身が健康なこころと身体を育て、自ら健康で安全な生活をつくり出す力を培うこと、子ども自身が自分の健康を守ることができるようはたらきかけていくことが求められる。

　保育士が働く場所は、保育所、児童館、子育て支援センター、認定こども園、家庭的保育、児童養護施設、乳児院、母子生活支援施設、児童発達支援センター、障害児入所施設、児童心理治療施設、児童自立支援施設、病院など多様だが、どのような場でも子どもの命を守り、健やかな育ちを支えるための心身の健康と安全、成長発達に関する知識と技術は重要である。

　2018（平成30）年4月に、新たに保育士試験の科目および指定保育士養成施設（大学・短期大学、専門学校等）での修業科目等の新設・変更が行われた。その際、従来の「子どもの保健Ⅰ（講義・4単位）」については、子どもの心身両面の健康増進を図ることの意義を理解したうえで、子どもの身体発育や生理機能の特性・発達、子どもの健康状態とその把握、疾病とその予防・対応など、保育における保健的対応に必要な基礎的事項を学ぶ教科目「子どもの保健（講義・2単位）」として再編された。

　本書では、厚生労働省が定める目標や内容を15回の授業を通して学ぶことができ

るように、15講に分けて構成した。医学や看護の知識も必要とされるなかで保育士としてまず身につけてほしい知識・技術を学び、保育士養成の場や現場で使いやすく、わかりやすい教科書をめざして制作した。

　「子どもの保健（講義・2単位）」は講義科目であり、医学や看護の知識も必要とされる膨大な内容のなかで、保育としてまず身につけてほしい知識を学び、保育士の養成や保育現場で使いやすく、わかりやすい教科書をめざして制作した。

　1つの講は、3つのStepに分けて構成されており、Step 1は基本的な事項で保育士として知っておくべき必須の内容、Step 2はStep 1を踏まえてより深めた内容、Step 3は関連領域の知識などのより発展的な内容とすることを基本方針としている。

　本書で学んだ内容が保育士としての力となり、保育士となった後に出会う子どもの命を守り、子どもにとってのよりよい今を、望ましい未来をつくり上げることにつながることを願っている。

　本書を作成するにあたってご協力いただいたすべての皆様に感謝を申し上げる。

2019年1月

松田博雄・金森三枝

本書の特徴

- 3Stepによる内容構成で、基礎から学べる。
- 国が定める養成課程に準拠した学習内容。
- 各講は見開きで、見やすく、わかりやすい構成。

Step1

基本的な学習内容
保育者として必ず押さえておきたい
基本的な事項や特に重要な内容を学ぶ

Step1

1. 健康の概念とヘルスプロモーション

健康のとらえ方と概念

　健康のとらえ方は年代によって異なり、疾病や健康状態も変化してきた。近代において、自然科学の進展にともなう医学が飛躍的に発展したことから疾病の予防と人間の寿命の延長が可能となった。現代においては、単に長生きすることが健康のあかしではなく、生活の質（quality of life：QOL）を高めることが健康問題を考えるうえで重要視されるようになってきている。

　健康の定義は、1946年に世界中の人々の健康を司る国際的公的機関として誕生した世界保健機関（World Health Organization：WHO）憲章前文で掲げられたものが広く知られている。健康を単に病気でない状態と消極的にとらえるのではなく、完全に良好な状態（well-being）と積極的にとらえていること、また健康の身体的側面だけを考えるのではなく精神的・社会的側面にも注目している点で重要であり、現代の健康観を考える基盤となっている。

WHO憲章前文　健康の定義
Health is a state of complete physical, mental and social well-being and not merely the absence of disease or infirmity.

子どもの健康とは

　子どもの健康を考えるとき、大切なことは発育・発達期にある存在であるという視点である。母体から出生後、子どもはさまざまな環境のなかで心と身体を成長・発達・成熟させる。子どもの健康とは「病気でない、弱っていないということではなく、身体的にも、精神的にも、そして社会的にも、すべてが満たされた状態にあり、成長・発達が保障されている」状態を意味する。

ヘルスプロモーション

　ヘルスプロモーションとは、WHOが1986年の「オタワ憲章」において提唱した新しい健康観に基づく21世紀の健康戦略であり、「人々が自らの健康をコントロールし、改善することができるようにするプロセス」であると定義される。健康の前提条件として、平和、教育、食料、環境等について安定した基盤が必要であるなど、社会的環境の改善を含んだものとなっている。活動のゴールを住民の「健康」ではな

図表2-1　ヘルスプロモーション活動による健康への道のり

出典　島内憲夫「オタワ憲章とヘルスプロモーション」『公衆衛生』第61巻第9号、医学書院、p.637、1997、を参考に作成

く、「QOL」としたこと、住民の参画・主体的な活動を重視している（図表2-1）。

2. 健康指標

人口静態統計・人口動態統計

　人口統計には、ある一定時点での人口の現状や構成を表す「人口静態統計」と、一定期間内に発生した人口の変動を表す「人口動態統計」がある。日本の人口静態統計は、5年に一度、総務省が実施する国勢調査によって把握される。また、「人口推計」（総務省）によると、2017（平成29）年10月1日現在の日本の総人口は、1億2670万6000人である。2008（平成20）年の1億2808万4000人をピークに減少に転じており、年齢別人口構成割合の推移をみると、高齢化により年少人口と生産年齢人口の割合は減少し続けているのに対し、老年人口の割合は増加し続けている（図表2-2）。

　人口動態統計は、毎年調査を実施しており、その項目は、出生、死亡、死産と間接的にかかわる婚姻、離婚についてである。人口動態統計から算出される健康の指

Step2

こころの健康指標

　子どもが健やかに育ち、その未来を最大限に可能性を広げて生きていくためには、大人側だけの視点ではなく、子ども側からも考えていくことが必要である。そのためには、子どもが家族や社会、将来についてどのようにどのような思いを抱いているのかについて知ることも必要であり、子どものこころの健康や幸せ度を含めた新たな健康指標からその改善に向けた取り組みが必要である。内閣府が2013（平成25）年度に実施した「我が国と諸外国の若者の意識に関する調査」から、自己肯定感、意欲、こころの状態、将来像という観点からみる。

自己肯定感

　日本の若者は諸外国と比べて、自己を肯定的にとらえている者の割合が低く、自分に誇りをもっている者の割合も低い。日本の若者のうち、自分自身に満足している者の割合は5割弱（図表2-7）、自分には長所があると思っている者の割合は7割弱で、いずれも諸外国と比べて日本は最も低いという結果であった。

意欲

　日本の若者は諸外国と比べて、うまくいくかわからないことに対し意欲的に取り組むという意識が低く、つまらない、やる気が出ないと感じる者が多い。日本の若者のうち、うまくいくかわからないことに対し意欲的に取り組もうとした者の割合は5割強で、諸外国と比べて低い（図表2-8）。また、つまらない、やる気が出な

Step3

子どもの健康と貧困

子どもの貧困率

　子どもの貧困率という指標がある。子どもの相対的貧困率（等価可処分所得の中央値の半分である「貧困線」を下回る所得しか得ていない者の割合）は、1990年代半ばころからおおむね上昇傾向にあるが、2015（平成27）年には13.9%となっている。全年齢層の相対的貧困率は、2012（平成24）年から2015（平成27）年にかけて16.1%から15.7%へと0.4ポイントの低下、子どもの貧困率は、16.3%から13.9%と、2.4ポイントの低下となっている（図表2-11）。この子どもの貧困率は実数にして300万人余に相当し、6〜7人に1人の子どもが貧困線に満たない暮らしをしていることになる。OECD（経済協力開発機構）2014によると、わが国の子どもの相対的貧困率はOECD加盟国34か国中10番目に高い25位となっている。

ひとり親世帯での貧困率

　2015（平成27）年における子どもがいる現役世帯の相対的貧困率は12.9%であり、そのうち大人が1人の世帯（ひとり親世帯）の相対的貧困率が50.8%と、大人が2人以上いる世帯の10.7%に比べて非常に高い水準となっており（図表2-12）、OECD加盟国中最も高い。ここからは、ひとり親家庭など大人1人で子どもを養育している家庭が、特に経済的に困窮している実態がうかがえる。

図表2-11　相対的貧困率の年次推移　　図表2-12　子どもがいる現役世帯の世帯員の相対的貧困率

経済的理由による就学困難

　経済的理由により就学困難と認められ、就学援助を受けている小学生・中学生はこの10年間で年々増加しており、2015（平成27）年度には約136万人となっている。就学援助率は15.23%となっている。

その他、生活保護世帯の子どもの高等学校進学率など

　生活保護受給世帯の高校進学率は、2017（平成29）年4月1日時点で93.6%と、この5年間で2.8ポイント改善されてきているものの全国平均の99.0%からみると5.4ポイント低い状況となっている。同じく大学等進学率は35.3%と、全国平均の73.0%からみると5割以下となっている。

貧困の世代間連鎖——世代を超えた「貧困の連鎖」

　子どもの貧困により子どもは経済的困難と社会生活に必要なものの欠乏状態におかれ、発達の諸段階におけるさまざまな機会が奪われた結果、学力、健康、家庭環境、非行、虐待などさまざまな側面で不利な立場を負うことになる。なかでも教育格差からくる貧困の世代間連鎖（図表2-13）とは、家庭が貧しければ教育にお金をかけられない、大学にも行けず、学歴が低ければ貧困に陥る確率が高くなる、貧しい家庭に育った子どもが親になったときにその子どもがまた貧困に陥る確率が高くなる、このように貧困が固定化されて連鎖していくことをいう。子どもの健やかな成長発達を社会全体で保障していくことが必要な現状が、貧困率という数値からみえてきたのである。

子どもの貧困対策の推進に関する法律（子どもの貧困対策推進法）

　子どもの将来が生まれ育った環境によって左右されることのないよう、また、世代を超えて連鎖することのないよう、必要な環境整備と教育の機会均等を図ることを目的として、子どもの貧困対策の推進に関する法律が、2013（平成25）年6月に公布され、2014（平成26）年1月に施行され、同年8月には「子供の貧困対策に関する大綱」が閣議決定されている。この法律は、すべての子どもたちが夢と希望をもって成長していける社会の実現をめざし、教育支援、生活支援、保護者への就

図表2-13　貧困の連鎖

将来に希望をもっている割合は6割強、40歳になったときに幸せになっていると思う割合は7割弱で、いずれも諸外国のなかで日本が最も低い。年代が高くなるほど、その傾向が顕著である（図表2-10）。

図表2-7　自分自身に満足している

図表2-8　うまくいくかわからないことにも意欲的に取り組む

図表2-9　ゆううつだと感じた

図表2-10　将来への希望

Step3

発展的な学習内容

近年の動向、関連領域の知識など、発展的な内容を学ぶ

Step2

基本を深めた学習内容

Step1をふまえ、より詳しい内容、
多様化する保育者の役割、
児童福祉や教育との関連などを学ぶ

保育士養成課程──本書の目次
対応表

　指定保育士養成施設の修業教科目については国で定められており、養成課程を構成する教科目については、通知「指定保育士養成施設の指定及び運営の基準について」（平成15年雇児発第1209001号）において、その教授内容が示されている。

　本書は保育士養成課程における「教科目の教授内容」に準拠しつつ、授業で使いやすいよう全15講に目次を再構成している。

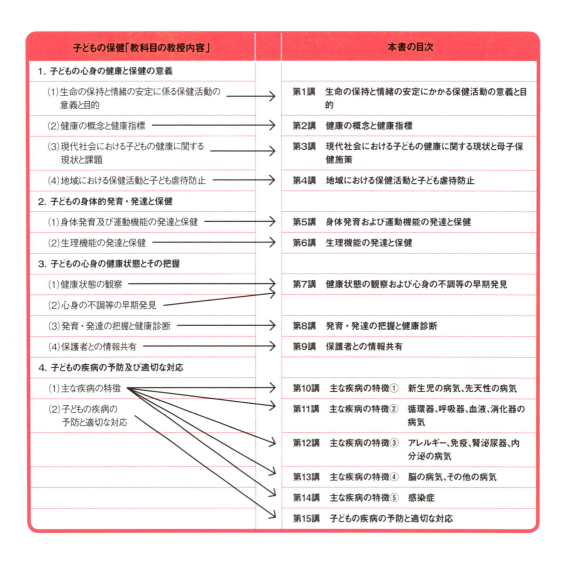

CONTENTS

新・基本保育シリーズ　刊行にあたって
はじめに
本書の特徴
保育士養成課程――本書の目次　対応表

第1講　生命の保持と情緒の安定にかかる保健活動の意義と目的

Step1　1. 保健活動からみた生命の保持と情緒の安定 ……… 2
　　　　2. 保育所保育指針における養護のねらいと内容 ……… 3
Step2　1. 養護と教育を一体的に行う ……… 6
　　　　2. 保育のねらいと内容 ……… 8
Step3　保育におけるさまざまな活動の場 ……… 10

第2講　健康の概念と健康指標

Step1　1. 健康の概念とヘルスプロモーション ……… 14
　　　　2. 健康指標 ……… 15
Step2　こころの健康指標 ……… 20
Step3　子どもの健康と貧困 ……… 22

第3講　現代社会における子どもの健康に関する現状と母子保健施策

Step1　1. 現代社会と子どもの健康 ……… 26
　　　　2. 母子保健・子どもの健康にかかわる諸統計 ……… 26
Step2　1. 母子保健法 ……… 32
　　　　2. 母子保健対策の体系 ……… 33
Step3　1. 母子保健対策と療養援護等 ……… 36
　　　　2. 母子保健対策と医療対策等 ……… 36
　　　　3. 子育て世代包括支援センター ……… 37

第4講　地域における保健活動と子ども虐待防止

Step1
1. 保健行政施策の体系と地域保健 ... 40
2. 対人保健の概要 ... 41
3. 学校保健 ... 43

Step2
1. 児童虐待とは ... 44
2. 虐待に対する保育所、保育者の役割 ... 46

Step3
1. 保育所における保健と嘱託医の役割 ... 48
2. 嘱託医との連携の実態と課題、展望 ... 49

第5講　身体発育および運動機能の発達と保健

Step1
1. 発育の過程 ... 52
2. 身体発育 ... 52
3. 運動機能の発達 ... 54

Step2
1. 臓器の発育様式 ... 58
2. 骨の発育と骨年齢 ... 59
3. 身体発育の評価 ... 59
4. 運動発達の評価 ... 60

Step3
1. 低身長と低身長の要因 ... 62
2. 運動発達に影響を与える要因 ... 62
3. 特異な運動発達を示す子ども ... 62

COLUMN 親のサポートに役立つ運動発達段階の知識 ... 64

第6講　生理機能の発達と保健

Step1
1. 呼吸器系 ... 66
2. 循環器系 ... 67
3. 消化器系 ... 68
4. 腎・泌尿器系 ... 69

Step2
1. 中枢神経系 ... 70
2. 内分泌系 ... 71
3. 血液系 ... 72

	4. 免疫系	73
Step3	**1.** 水分代謝	74
	2. 体温調節	74
	3. 睡眠リズム	74
	4. 排泄機能	75
	5. 皮膚機能	75

第7講　健康状態の観察および心身の不調等の早期発見

Step1	**1.** 子どもの健康状態の観察	78
	2. 子どものバイタルサイン(体温・脈拍・呼吸)の特徴と正常値	78
	3. 全身状態の観察	80
Step2	子どもによくみられる症状	82
Step3	脱水	86

第8講　発育・発達の把握と健康診断

Step1	**1.** 園における発育・発達の見かた	90
	2. 保育士による発育・発達の把握	90
	3. 発育・発達の確認のための園の役割	91
Step2	**1.** 健康診断の確認事項	92
	2. 健康診断に用いる健診票とカンファレンス	92
	3. 健康診断の事後指導	95
Step3	乳幼児健診の知識	96

第9講　保護者との情報共有

Step1	**1.**「気づき」について	102
	2. 気づきを整理する	104
Step2	保護者面接での情報の伝え方	106
Step3	**1.** 保護者へのアドバイスの仕方	108
	2. 保護者の特徴を知る	109

第10講　主な疾病の特徴①
新生児の病気、先天性の病気

Step1
1. 新生児の病気 ……………………………………………… 112
2. 新生児の理解 ……………………………………………… 112

Step2
1. 新生児期に特徴的な病気（低出生体重を除く） ………… 114
2. 先天異常 …………………………………………………… 118
3. 先天性疾患 ………………………………………………… 118

Step3
1. 低出生体重児の増加 ……………………………………… 120
2. 先天奇形の予防 …………………………………………… 120
3. 出生前診断 ………………………………………………… 121
4. 医療費助成制度と社会福祉制度 ………………………… 121

COLUMN 生殖補助技術 …………………………………………… 122

第11講　主な疾病の特徴②
循環器、呼吸器、血液、消化器の病気

Step1
1. 循環器の病気 ……………………………………………… 124
2. 呼吸器の病気 ……………………………………………… 124
3. 血液の病気 ………………………………………………… 126
4. 消化器の病気 ……………………………………………… 126

Step2
1. 主要な先天性心疾患 ……………………………………… 130
2. 川崎病と心臓合併症 ……………………………………… 131

Step3
1. スペシャルケアが必要な子どもたち …………………… 132
2. かぜ症状から重症化する子どもたちへの注意 ………… 132
3. 出血傾向がある子どもたちへの注意 …………………… 133

COLUMN 子どもは体調に対して正直 …………………………… 134

第12講　主な疾病の特徴③
アレルギー、免疫、腎泌尿器、内分泌の病気

Step1
1. 免疫 ………………………………………………………… 136
2. 腎・泌尿器 ………………………………………………… 138

	3. 内分泌	139
Step2	1. アレルギー	140
	2. 腎・泌尿器の病気	141
	3. 内分泌の病気	142
Step3	1. 免疫の病気	144
	2. アレルギー	144

第13講 主な疾病の特徴④ 脳の病気、その他の病気

Step1	1. 中枢神経の病気	148
	2. 運動器の病気	150
	3. 皮膚の病気	150
	4. 目の病気	151
	5. 耳の病気	153
	6. 小児がん(悪性新生物、白血病を含む)	153
Step2	1. てんかん発作の分類	154
	2. 乳幼児にみられやすいてんかん	154
	3. 主な神経筋疾患	155
Step3	1. がんをもつ子どもたちへの理解	156
	2. 主な小児がん	156
	3. 早期発見の難しさとがんを乗り越える子どもたちへの支援	157
COLUMN	「もしかしたら…?」という気づきから病気がわかることも	158

第14講 主な疾病の特徴⑤ 感染症

Step1	1. 感染症理解の基本	160
	2. 感染症法と学校感染症	162
Step2	1. 学校感染症と出席停止期間	166
	2. 感染症の分類	166
Step3	1. 感染症との戦いとヘルスプロモーション	168
	2. 市中感染症と院内感染症	168

3. 後天性免疫不全症候群（AIDS） 169
4. 感染症と病児保育 169

第15講　子どもの疾病の予防と適切な対応

Step1
1. 定期健康診断 172
2. 日々の健康観察 172
3. 感染症の予防 172

Step2
1. 感受性対策（予防接種等） 180
2. 健康教育 183

Step3 感染症の疑い時・発生時の対応 184

参考資料

1. DENVER II（デンバー発達判定法） 188
2. 年少、年中、年長クラスの健診票 189
3. 主な内分泌腺、分泌されるホルモンとその作用 190
4. 保育所におけるアレルギー疾患生活管理指導表の参考様式 191
5. 主な感染症一覧 192
6. 予防接種の推奨スケジュール 200
7. 学校感染症における出席停止の基準 202

索引
企画委員一覧
編集・執筆者一覧

第1講

生命の保持と情緒の安定にかかる保健活動の意義と目的

　乳幼児の生命の保持と情緒の安定については、保育所保育指針にうたわれているように保育の原点といえる。

　本講では、保育所における保健活動がどのように生命の維持と情緒の安定につながっているのかを考えるとともに、養護と教育を一体的に行う意味や「健康」「人間関係」「環境」「言葉」「表現」における目標や保育の重要性などについて学ぶ。

Step 1

1. 保健活動からみた生命の保持と情緒の安定

　保育においては、乳幼児の生命の保持と情緒の安定は、保育所保育指針（以下、保育指針）にうたわれているように、保育の原点といえる。保育所では、直接子どもたちに接し保育を担当している職種のみならず、保育所に関係するすべての職種がそのような認識をもつと同時に、それに向けての実践が適切に行われることが望ましい。そういったことは日常の保育活動のなかで培われるものであり、個々の乳幼児に応じた保育の展開がそういった活動の原則となる。個々の乳幼児の状況に応じた保育は、それぞれの乳幼児が示すさまざまの欲求を適切に満たすものであると保育指針に提示されている。適切に欲求が満たされる状況は、必ずしも容易に作り出されるものではない。しかし、適切に欲求が満たされたならば、乳幼児の情緒は安定し、身体の諸機能は十分に発揮される。そういった努力を通じて、疾患が治癒に向かい、病気の予防効果がもたらされる。また、事故の発生も防ぐことができる。これらは健康の保持増進に直結した活動であり、保健活動と同義ととらえることもできる。このような保育ができることは、個々の乳幼児の発育発達状態、生活状態、さらに健康状態が十分に把握されていることが前提になる。その意味からいって、健康状態の把握は、保育の最も基本的な活動ということができよう。

　保育所における保健活動がどのように生命の維持と情緒の安定につながっているのかを考えてみよう。まず、健康状態の把握である健康観察は何よりも基本的な活動であることが頻繁に強調される。健康観察は登園時、保育中を問わず、いつも行われていなければならない。そして、保育自体が保健活動の一環をなしている。保育は、養護と教育から成り立つが、養護にしても教育にしても保健活動が必ずその要素となっており、切っても切り離せない関係にある。特に、食事（授乳）、遊び、休息の健康増進の三要素は、すべて養護の内容として確立される必要がある。さらに、乳幼児の健康の保持増進に関する養護は、すべて保育内容として導入されるべきである。例えば、薄着や保育室の換気、温度調節は、日常の保育の実践として常に実行されており、健康の保持増進につながっている。同時に、事故防止も重要な保健活動として位置づけられ、保育環境条件の必要性を伴っている。

　生命の維持と情緒の安定のための保健活動のなかで、健康観察はすべてにおいての基本であり、実践に当たっては、基準を設けておくとよい。しかしながら、その基準を用いて乳幼児を観察し、評価する人材がみな、医学や保健学、看護学の専門職ではないかもしれない。できる限り観察する能力を向上させることにより、また、自らが評価できなくても、乳幼児がみせている状態を専門職に正しく伝えることが

できる能力を向上させることは非常に大切である。多くの場合には、保育現場にいる職種、その大部分が保育を直接担当する職種が、乳幼児の状態を観察することになるわけであるから、その人材のもつ能力の範囲で、乳幼児の状態が判断できるような基準を設定しておくことが期待される。そこに、嘱託医の指導の必要性が強調されることになる。それゆえ、嘱託医の役割は大きいものといわなければならず、乳幼児の健康を真に理解している医師がその役割を担うことの必要性は大きい。

　乳幼児の健康状態を保育現場で評価する際、何よりも乳幼児自身に主眼がおかれることが必要である。乳幼児の健康に関する判断の差は、園ごとに実践活動がどのように行われているのかが異なることを反映しているといえる。保護者への配慮、保育所の保育機能、地域の医療機関の配置とその機能などの要因の関与も大きいと考えられる。そのいずれを重視すべきかの判断は大変難しいことであろう。例えば、健康状態が万全でない子どもを受け入れている場合、乳幼児が保育に耐えられる健康状態にあることを最重視するか、できることなら預かってほしいという保護者の都合にも配慮するか等の相反する問題に直面するとき、価値観のありかたが判断の前面に出てくる。保育施設のおかれている状況はさまざまであるが、乳幼児を主体においた判断の重要性を常に認識しておきたいものである。

　さらに重要なことは、疾病罹患が、1人の乳幼児だけの問題にとどまらず、他の子どもへの影響があることも認識しておきたい。集団の保育という環境における健康の保持増進も常に意識しなければならないという、施設保育の特性がある。感染予防はもちろんのこと、長時間の集団保育に耐えられる体調にあるかについても、常に意識している必要がある。

　保育指針において養護は、保育の目標の1つである「十分に養護の行き届いた環境の下に、くつろいだ雰囲気の中で子どもの様々な欲求を満たし、生命の保持及び情緒の安定を図ること」を具体化したものであり、「生命の保持」にかかわるものと、「情緒の安定」にかかわるものとに分けて詳細に示されている。

2. 保育所保育指針における養護のねらいと内容

　保育指針において、養護に関する概要は「第1章　総則」「2　養護に関する基本的事項」「(2)　養護に関わるねらい及び内容」に記載されている。

生命の保持

　生命の保持に関しては、以下のねらいが記されている。

> ① 一人一人の子どもが、快適に生活できるようにする。
> ② 一人一人の子どもが、健康で安全に過ごせるようにする。
> ③ 一人一人の子どもの生理的欲求が、十分に満たされるようにする。
> ④ 一人一人の子どもの健康増進が、積極的に図られるようにする。

　生命の保持とは、子ども一人ひとりの生きることそのものを保障することである。健康状態は生命の保持に直結したものであるから、一人ひとりの子どもの健康状態や発育および発達状態を把握するために、登所時の健康観察や保育中の子どもの様子の把握を、日々必ず行うことが重要である。また、家庭での食事や睡眠などについて、保護者から情報を得ることが必要である。特に乳児は健康状態が変わりやすいので注意が必要である。

　生命の保持には事故防止を忘れてはならない。事故防止については、子どもの発達の過程や特性を踏まえ、一人ひとりの子どもの行動を予測し、起こりやすい事故を想定しつつ、環境に留意して事故防止に努めることが求められる。子どもの成長に伴い行動範囲が広がるため、その活動を保障し、保育所全体で安全点検表などを活用しながら対策を講じ、子どもにとって安心・安全な環境の維持および向上を図ることが重要である。

　園児の生命を守っていくうえで、保育所の環境の保健面や安全面に関して十分に配慮することが必要である。清潔が保たれ衛生的な場であることはもちろんのこと、明るさ・温度・湿度・音などが快適であること、さらに子どもが安心して探索活動をしたり、のびのびと体を動かして遊んだりすることのできる安全な環境であることが望まれる。保育士等が応答的にかかわりながら、食欲や睡眠などの生理的欲求を満たしていくことは、生命の保持に直結しており、また休息は、心身の疲労を癒し、緊張を緩和し、子どもが生き生きと過ごすうえで大切なことである。子ども一人ひとりの発達過程等に応じて、ときには活発に活動し、また適度な休息をとることができるようにするなどの配慮が必要である。

　健康や安全等にかかわる基本的な生活習慣や態度を身につけることは、主体的に生きる基礎となることで、生命の保持と密接な関係にある。食事・排泄・睡眠・衣類の着脱・身の回りを清潔にすることなどの生活習慣の習得について、保育士等は見通しをもって、子どもにわかりやすく手順や方法を示すなど、一人ひとりの子どもが達成感を味わうことができるよう援助を行う。

情緒の安定

情緒の安定に関しては、次のようなねらいが記されている。

① 一人一人の子どもが、安定感をもって過ごせるようにする。
② 一人一人の子どもが、自分の気持ちを安心して表すことができるようにする。
③ 一人一人の子どもが、周囲から主体として受け止められ、主体として育ち、自分を肯定する気持ちが育まれていくようにする。
④ 一人一人の子どもがくつろいで共に過ごし、心身の疲れが癒されるようにする。

一人ひとりの子どもが、保育士等に受け止められながら、安定感をもって過ごし、自分の気持ちを安心して表すことができることは、子どもの心の成長の基盤になる。

子どもは、保育士等をはじめ周囲の人からかけがえのない存在として受け止められ認められることで、自己を十分に発揮することができる。そのことによって、周囲の人への信頼感とともに、自己を肯定する気持ちが育まれる。

保育士等との温かなやりとりやスキンシップが日々積み重ねられることにより、子どもは安定感をもって過ごすことができるようになる。特に、乳児期の子どもが十分にスキンシップを受けることは、心の安定につながるだけでなく、子どもの身体感覚を育て、人とのかかわりの心地よさや安心感を通じた信頼感の獲得につながる。

保育士等が一人ひとりの子どもの気持ちを汲み、適切に応答していくことは、保育の基本である。子どもの人に対する信頼感は、こうしたかかわりが継続的に行われることを通して育まれていく。子どもは、自分の気持ちに共感し、応えてくれる人がいることで、自身の気持ちを確認し、安心して表現し、行動することができる。

自分に対する自信や自己肯定感を育てていくことは、保育の大切なねらいの一つであるので、子どもの自発性や探索意欲が高まるような環境を計画的に構成し、保育士等も一人ひとりの子どもと楽しさを共有する。

保育所で長時間過ごす子どもは、就寝時刻が遅くなりがちになることがある。一人ひとりの子どもが、乳幼児期の子どもにふさわしい生活のリズムのなかで過ごし、情緒の安定が得られるよう配慮する。保育士等は子どもの生活全体を見通し、家庭と協力しながら心身の状態に応じて適切に援助していくことが大切である。

Step 2

1. 養護と教育を一体的に行う

　保育所保育指針（以下、保育指針）では、生命の保持と情緒の安定のための養護は、教育と一体的に行われることを主旨としている。生命の保持と情緒の安定が確保されなければ教育的かかわりは成り立たないし、生命の保持と情緒の安定のみで教育的なかかわりのない保育は、決して充実したものとならない。両者が一体的に展開されてこそ、効果的な保育となり、それにより一体的な取り組みの意義が明確になる。

　保育指針「第1章　総則」「2　養護に関する基本的事項」「(1)　養護の理念」では、養護と教育は一体で行われるものとして以下のように記載されている。

> 　保育における養護とは、子どもの生命の保持及び情緒の安定を図るために保育士等が行う援助や関わりであり、保育所における保育は、養護及び教育を一体的に行うことをその特性とするものである。保育所における保育全体を通じて、養護に関するねらい及び内容を踏まえた保育が展開されなければならない。

　保育所が、乳幼児期の子どもにとって安心して過ごせる生活の場となるためには、健康や安全が保障され、快適な環境であるとともに、一人の主体として尊重され、信頼できる身近な他者の存在によって情緒的な安定が得られることが必要である。保育士等には、子どもと生活をともにしながら、保育の環境を整え、一人ひとりの心身の状態などに応じて適切に対応することが求められる。保育における養護とは、こうした保育士等による細やかな配慮のもとでの援助やかかわりの全体を指すものである。

　保育士等が、子どもの欲求、思いや願いを敏感に察知し、その時々の状況や経緯をとらえながら、ときにはあるがままを温かく受け止め、共感し、またときには励ますなど、子どもと受容的・応答的にかかわることで、子どもは安心感や信頼感を得ていく。そして、保育士等との信頼関係をよりどころにしながら、周囲の環境に対する興味や関心を高め、その活動を広げていく。

　乳幼児期の教育においては、こうした安心して自分の思いや力を発揮できる環境のもとで、子どもが遊びなどの自発的な活動を通して、体験的にさまざまな学びを積み重ねていくことが重要である。保育士等が、子どもに対する温かな視線や信頼をもって、その育ちゆく姿を見守り、援助することにより、子どもの意欲や主体性は育まれていく。

　このように、保育所における日々の保育は、養護を基盤としながら、それと一体

的に教育が展開されていく。保育士等には、各時期における子どもの発達の過程や実態に即して、養護にかかわるねらいおよび内容をふまえ、保育を行うことが求められる。

　養護および教育を一体的に行うことに関しては、保育指針「第1章　総則」「1　保育所保育に関する基本原則」「(1)　保育所の役割」にも記載されている。

> イ　保育所は、その目的を達成するために、保育に関する専門性を有する職員が、家庭との緊密な連携の下に、子どもの状況や発達過程を踏まえ、保育所における環境を通して、養護及び教育を一体的に行うことを特性としている。

　保育における養護とは、子どもたちの生命を保持し、その情緒の安定を図るための保育士等による細やかな配慮のもとでの援助やかかわりを総称するものである。心身の機能の未熟さを抱える乳幼児期の子どもが、その子らしさを発揮しながら心豊かに育つためには、保育士等が、一人ひとりの子どもを深く愛し、守り、支えようとすることが重要である。

　養護と教育を一体的に展開するということは、保育士等が子どもを一人の人間として尊重し、その命を守り、情緒の安定を図りつつ、乳幼児期にふさわしい経験が積み重ねられていくようていねいに援助することを指す。子どもが、自分の存在を受け止めてもらえる保育士等や友だちとの安定した関係のなかで、自ら環境にかかわり、興味や関心を広げ、さまざまな活動や遊びにおいて心を動かされる豊かな体験を重ねることを通して、資質・能力は育まれていく。

　乳幼児期の発達の特性をふまえて養護と教育が一体的に展開され、保育の内容が豊かに繰り広げられていくためには、子どものかたわらにある保育士等が子どもの心を受け止め、応答的なやりとりを重ねながら、子どもの育ちを見通し援助していくことが大切である。このような保育士等の援助やかかわりにより、子どもはありのままの自分を受け止めてもらえることの心地よさを味わい、保育士等への信頼をよりどころとして、心の土台となる個性豊かな自我を形成していく。

　このように、保育士等は、養護と教育が切り離せるものではないことをふまえたうえで、自らの保育をより的確に把握する視点をもつことが必要である。乳幼児期の発達の特性から、保育所保育がその教育的な機能を発揮するうえで、養護を欠かすことはできない。すなわち、養護は保育所保育の基盤であり、保育所保育全体にとって重要なものである。

2. 保育のねらいと内容

　保育指針では、子どもの保育のねらいと内容を、「健康」「人間関係」「環境」「言葉」「表現」の5つの領域から説明している。養護と教育を一体的に行うことを保健活動の観点からみて行くうえでは、領域のなかでの「健康」が、特に注目される。

　保育指針「第2章　保育の内容」は、乳児保育、1歳以上3歳未満児の保育、3歳以上児の保育に分けて記載されているが、そのなかの領域「健康」に関する記載を概観する。

　教育的取り組みを通じて乳幼児がさまざまな能力を獲得していくことで、生命の維持や情緒の安定を自らの力で得られるようになっていくことがわかる。

乳児保育における「健やかに伸び伸び育つ」ことのねらい

　乳児に関しては、健康は「健やかに伸び伸びと育つ」という項目名のもとに記載されており、そのねらいは以下のとおりである。

---
① 身体感覚が育ち、快適な環境に心地よさを感じる。
② 伸び伸びと体を動かし、はう、歩くなどの運動をしようとする。
③ 食事、睡眠等の生活のリズムの感覚が芽生える。

　健康に関する乳児の教育的側面は、運動や生活習慣等にまたがる。心と体の健康は、相互に密接な関連がある。温かい触れ合いのなかで、寝返り、お座り、はいはい、つかまり立ち、伝い歩きなど、発育に応じて、遊びのなかで体を動かす機会を十分に確保すると、自ら体を動かそうとする意欲が育つ。

　健康な心と体を育てるためには、望ましい食習慣の形成が重要である。個人差に応じて授乳を行い、離乳においてはさまざまな食品に少しずつ慣れ、食べることを楽しむ能力を身につけていく。おむつ交換や衣服の着脱などを通じて、清潔になることの心地よさを習得していく。

1歳以上3歳未満児の保育における「健康」のねらい

　1歳以上3歳未満児の保育において、領域「健康」のねらいは以下のように記載されている。

① 明るく伸び伸びと生活し、自分から体を動かすことを楽しむ。
② 自分の体を十分に動かし、様々な動きをしようとする。
③ 健康、安全な生活に必要な習慣に気付き、自分でしてみようとする気持ちが育つ。

運動に関しては、走る、跳ぶ、登る、押す、引っ張るなど全身を使う遊びの楽しみ方を体得する。一人ひとりの発育に応じて、体を動かす機会を十分に確保し、自ら体を動かそうとする意欲が育つようにするとよい。

健康に関する教育の一環として、基本的生活習慣の獲得をうながす。食事や午睡、遊びと休息など、保育所における生活のリズムの獲得は重要である。望ましい食習慣の形成は常に重要である。

身の回りを清潔に保つ心地よさを知ることで、その習慣が少しずつ身についていく。保育士等の助けを借りながら、衣類の着脱に自分で取り組んでみる。便器での排泄に慣れ、自分で排泄ができるようにうながす。食事、排泄、睡眠、衣類の着脱、身の回りを清潔にすることなど、生活に必要な基本的な習慣については、子どもが自分でしようとする気持ちを尊重する。

3歳以上児の保育における「健康」のねらい

3歳以上児の保育において、領域「健康」のねらいは以下のように記載されている。

① 明るく伸び伸びと行動し、充実感を味わう。
② 自分の体を十分に動かし、進んで運動しようとする。
③ 健康、安全な生活に必要な習慣や態度を身に付け、見通しをもって行動する。

心と体の健康は、相互に密接な関連があるものであることをふまえ、体の諸機能の発達をもたらすようにする。子どもの動線に配慮した園庭や遊具の配置などを工夫する。こういった取り組みも、保育と養護を一体化させた展開によってなしうる。

健康な心と体を育てるためには食育を通じた望ましい食習慣の形成が大切であるので、食べる力の育成を支援する。基本的な生活習慣の形成はほぼできているが、よりよい習慣を身につけていく重要な時期であるので、子どもの自立心を育て、見通しをもって行動できるようにしていく。

事故防止については、環境整備に比べて安全教育の比重がますます大きくなってくる。うっかりとした行為を未然に防ぐため情緒の安定を図り、危険な場所や事物などがわかり、安全についての理解が深まるようにする。

Step 3

保育におけるさまざまな活動の場

　地域では保育士に対する需要が増大し、保育士の活躍の場は保育所のみにとどまらない。子ども・子育て支援新制度による地域型保育や地域子ども・子育て支援事業によるさまざまな地域の子育て支援サービス機関において、保育士の専門的技術が求められている。

地域子育て支援拠点事業（子育て支援センターや子育てひろばなど）

　今、地域では子育てを応援するためのさまざまな活動が展開されている。この活動には専門性の高い異職種がかかわり、異なった専門職間の連携づくりが求められる。保育士は訪れる子どもと保護者に子どもとのかかわり方、子どもとの遊び方を伝える役割があり、全国の多くの子育てひろばに保育士が常駐している。

　子育てひろばは全国津々浦々に普及しており、親子が自由に参加でき、子ども同士は仲間と交流でき、親は子どもとの接し方を学べ、子育て中の親にとって有意義なスペースである。運営主体は自治体であったり、NPOなど民間機関であったり、親同士のグループであったりさまざまである。多くのひろばで保育士資格のある支援者を配置しているが、行政が運営するひろばや、行政からの委託を受けたNPOなどが運営するひろばでは、保育士資格のある支援者の配置を義務づけているところも多い。

認可保育所以外の保育サービス

　保育に関する需要の増大と利用者ニーズの多様化が進み、多くの認可外保育施設で保育サービスが提供されている。「認可施設」とは、児童福祉法で定められた「保育所」として、都道府県知事から認可された施設である。認可施設になるためには、施設設備や職員の資格などについて都道府県が定めた基準を満たさねばならない。

　一方、「認可外保育施設」とは、認可保育所以外の子どもを預かる施設（保育者の自宅で行うもの、少人数のものを含む）の総称である。認可外の施設であっても、保育所という名称をつけることは制限されていないし、認可外の施設で子どもを預かることは禁止されていない。認可外保育施設は認可保育所という制度になじまない、特定の子どもを預かるための施設もあれば、特徴的な教育プログラムを実践している施設もあり、認可外保育施設の設置目的は多様である。

　また、認可保育所は市区町村が計画的に設置しているので、認可外保育施設が基準を満たせば、自動的に認可保育所になるということでもない。これらの施設でも

保育の実践者は保育士である。

ベビーシッター

　国から委託された公益社団法人全国保育サービス協会が資格認定をしており、認定を受けている人のなかには保育士資格のある人も数多い。保育士養成校で保育士資格と同時にベビーシッター資格を取得できる制度もある。また、協会の指定した在宅保育の研修を受けて資格を取得する方法もある。ベビーシッター業務を遂行するためには在宅保育、個別保育についての知識とスキルの取得（研修受講）が必要である。

子育て援助活動支援事業（ファミリー・サポート・センター事業）

　この事業は、地域の相互援助活動を基盤にしている。子育て中には短期に子どもを預けざるをえない事態が生じることが往々にしてあるが、核家族化により、かつてのような複合世帯が少なくなり、一時保育のニーズが非常に高まっている。

　この事業は子どもを預ける人と預かる人からなる会員制度によるものであり、預かる人の資格は規定されていない。したがって、一定の研修（現在は合計24時間の研修を国が提唱している）を受講することにより活動を開始することができる。保育士の資格は求められてはいないが、保育士、看護師、保健師など国家資格を有する人は歓迎される事業である。

乳幼児健康診査や市町村保健センターにおける子育て支援

　市町村保健センターで実施される乳幼児健康診査は、かつては医師、保健師、栄養士、心理士などの専門職が担当し、対象者の疾病や問題行動を把握し、よりよい改善に向けた指導といういわば典型的な医学モデルとして実施されてきた。しかし、乳幼児健康診査のニーズが変わり、子育て支援に重点をおいた現在の健康診査においては、保育士や地域住民のボランティアの参加が求められ、気楽な相談の場、子どもとのかかわりや仲間づくりの場という事業に変貌しつつある。現在、保育士の配置は義務づけられてはいないが、きょうだいを連れて健康診査に来所する親は同伴してきた子どもを保育してもらうことが必要になり、また、親に対する子どもとのかかわり方をアドバイスできる専門職として保育士の参加が求められている。

　保育士は子育ての専門家として子どもと上手にかかわることにより、発達障害が疑われる子どもなどについて、その症状を明確に把握できるなど、健康診査チームの一員としての価値が大きい。

第2講

健康の概念と健康指標

健康の概念について理解するとともに、成長・発達する子どもの健康を諸統計から読み取り、課題について考える。そして、保育者として子どもが健やかに育つための支援について考えよう。

Step1 では、健康の考え方やヘルスプロモーションについてや出生や死亡などの健康指標を解説する。Step2 では、子どもの抱く思いを今を生きる若者の意識から考え、子どもの心身の健康、精神保健のあり方を考える。Step3 では、子どもを取り巻く社会経済環境から子どもの貧困について考える。

Step 1

1. 健康の概念とヘルスプロモーション

健康のとらえ方と概念

　健康のとらえ方は年代によって異なり、疾病や健康状態も変化してきた。近代において、自然科学の進展にともない医学が飛躍的に発展したことから疾病の予防と人間の寿命の延長が可能となった。現代においては、単に長生きすることが健康のあかしではなく、生活の質（quality of life：QOL）を高めることが健康問題を考えるうえで重要視されるようになってきている。

　健康の定義は、1946年に世界中の人々の健康を司る国際的公的機関として誕生した世界保健機関（World Health Organization：WHO）憲章前文で掲げられたものが広く知られている。健康を単に病気でない状態と消極的にとらえるのではなく、完全に良好な状態（well-being）と積極的にとらえていること、また健康の身体的側面だけを考えるのではなく精神的・社会的側面にも注目している点で重要であり、現代の健康観を考える基盤となっている。

> **WHO憲章前文　健康の定義**
> Health is a state of complete physical, mental and social well-being and not merely the absence of disease or infirmity.

子どもの健康とは

　子どもの健康を考えるとき、大切なことは発育・発達期にある存在であるという視点である。母体から出生後、子どもはさまざまな環境のなかで心と身体を成長・発達・成熟させる。子どもの健康とは「病気でない、弱っていないということではなく、身体的にも、精神的にも、そして社会的にも、すべてが満たされた状態にあり、成長・発達が保障されている」状態を意味する。

ヘルスプロモーション

　ヘルスプロモーションとは、WHOが1986年の「オタワ憲章」において提唱した新しい健康観に基づく21世紀の健康戦略であり、「人々が自らの健康をコントロールし、改善することができるようにするプロセス」であると定義される。健康の前提条件として、平和、教育、食料、環境等について安定した基盤が必要であるなど、社会的環境の改善を含んだものとなっている。活動のゴールを住民の「健康」ではな

| Step1 | Step2 | Step3 |

図表2-1 ヘルスプロモーション活動による健康への道のり

- ヘルスプロモーション活動が普及する以前は、専門家の支援を間接的にしか受けることができず、健康への道のりは険しかった

- 現在はヘルスプロモーション活動の普及により、専門家の支援を直接受けることができ、健康への道のりも緩やかになった

出典：藤内修二「オタワ宣言とヘルスプロモーション」『公衆衛生』第61巻第9号、医学書院、p.637、1997. を参考に作成

く、「QOL」としたこと、住民の参画・主体的な活動を重視している（**図表2-1**）。

2. 健康指標

人口静態統計・人口動態統計

　人口統計には、ある一定時点での人口の規模や構成を表す「人口静態統計」と、一定期間内に発生した人口の変動を表す「人口動態統計」がある。日本の人口静態統計は、5年に一度、総務省が実施する国勢調査によって把握される。また、「人口推計」（総務省）によると、2017（平成29）年10月1日現在の日本の総人口は、1億2670万6000人である。2008（平成20）年の1億2808万4000人をピークに減少に転じており、年齢別人口構成割合の推移をみると、高齢化により年少人口と生産人口の割合は減少し続けているのに対し、老年人口の割合は増加し続けている（**図表2-2**）。

　人口動態統計は、毎年調査を実施しており、その項目は、出生、死亡、死産と間接的にかかわる婚姻、離婚についてである。人口動態統計から算出される健康の指

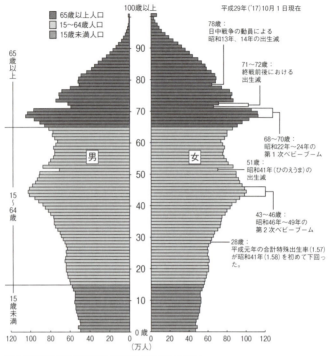

図表2-2 わが国の人口ピラミッド

資料：総務省統計局「人口推計（平成29年10月1日現在）」

標や妊産婦死亡、死産、新生児・乳児死亡、周産期死亡などの母子保健統計は、少子化対策や母子保健事業を進めるにあたり重要である。**図表2-3**は、主な指標・数値と動向である。

出生数と合計特殊出生率

　出生数は、1947（昭和22）年～1949（昭和24）年の第1次ベビーブーム期、1971（昭和46）年～1974（昭和49）年の第2次ベビーブーム期および1966（昭和41）年の「ひのえうま」を除き減少傾向が続いている（**図表2-4**）。2016（平成28）年は97万6978人で1899（明治32）年の統計開始以来、初めて100万人を割った。2017（平成29）年の出生数は94万6065人で、さらに減少している。合計特殊出生率は、15～49歳の女性の年齢階級別出生率を合計したものであり、1人の女性が生涯にわたって何人の子どもを産むかを推計する数字である。合計特殊出生率は、1949（昭和24）年まで4.32と高く、その後急激に低下したものの1960（昭和35）年ごろまでは2.0を超えていた。それ以降はさらに低下し、2006（平成18）年からはほぼ横ばい状態である。2017（平成29）年の合計特殊出生率は1.43であった。

図表2-3　人口統計と母子保健統計（矢印は前年比）

		指標・数値	備考
人口統計 （H29年）	人口	日本の総人口　1億2670.6万人↓ 　　　　　　　男：女＝94.8：100 年少人口　　　1559.2万人（12.3%）↓	・総人口は2008（平成20）年をピークに減少傾向 ・年少人口、生産年齢人口とも減少する一方、老年人口は増加し、老年人口割合は世界最多
	出生	出生数　　　　946.1万人↓ 出生率　　　　7.6（人口千対）↓ 合計特殊出生率　1.43↓	・出生数は1970年代以降減少 ・母の年齢階級別では30歳代前半の出生率が最多 ・合計特殊出生率が2.1を割ると将来人口は減少
	死亡	死亡数と死因　134.0万人↑ 　1位：悪性新生物、2位：心疾患、3位：脳 　血管疾患、4位：老衰、5位：肺炎 平均寿命　　　男：81.09年 　　　　　　　女：87.26年	・肺炎は、2011（平成23）年に脳血管疾患を上回った。2017（平成29）年には5位 ・平均寿命は世界有数の高値
	婚姻と離婚	婚姻件数　　　60.7万件↓ 婚姻率　　　　4.9↓（人口千対） 離婚件数　　　21.2万件↓ 離婚率　　　　1.7↓（人口千対）	・婚姻件数は1970年代より減少傾向、近年は横ばい～減少 ・離婚件数は1970年頃より急増、2002年以降は減少傾向
母子保健統計 （H28年）	妊産婦死亡	妊産婦死亡数　34人↑ 妊産婦死亡率　3.4↑（出産10万対）	・1950年代より低下傾向 ・国際的にみても最良の水準
	死産	死産数　　　　2.09万人↓ 死産率　　　　21.0→（出産千対）	・人工死産率は若年層、高年層の母で高い ・自然死産率は25～29歳が最も低い
	人工妊娠中絶数	16.8万件↓	・妊娠12週未満に行われるものが90%以上
	新生児・乳児死亡	早期新生児死亡率　0.7→（出産千対） 新生児死亡率　　　0.9→（出産千対） 乳児死亡率　　　　2.0→（出産千対）	・早期新生児死亡は新生児死亡に、新生児死亡は乳児死亡に含まれる ・戦後著減し、現在は世界最良の水準
	周産期死亡	周産期死亡数　3,750人↓ 周産期死亡率　3.6→（出産千対）	・減少傾向 ・妊娠22週以降の死産が8割を占める

資料：総務省統計局「人口推計（平成29年10月1日現在）」、厚生労働省「人口動態統計」

図表2-4　出生数および合計特殊出生率の年次推移

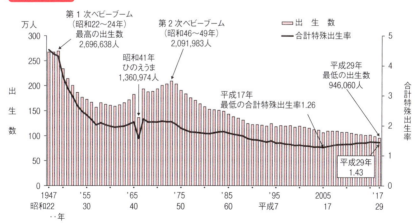

資料：厚生労働省「人口動態統計」
注：平成29年は概数である。

乳児死亡率、新生児死亡率、周産期死亡率

　子どもの身体的健康の水準を表す指標には、乳児死亡率、新生児死亡率、周産期死亡率などがある。乳児死亡率は、出生千に対するその年の生後1年未満の死亡数である。新生児死亡率は、出生千に対するその年の生後28日未満の死亡数である。2017（平成29）年の乳児死亡率は出生千対1.9（1761人）、新生児死亡率は出生千対0.9（832人）であった。1947（昭和22）年から1960年代初頭までの乳児死亡率は諸外国と比べて高かったが、その後は低下し、現在は世界で有数の低率国となっている。乳児の生存は、母体の健康状態、養育条件などの影響を強く受けるため、地域別比較のための健康状態を示す健康指標として用いられる。

　周産期死亡率は、出産（出生＋妊娠満22週以降の死産）千に対するその年の妊娠満22週以降の死産数と生後7日未満（早期新生児）の死亡の合計である。これらはいずれも母体の健康状態に強く影響される胎児または新生児の死亡であり、出生をめぐる死亡という意味で重要である。2017（平成29）年の周産期死亡率は出産千対3.5（3308人）であった。周産期死亡の数、率ともに減少を続けている。

　わが国の周産期死亡率は諸外国と比較し、妊娠満28週以後の死産数の出生千対の比、早期新生児死亡率ともに低くなっている（**図表2-5**）。

図表2-5 周産期死亡率の諸外国との比較

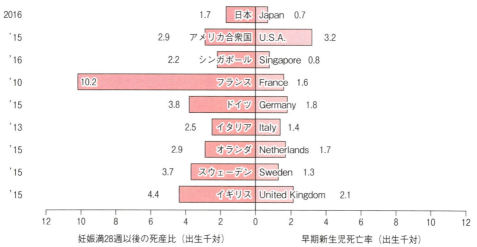

注1：諸外国は、妊娠期間不詳の死産を含む。
　2：フランスについては、妊娠期間180日以後の死産である。
資料：UN「Demographic Yearbook」
出典：厚生労働省政策統括官「平成30年我が国の人口動態（平成28年までの動向）」p.29, 2018.

乳幼児・児童・生徒の死亡

　死因順位別死亡数は、各年齢階級とも「不慮の事故」が死亡順位の上位にある。死因は、0歳では「先天奇形等」が最も多く、「呼吸障害等」「乳幼児突然死症候群（SIDS）」と続く。1歳から10代後半までは「悪性新生物」や「不慮の事故」が上位を占める。10〜14歳で「自殺」が死因として出現し、15〜19歳とともに死因の第1位となっている（第3講図表3-4（30ページ）参照）。

子ども（児童）虐待の現状（相談対応件数と死亡）

　平成28年度中に、全国207か所の児童相談所が児童虐待相談として対応した件数は、児童虐待の防止等に関する法律（児童虐待防止法）の施行前（平成11年度）の10倍以上に増加した12万2575件でこれまでで最多の件数となっている。

　虐待死は、ほとんどの年で50人を超えている。児童虐待による死亡は、67事例（77人）で、そのうち心中以外の虐待死事例が49例（49人）、心中による虐待死事例が18例（28人）となっている（**図表2-6**）。心中以外の虐待死事例で、死亡した子どもの年齢は、0歳が32人（65.3％）と最も多く、0歳のうち月齢0か月児が16人（50.0％）と高い割合を占めた。心中以外の虐待死の虐待の種類は、身体的虐待が27人（55.1％）、ネグレクトが19人（38.8％）であった。直接死因は、「頭部外傷」8人（22.2％）で最も多かった。主たる加害者は、「実母」が30人（61.2％）と最も多く、次いで「実母と実父」が8人（16.3％）であった。実母のかかえる問題（複数回答）として「予期しない妊娠／計画していない妊娠」と「妊婦健康診査未受診」が多かった。また、加害の動機（複数回答）としては、「保護を怠ったことによる死亡」「子どもの存在の拒否・否定」「依存系以外に起因した精神症状による行為」が多かった。

図表2-6 虐待による死亡事例数

	第14次報告			（参考）第13次報告		
	心中以外の虐待死	心中による虐待死（未遂を含む）	計	心中以外の虐待死	心中による虐待死（未遂を含む）	計
例数	49	18	67	48	24	72
人数	49	28	77	52	32	84

資料：厚生労働省「子ども虐待による死亡事例等の検証結果等について（第14次報告）」の概要

Step 2

> こころの健康指標

　子どもが健やかに育ち、その未来を最大限に可能性を広げて生きていくためには、大人側だけの視点ではなく、子ども側からも考えていくことが必要である。そのためには、子どもが家族や社会、将来についてどのようにどのような思いを抱いているのかについて知ることも必要であり、子どものこころの健康や幸せ度を含めた新たな健康指標からその改善に向けた取り組みが必要である。内閣府が2013（平成25）年度に実施した「我が国と諸外国の若者の意識に関する調査」から、自己肯定感、意欲、こころの状態、将来像という観点からみる。

自己肯定感

　日本の若者は諸外国と比べて、自己を肯定的にとらえている者の割合が低く、自分に誇りをもっている者の割合も低い。日本の若者のうち、自分自身に満足している者の割合は5割弱（図表2-7）、自分には長所があると思っている者の割合は7割弱で、いずれも諸外国と比べて日本が最も低いという結果であった。

意欲

　日本の若者は諸外国と比べて、うまくいくかわからないことに対し意欲的に取り組むという意識が低く、つまらない、やる気が出ないと感じる若者が多い。日本の若者のうち、うまくいくかわからないことに対し意欲的に取り組むとした者の割合は5割強で、諸外国と比べて低い（図表2-8）。また、つまらない、やる気が出ないとした者の割合は8割弱で、諸外国と比べて高い。そうした傾向はいずれの年齢層でもみられている。

こころの状態

　日本の若者は諸外国と比べて、悲しい、ゆううつだと感じている者の割合が高い。この1週間のこころの状態について、悲しいと感じた日本の若者の割合は7割強、ゆううつだと感じた日本の若者の割合は8割弱（図表2-9）で、いずれも諸外国と比べて相対的に高い。そうした傾向はどの年齢層でも同様にみられ、特に10代前半では突出して諸外国より高くなっている。

自らの将来に対するイメージ

　日本の若者は諸外国と比べて、自分の将来に明るい希望をもっていない。自分の

将来に希望をもっている割合は6割強、40歳になったときに幸せになっていると思う割合は7割弱で、いずれも諸外国のなかで日本が最も低い。年代が高くなるほど、その傾向が顕著である（図表2-10）。

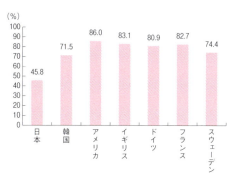

図表2-7　自分自身に満足している

注：「次のことがらがあなた自身にどのくらいあてはまりますか」との問いに対し、「私は、自分自身に満足している」に「そう思う」「どちらかといえばそう思う」と回答した者の合計。

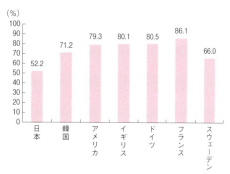

図表2-8　うまくいくかわからないことにも意欲的に取り組む

注：「次のことがらがあなた自身にどのくらいあてはまりますか」との問いに対し、「うまくいくかわからないことにも意欲的に取り組む」に「そう思う」「どちらかといえばそう思う」と回答した者の合計。

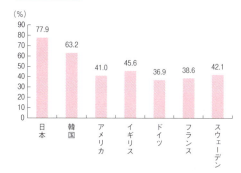

図表2-9　ゆううつだと感じた

注：この1週間のこころの状態について「次のような気分やことがらに関して、あてはまるものをそれぞれ1つ選んでください」との問いに対し、「ゆううつだと感じたこと」に「あった」「どちらかといえばあった」と回答した者の合計。

図表2-10　将来への希望

注：「あなたは、自分の将来について明るい希望を持っていますか」との問いに対し、「希望がある」「どちらかといえば希望がある」と回答した者の合計。

Step3

子どもの健康と貧困

子どもの貧困率

子どもの貧困率という指標がある。子どもの相対的貧困率（等価可処分所得の中央値の半分である「貧困線」を下回る所得しか得ていない者の割合）は、1990年代半ばころからおおむね上昇傾向にあるが、2015（平成27）年には13.9％となっている。全年齢層の相対的貧困率は、2012（平成24）年から2015（平成27）年にかけて16.1％から15.7％へと0.4ポイントの低下、子どもの貧困率は、16.3％から13.9％と、2.4ポイントの低下となっている（**図表2-11**）。この子どもの貧困率は実数にして300万人余に相当し、6～7人に1人の子どもが貧困線に満たない暮らしをしていることになる。OECD（経済協力開発機構）2014によると、わが国の子どもの相対的貧困率はOECD加盟国34か国中10番目に高い25位となっている。

ひとり親世帯での貧困率

2015（平成27）年における子どもがいる現役世帯の相対的貧困率は12.9％であり、そのうち大人が1人の世帯（ひとり親世帯）の相対的貧困率が50.8％と、大人が2人以上いる世帯の10.7％に比べて非常に高い水準となっており（**図表2-12**）、OECD加盟国中最も高い。ここからは、ひとり親家庭など大人1人で子どもを養育している家庭が、特に経済的に困窮している実態がうかがえる。

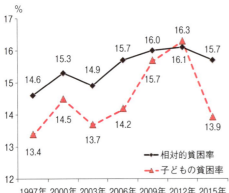

図表2-11 相対的貧困率の年次推移

資料：厚生労働省「平成28年国民生活基礎調査」

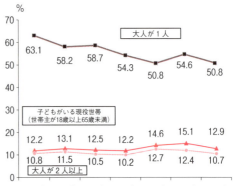

図表2-12 子どもがいる現役世帯の世帯員の相対的貧困率

資料：厚生労働省「平成28年国民生活基礎調査」

経済的理由による就学困難

　経済的理由により就学困難と認められ、就学援助を受けている小学生・中学生はこの10年間で年々増加しており、2015（平成27）年度には約136万人となっている。就学援助率は15.23％となっている。

その他、生活保護世帯の子どもの高等学校進学率など

　生活保護受給世帯の高校進学率は、2017（平成29）年4月1日時点で93.6％と、この5年間で2.8ポイント改善されてきているものの全国平均の99.0％からみると5.4ポイント低い状況となっている。同じく大学等進学率は35.3％と、全国平均の73.0％からみると5割以下となっている。

貧困の世代間連鎖──世代を超えた「貧困の連鎖」

　子どもの貧困により子どもは経済的困難と社会生活に必要なものの欠乏状態におかれ、発達の諸段階におけるさまざまな機会が奪われた結果、学力、健康、家庭環境、非行、虐待などさまざまな側面で不利な立場を負うことになる。なかでも教育格差からくる貧困の世代間連鎖（**図表2-13**）

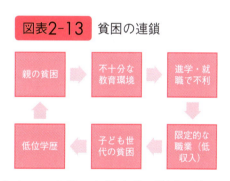

図表2-13　貧困の連鎖

とは、家庭が貧しければ教育にお金をかけられない、大学にも行けず、学歴が低ければ貧困に陥る確率が高くなる、貧しい家庭に育った子どもが親になったときにその子どもがまた貧困に陥る確率が高くなる、このように貧困が固定化されて連鎖していくことをいう。子どもの健やかな成長発達を社会全体で保障していくことが必要な現状が、貧困率という数値からみえてきたのである。

子どもの貧困対策の推進に関する法律（子どもの貧困対策推進法）

　子どもの将来が生まれ育った環境によって左右されることのないよう、また、世代を超えて連鎖することのないよう、必要な環境整備と教育の機会均等を図ることを目的として、子どもの貧困対策の推進に関する法律が、2013（平成25）年6月に公布され、2014（平成26）年1月に施行された。同年8月には「子供の貧困対策に関する大綱」が閣議決定されている。この法律は、すべての子どもたちが夢と希望をもって成長していける社会の実現をめざし、教育支援、生活支援、保護者への就

労支援、経済的支援など子どもの貧困対策を総合的に国や自治体が推進するとしており、2015（平成27）年12月には「ひとり親家庭・多子世帯等自立応援プロジェクト」を策定し、子どもの貧困対策を総合的に推進している。

参考文献

- 内閣府『子ども・若者白書 平成26年版』2014.
- 内閣府「子供の貧困対策」 http://www8.cao.go.jp/kodomonohinkon/index.html
- 厚生労働統計協会『国民衛生の動向 2018/2019年』2018.
- 厚生労働省「子ども虐待による死亡事例等の検証結果等について（第14次報告）の概要」
  http://www.mhlw.go.jp/file/06-Seisakujouhou-11900000-Koyoukintoujidoukateikyoku/0000174459.pdf
- 厚生労働省「平成28年国民生活基礎調査の概況」

第3講

現代社会における子どもの健康に関する現状と母子保健施策

　本講では、わが国の現代社会における子どもの健康に関する現状と母子保健施策について学ぶ。
　Step1では、子ども・家庭を取り巻く環境がどのような状況にあるのか、子どもの健康や母子保健にかかわる諸統計からみる現状をデータから概観し、理解する。Step2では、これらの状況に対する母子保健の施策や体系、支援を解説する。Step3では、さらに保育者として求められる知識や新たな取り組みについて述べる。

Step 1

1. 現代社会と子どもの健康

　現代社会は、少子高齢社会であり、個人の価値観や、仕事、結婚、出産、子育てに関する意識の変化、情報が瞬時にさまざまに行き交う情報社会の進行、核家族化、地域における子どもの養育力の低下、経済状況の厳しい家庭やひとり親家庭の増加、虐待（ぎゃくたい）、子どもが育つ場の環境変化など、さまざまな社会の状況や課題がある。

　戦前までの日本は、農業などで生計を立てる家庭が多く、親子と祖父母世代が同居する三世代家族が多かった。親一人ではなく、地域のなかで分担する形で育児が行われていた。現代の日本は、第二次世界大戦後、高度経済成長が進み、産業構造が大きく変化した。産業の中心が、農業・林業・漁業などの第一次産業から、製造業や建設業などの第二次産業への転換が起こり、工業化の流れのなかで農村から都市部へ人が移り住み、都市化が進んでいった。都市へ人が移り住んで、新たな家族をつくると核家族が増えていった。一方、自然に恵まれた人口の少ない地域では、医療や福祉、教育など社会資源が乏しいなどの課題もある。現在の日本において、子どもの育つ環境には、地域による違いも大きい。

　子どもの健康は、社会の状況とその生活に大きく影響される。さまざまな社会状況のなかで、母子保健は、母性、父性ならびに子どもの健康の保持と増進を図り、生活の質（QOL）の向上と子どもの健やかな心身の発育・発達をめざすものである。法律や行政では、母子保健と表記されるが、単に母と子どもの保健ということでなく、母性、父性、親性の意味も含んでの母子保健であると理解したい。親子の健康の保持増進ということだけでなく、妊娠（にんしん）、出産、子育てを通して親と子が自らの健康を自分で作り上げ、親子とも成長するなかで、より健康で豊かな人生を過ごすことができるように社会全体で支援することが求められている。妊娠、出産、育児をする時期だけではなく、親になる前の思春期から母性、父性を育み、子どもの健やかな育ちとともに、それぞれのライフサイクルのなかで生涯を通じて健康な生活を送るための基盤となる支援も必要とされる。

2. 母子保健・子どもの健康にかかわる諸統計

母子保健に関する統計

　乳児死亡率は、1年以内に出生した乳児1000人あたり、何人死亡したのかを表した数値である。乳児の生死は、妊婦の状態や環境の影響を大きく受けることから、

乳児死亡率は、その国や地域の衛生状態の良し悪し、経済や教育を含めた社会状態、保健医療水準を反映する１つの指標と考えられている。厚生労働省による人口動態統計をみると、1950（昭和25）年では、出生1000人に対して60.1であった乳児死亡率は、2016（平成28）年では、2.0となっている（**図表３－１**）。

日本の母子保健は、明治時代に民間の慈善事業から始まったとされ、人口動態統計を開始した1899（明治32）年の乳児死亡率が出生1000人に対し153.8、史上最も高い数値である1918（大正７）年が188.6という状況のなか、乳児死亡を低下させることを目的に始まった。1937（昭和12）年には母子保健指導と結核対策のために保健所法が制定され、保健所の事業として妊産婦および乳幼児の衛生に関する事項がおかれた。1942（昭和17）年には、妊産婦手帳制度（現在の母子健康手帳）が妊婦登録制度として世界で初めて創設された。

乳児死亡率を国際的にみるとアメリカ合衆国5.8、イギリス3.9、ドイツ3.2、フランス3.3と先進諸国と比較しても、現在の日本は1.9と世界で有数の低い死亡率であり、世界最良の数値となっている（**図表３－２**）。日本において、著しく乳児死亡率が低下した理由は、公衆衛生や衛生環境の向上、保健福祉制度の充実、社会経済状態の発展による生活水準の向上、栄養状態や食生活の改善、医療や医学の進歩、予防接種の開発と普及、安全で効果の高い薬の開発、国民の健康に対する意識の高さなどがあげられている。

図表3-1 新生児死亡率、乳児死亡率の推移

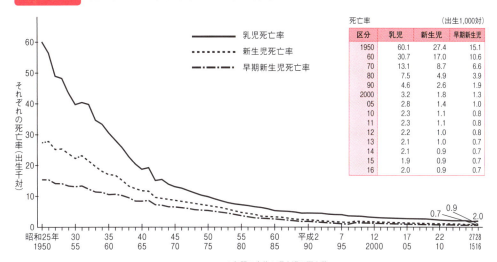

注：昭和47年以前には沖縄県を含まない。早期新生児死亡率＝(１年間の生後１週未満の死亡数)／(１年間の出生数)×1,000

資料：厚生労働省「人口動態統計」
出典：恩賜財団母子愛育会愛育研究所編『日本子ども資料年鑑2018』KTC中央出版, p.113, 2018.

図表3-2 諸外国の周産期死亡率・乳児死亡率の推移

(出生千対)

区分	周産期死亡率 昭和55年(1980)	平成2年(1990)	平成12年(2000)	平成22年(2010)	平成27年(2015) 周産期死亡率	妊娠満28週以後死産比	早期新生児死亡率	乳児死亡率 昭和55年(1980)	平成2年(1990)	平成12年(2000)	平成22年(2010)	平成27年(2015)
日 本	11.7	5.7	3.8	2.9	2.5	1.8	0.7	7.5	4.6	3.2	2.3	1.9
カ ナ ダ	10.9	7.7	6.2	'06) 6.1	'06) 6.1	3.0	3.1	10.4	6.8	5.3	'08) 5.1	…
ア メ リ カ	14.2	9.3	7.1	'09) 6.3	'13) 6.3	3.0	3.3	12.6	9.2	6.9	6.1	'14) 5.8
デンマーク	9.0	8.3	'01) 6.8	6.4	'14) 6.8	4.1	2.7	8.4	7.5	5.3	3.4	'14) 4.0
フランス	13.0	8.3	'99) 6.6	11.8	'10) 11.8	10.2	1.6	10.0	7.3	4.4	3.5	'14) 3.3
ドイツ*1	11.6	6.0	'99) 6.2	'07) 5.5	'14) 5.5	3.6	1.8	12.6	7.1	4.4	3.4	'14) 3.2
ハンガリー	23.1	14.3	10.1	6.9	6.2	4.5	1.7	23.1	14.8	9.2	5.3	'14) 4.5
イタリア	17.4	10.4	'97) 6.8	4.3	'13) 3.8	2.5	1.4	14.3	8.6	4.5	3.2	3.0
オランダ	11.1	9.7	'98) 7.9	'09) 5.7	'14) 4.7	2.8	1.9	8.6	7.1	5.1	3.8	'14) 3.6
スペイン	14.6	7.6	'99) 5.2	3.5	'14) 4.5	3.1	1.4	12.4	7.6	4.4	3.2	'14) 2.8
スウェーデン	8.7	6.5	'02) 5.3	4.8	'14) 5.1	4.0	1.1	6.9	6.0	3.4	2.5	2.2
イギリス*2	13.4	8.2	8.2	'09) 7.6	'12) 7.0	4.8	2.2	12.0	7.9	5.6	4.3	'14) 3.9
オーストラリア	13.5	8.5	6.0	'08) 6.7	'14) 6.0	4.0	2.0	31.6	8.2	5.2	4.1	'14) 3.4
ニュージーランド	11.8	7.2	5.8	'09) 4.9	4.1	1.9	2.2	10.7	8.3	6.1	5.1	4.1

注:国際比較のため、周産期死亡率は妊娠満28週以後の死産数と早期新生児死亡数を加えたものの出生千対を用いている。
「World Health Statistics Annual」「Demographic Yearbook」「平成27年人口動態統計」より。
 1) 乳児死亡率は1985年、周産期死亡率は1990年まで、旧西ドイツの数値である。
 2) 1980年までは、イングランド・ウェールズの数値である。
'01)は2001年、'03)は2003年のように年を表す。また、周産期死亡率、満28週以後の死産比、早期新生児死亡率は同じ年の値。
資料:厚生労働省「平成28年度 厚生統計要覧」2017
出典:図表3-1に同じ、p.153

　乳児死亡率だけでなく、生後4週未満の新生児死亡率、生後1週未満の早期新生児死亡率も併せて低い数値となっている。
　周産期死亡とは、妊娠満22週以後の死産と生後1週未満の早期新生児死亡を合わせたもので、妊産婦死亡は、妊娠中または妊娠終了後満42日未満の女性の死亡をいう。周産期死亡率については、出生1000人に対して、妊産婦死亡率については、出産10万人に対しての割合となっており、共に低下している(図表3-3)。
　これらの数値の低下は、母子保健対策の成果ともいえ、日本は、世界で最も安全に子どもを産むことのできる社会であるといえる。
　一方、人口動態統計でいう死産は、妊娠満12週以後の死児の出産であり、自然死産と人工死産に分かれている。人工死産は、胎児(たいじ)の母体内生存が確実なときに人工的処置を加えたことにより死産に至った場合をいい、それ以外は自然死産となる。死産統計では、母体保護法による人工妊娠中絶のうち、妊娠満12週から妊娠満22週未満までのものを含んでいる。つまり、人工妊娠中絶は、母体の負担が比較的軽い

図表3-3 母子保健に関する統計比較

	1950（昭和25）年	2000（平成12）年	2016（平成28）年
出生数	2,337,507人	1,190,547人	976,978人
合計特殊出生率	3.65	1.36	1.43
周産期死亡数	108,843人	6,881人	3,516人
周産期死亡率		5.8	3.6
乳児死亡数	140,515人	3,830人	1,928人
乳児死亡率	60.1	3.2	2.0
新生児死亡数	64,142人	2,106人	874人
新生児死亡率	27.4	1.8	0.9
妊産婦死亡数	4,117人	78人	34人
妊産婦死亡率	161.2	6.3	3.4
死産数（総計）	216,974人	38,393人	20,934人
死産率	84.9	31.2	21.0
自然死産数	106,594人	16,200人	10,067人
自然死産率	41.7	13.2	10.1
人工死産数	110,380人	22,193人	10,867人
人工死産率	43.2	18.1	10.9

資料：厚生労働省「人口動態統計」より作成

満11週以前の妊娠初期が9割強を占めているが、これらは、死産統計には入っていない。人工妊娠中絶件数は、厚生労働省「衛生行政報告例」によると2016（平成28）年では、16万8015件となっている。

近年の子どもの傷病の傾向

乳児死亡率が低下する一方、子どもの事故、生活習慣の変化による肥満、糖尿病や高コレステロール血症などの小児生活習慣病、アレルギー疾患、低出生体重児、身体障害や発達障害、虐待、貧困、心の問題を抱えた子ども、難病や慢性疾患の子どもの増加なども指摘されている。

厚生労働省による「患者調査の概況」での入院・外来別、年齢階級別推計患者数をみると、2014（平成26）年10月の調査日時点で病気やけがで外来（歯科診療所含む）での診察を受けた14歳未満の子どもは、約73万8500人、入院していた子どもは約2万8100人である。

また、2017（平成29）年の「人口動態統計」の調査結果で子どもの死亡順位、死

図表3-4 年齢階級別死亡順位第3位までの死亡数・率（人口10万対）、割合（％）

2017年

年齢	第1位 死因	死亡数 死亡率 割合	第2位 死因	死亡数 死亡率 割合	第3位 死因	死亡数 死亡率 割合
0歳	先天奇形、変形及び染色体異常	665 67.1 36.1	周産期に特異的な呼吸障害等	236 24.9 13.4	不慮の事故	77 8.1 4.4
1歳～4歳	先天奇形、変形及び染色体異常	178 4.6 25.7	不慮の事故	70 1.8 10.1	悪性新生物	60 1.5 8.7
5歳～9歳	悪性新生物	75 1.4 21.4	不慮の事故	60 1.2 17.1	先天奇形、変形及び染色体異常	51 1.0 14.5
10歳～14歳	自殺	100 1.9 22.9	悪性新生物	99 1.8 22.7	不慮の事故	51 0.9 11.7
15歳～19歳	自殺	460 7.8 39.6	不慮の事故	232 3.9 20.0	悪性新生物	125 2.1 10.8

資料：厚生労働省「人口動態調査」

亡数、死亡率をみると、0歳児では、出生時や新生児期の異常による死亡や乳幼児突然死症候群（SIDS）での死亡が高い割合でみられる。1歳～4歳では、死亡理由の第1位が、先天奇形、変形及び染色体異常で死亡数178人、25.7％、第2位が不慮の事故で70人、10.1％となっている。5歳～9歳は、悪性新生物で死亡する子どもが75人、21.4％で1位となっており、次に不慮の事故が60人、17.1％と多くなっている。思春期になると不慮の事故や自殺の割合が高く、15歳～19歳では、死因の第1位は自殺で1年間に死亡数460人、その割合は36.9％、2位は不慮の事故で死亡数232人、20.0％という結果となっている（**図表3-4**）。19歳以下の自殺の原因になっているものは、厚生労働省の自殺対策推進室・警察庁生活安全局安全企画課「平成28年度中における自殺の状況」によると学業不振、うつ病、その他進路に関する悩み、その他の精神疾患、親子関係の不和、失恋、入試に関する悩みなどがあげられている。

　2017（平成29）年の人口動態統計では、不慮の事故のなかでは、1歳～19歳まで交通事故が最も多いという結果があり、さらに不慮の溺死および溺水、火傷、不慮の窒息などの死亡事故もある。子どもが世界一安全に生まれる国であっても子どもが安全に育つ国ではないという現状もみられる。

児童虐待による死亡事件も後を絶たない。虐待で死亡した子どもの数は、児童虐待の防止等に関する法律に基づき、「社会保障審議会児童部会児童虐待等要保護事例の検証に関する専門委員会」で報告・検証され、厚生労働省より公表されている。第1次報告の2003（平成15）年7月1日〜第14次報告の2017（平成29）年3月31日までの報告（**図表3-5**）によると総計で1241人の子どもが死亡している（心中による虐待死を含む）。

ひとり親家庭や貧困家庭の子どもの健康への影響も配慮が必要となる。健康的な食生活や基本的生活習慣を身につけることが難しい状況、病気になったときなど医療機関に受診しない、健康診断の受診率や任意の予防接種の接種率が低い、精神的に安定した生活がしにくく、学力も低下しやすいなどの傾向もある。

このような状況があることを認識し、保育者は、子どもが安心して安全に生活できる環境を整えること、子どもが心身ともに健康に健やかに成長することを支えるための支援を行っていく必要がある。また、個人や家庭で解決できる範囲を超える課題が重複し、長期化、深刻化している場合もあり、連携しながら地域や社会全体で子どもの育ちや子育てを支えることも重要である。

図表3-5 虐待による死亡事例

区分	第14次報告 心中以外の虐待死	第14次報告 心中による虐待死（未遂を含む）	第14次報告 計	（参考）第13次報告 心中以外の虐待死	（参考）第13次報告 心中による虐待死（未遂を含む）	（参考）第13次報告 計
例数	49（18）	18（2）	67（20）	48（8）	24（0）	72（8）
人数	49（18）	28（3）	77（21）	52（8）	32（0）	84（8）

※未遂とは、親は生存したが子どもは死亡した事例をいう。
※（　）内は、都道府県等が虐待による死亡と断定できないと報告のあった事例について、本委員会にて検証を行い、虐待死として検証すべきと判断された事例の内数
資料：社会保障審議会児童部会「子ども虐待による死亡事例等の検証結果等について（第14次報告）の概要」2018.

Step2

1. 母子保健法

　母子保健法では実現すべき理念として、第2条で、「母性は、すべての児童がすこやかに生まれ、かつ、育てられる基盤であることにかんがみ、尊重され、かつ、保護されなければならない」と述べ、第3条では、「乳児及び幼児は、心身ともに健全な人として成長してゆくために、その健康が保持され、かつ、増進されなければならない」と示されている。母性および乳幼児の保護者には、第4条で、自ら進んで、育児についての正しい理解を深め、乳児または幼児の健康の保持および増進に努めなければならないと定めている。

　自治体が行う主な事業としては、①知識の普及、②保健指導、③新生児の訪問指導、④健康診査、⑤必要に応じた妊産婦・乳幼児の健康診査、⑥栄養の摂取に関する援助、⑦母子健康手帳の交付、⑧妊産婦の保健指導及び訪問指導、⑨未熟児の訪問指導、⑩未熟児の養育医療の給付、⑪医療施設の整備などがあげられる。

図表3-6　母子保健法の概要

1. 目的
○ 母性並びに乳児及び幼児の健康の保持及び増進を図るため、母子保健に関する原理を明らかにするとともに、母性並びに乳児及び幼児に対する保健指導、健康診査、医療その他の措置を講じ、もって国民保健の向上に寄与することを目的とする。

2. 定義
妊産婦…妊娠中又は出産後1年以内の女子
幼　児…満1歳から小学校就学の始期に達するまでの者
乳　児…1歳に満たない者
新生児…出生後28日を経過しない乳児

3. 主な規定

1. 保健指導（第10条）
市町村は、妊産婦等に対して、妊娠、出産又は育児に関し、必要な保健指導を行い、又は保健指導を受けることを勧奨しなければならない。

2. 健康診査（第12条、第13条）
・市町村は1歳6か月児及び3歳児に対して健康診査を行わなければならない。
・上記のほか、市町村は、必要に応じ、妊産婦又は乳児若しくは幼児に対して、健康診査を行い、又は健康診査を受けることを勧奨しなければならない。

3. 妊娠の届出（第15条）
妊娠した者は、速やかに市町村長に妊娠の届出をしなければならない。

4. 母子健康手帳（第16条）
市町村は、妊娠の届出をした者に対して、母子健康手帳を交付しなければならない。

5. 低出生体重児の届出（第18条）
体重が2,500g未満の乳児が出生したときは、その保護者は、速やかに、その旨をその乳児の現在地の市町村に届け出なければならない。

6. 養育医療（第20条）
市町村は、未熟児に対し、養育医療の給付を行い、又はこれに代えて養育医療に要する費用を支給することができる。

出典：厚生労働統計協会編『国民衛生の動向2018/2019年』p.112, 2018. を一部改変。

2. 母子保健対策の体系

　母子保健対策は、**図表3-7**に示されているように思春期から妊娠、出産、育児を通じて、それぞれの時期に必要なサービスが受けられるよう一貫した体系のもとに総合的に進めることをめざしている。保育者として国や市町村で行われている施策やサービスに関する知識をもち、地域のなかでどのようなサービスを受けているのかを把握したうえで子どもや保護者に対する支援にあたることも求められる。

妊婦健康診査

　妊婦の健康診査は、安全な出産と子どもの健康な育ちのために、妊婦の健康状態やおなかの赤ちゃんの発育状況を診査する。妊婦健康診査は、妊娠23週までは毎月1回程度、妊娠24週以降は2週間に1回程度、妊娠36週以降は毎週1回程度と平均して14回、健康診査を受けることが勧められる。現在では、妊婦健診は、検診無料

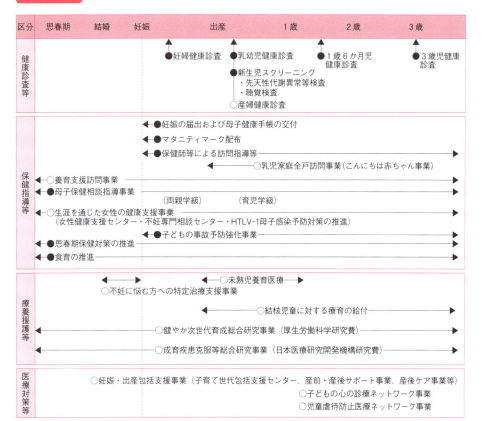

図表3-7　母子保健対策の体系

注　○国庫補助事業　●一般財源による事業
資料：図表3-6に同じ、p.111

も制度化されている。

乳幼児健康診査

　乳幼児健康診査は、市町村において公費で実施されるものとして、1歳までに2回の乳児健診を実施しており、通常、生後3〜6か月と9〜11か月に発育・発達状況を確認し、育児指導や栄養指導を行っている。

　また、母子保健法第12条の規定により、1歳6か月児と3歳児の健康診査が市町村に義務づけられており、疾病の早期発見や発達の状況の把握に努めている。健康診査は、それぞれの時期に応じた子どもの成長・発達状態、疾病（しっぺい）・異常の有無、健康状態、さらに育児の状態を明らかにして、子どもに対する健康の保持増進や育児支援に関する具体的な方法を家族と一緒に考えていくことが目的である。これらの健康診査には、医師だけでなく保育士や臨床心理士、栄養士、保健師なども加わり、育児相談や発達相談にも応じ、健康状態と発育状態に応じた生活の質（QOL）の確立を図っていくといった子育て支援の役割も担っている。健康診査受診率は、平成28年度で1歳6か月児96.4％、3歳児95.1％となっている。健康診査を未受診の場合には、虐待ケースにつながるような要支援家庭の場合もあり、家庭の状況を把握し、受診をうながす支援も必要になる。

先天性代謝異常、クレチン症検査

　先天性代謝異常（たいしゃいじょう）や先天性甲状腺（こうじょうせん）機能低下症（クレチン症）などの早期発見、早期治療を行い、心身障害の発生を予防する目的で、生後4日〜6日ころに新生児の足裏から微量の血液を採取してマススクリーニング検査を行う。

新生児聴覚検査

　聴覚障害を早期に発見し適切な療育指導や対応がなされるよう実施されている。産科医療機関入院中に自動聴性脳幹反応（ちょうせいのうかん）検査装置（AABR）等により検査を行う。

産婦健康診査

　産後うつの予防や新生児への虐待（ぎゃくたい）防止を図るため、産後2週間、産後1か月など出産後間もない時期の産婦に対する健康診査の重要性が指摘され、2017（平成29）年度から、市町村が実施する産後健康診査2回分の費用を国の負担により助成する産婦健康診査事業が開始された。実施にあたっては、母体の身体的機能の回復や授乳状況および精神状態の把握、産婦健康診査の結果の健診実施機関から市町村へのすみやかな報告、支援が必要と判断される産婦に対して産後ケア事業を行う。

妊娠の届出と母子健康手帳の交付

　母子保健法の規定により、妊娠した女性は、すみやかに市町村に妊娠の届出をすることになっている。これを受けて、市町村は、母子健康手帳を交付する。母子健

康手帳には、妊娠中や出産時、産後の母体の経過、誕生から6歳になるまでの成長の過程や保健指導、健康診査の結果など育児に関する記録、予防接種の記録などができるようになっている。乳幼児の養育に必要な情報や母子保健の情報なども掲載されている。母子の健康支援や保健指導の際の資料としても利用し、保育者が、保護者の了解を得て、子どもの保育に活用していくことも子どもの生活や健康にとって重要である。また、妊娠・出産に関する安全性と快適性の確保、妊産婦に対する社会の理解と配慮を促すために2006（平成18）年にマタニティマークが発表され、普及啓発に取り組んでいる。

保健師等による訪問指導等

母子保健法では、市町村は、妊産婦もしくはその配偶者または乳児もしくは幼児の保護者に対して、妊娠、出産または育児に関し、必要な保健指導を行い、または保健指導を受けるよう勧奨しなければならないとしている。必要に応じて保健師、助産師、医師、その他の職員が家庭を訪問し、保健指導を行っている。

乳児家庭全戸訪問事業（こんにちは赤ちゃん事業）

生後4か月までの乳児のいるすべての家庭を保健師、保育士などが訪問し、親子の心身の状況の把握、育児に関する相談、情報提供、助言等を行う。

養育支援訪問事業

乳児家庭全戸訪問事業の実施結果や養育支援が特に必要であると判断した家庭に対して、保健師、保育士等が家庭に訪問し、適切な養育が行われるよう支援する。

母子保健相談指導事業

妊産婦やその配偶者、乳幼児の保護者に対して、母子保健等の個別的な指導や相談に応じるとともに、両親学級、育児学級等による集団での支援を実施する。

生涯を通じた女性の健康支援事業

不妊専門相談センターにおける専門相談や女性の生涯を通じた健康教育を実施し、女性特有の身体的特徴による悩みや相談に応じ、専門職に対する研修を行う。

子どもの事故予防強化事業

子どもの事故に対する親の意識啓発を行うことにより、事故予防の強化を図る。

思春期保健対策の推進

思春期の妊娠中絶や性感染症、薬物乱用に対応するため、学校や保健所等で、健康教育や電話相談等を行い、正しい知識の普及、薬物乱用対策の推進を図る。

食育の推進

妊娠中や乳幼児期から食を通じて健やかな心身の発育・発達をうながし、豊かな食体験を積み重ねて生涯を通して健康な生活を送ることができるよう支援する。

Step3

1. 母子保健対策と療養援護等

未熟児養育医療

　未熟児(みじゅくじ)は、疾病にもかかりやすく、心身に障害を残すことも多いため、出生時の体重が2500ｇ未満の場合を低出生体重児とし、保護者には低出生体重児が生まれた場合は市町村への届け出が義務づけられている。この届け出は、その緊急性から乳児が現在いる場所の市町村とされている。市町村は、出生児の状況、家庭環境等により養育上必要がある場合には、保健師等が家庭訪問し、支援を行う。また、病院等における養育を必要とする未熟児に対しては、必要な医療に対する費用が一部公費負担され、医療の給付が行われている。

不妊に悩む方への特定治療支援事業

　経済的負担の軽減を図るため、体外受精および顕微授精(けんびじゅせい)について、法律上婚姻(こんいん)をしている夫婦の不妊治療にかかる費用の一部を助成する事業である。2013（平成25）年に「不妊に悩む方への特定治療支援事業の在り方に関する検討会」による報告書がまとめられ、事業の在り方が見直された。見直し後の助成対象範囲は、43歳未満に対し、年間助成回数、通算助成期間については制限なし、通算助成回数は、40歳未満通算6回、43歳未満通算3回となった。助成実績は、2004（平成16）年度1万7657件、2008（平成20）年度7万2029件、2012（平成24）年度13万4943件、2016（平成28）年度14万1890件と年々増加している。

結核児童に対する療育の給付

　長期の入院治療を必要とする結核児童に対する医療や療養生活に必要な物品の給付を行うとともに、併せて教育と教育に必要な学習用品を支給している。

健やか次世代育成総合研究事業（厚生労働科学研究費）

成育疾患(しっかん)克服等総合研究事業（日本医療研究開発機構研究費）

　乳幼児の疾患の克服と障害の予防、母性および乳幼児の健康の保持増進ならびに児童家庭福祉の向上に資することを目的とする研究について、公募で研究課題を採択し、助成を行う。

2. 母子保健対策と医療対策等

妊娠・出産包括支援事業

　さまざまな機関が個々に行っている妊娠(にんしん)期から子育て期にわたるまでの支援について、子育て世代包括支援センターで母子保健サービスと子育て支援サービスを一

体的に提供できるよう相談支援などを行う。妊産婦等のニーズに応じて、母子保健や子育てに関するさまざまな悩みへの相談対応や支援を実施している関係機関につなぐための「母子保健相談支援事業」、妊産婦の方の孤立感や育児不安の解消を図るため、専門的な相談援助を行う「産前・産後サポート事業」、出産直後に休養やケアが必要な産婦の方に対し、医療機関等の空きベッドの活用等により、心身のケアや育児のサポート等のきめ細かい支援や休養の機会を提供する「産後ケア事業」といった各地域の特性や実情に応じた切れ目のない支援を行うための事業を実施する。

子どもの心の診療ネットワーク事業

子どもの心の問題、児童虐待や発達障害に対応するため、都道府県における拠点病院を中核として、医療機関や保健福祉機関等と連携した支援体制の構築を図るための事業を実施するとともに、災害時の子どもの心の支援体制づくりを実施する。

子ども虐待防止医療ネットワーク事業

地域の医療機関が連携して児童虐待の早期発見、介入等の対応を行う虐待防止体制の整備を図るため、各都道府県の中核的な医療機関に虐待専門コーディネーターを配置し、地域の医療機関への研修、助言などを行う。

3. 子育て世代包括支援センター

2016（平成28）年に公布された「児童福祉法等の一部を改正する法律」により、子育て世代包括支援センターが母子保健法に位置づけられた（法律上の名称は「母子健康包括支援センター」）。妊娠期から子育て期にわたる切れ目のない支援のために、子育て世代包括支援センターに保健師、助産師、看護師、ソーシャルワーカーなどを配置して、「母子保健サービス」と「子育て支援サービス」を一体的に提供できるよう、きめ細かな相談支援などを行うとしている。

子育て世代包括支援センターは、2014（平成26）年度から実施されている妊娠・出産包括支援事業と2015（平成27）年度から開始された子ども・子育て支援新制度の利用者支援や子育て支援などを包括的に運営する機能を担い、利用者の立場や視点に立った妊娠・出産・子育てに関する地域のワンストップの窓口としてマネジメントを行うことが期待されている。子育て世代包括支援センターでは、①妊産婦・乳幼児等の実情を把握すること、②妊娠・出産・子育てに関する各種の相談に応じ、必要な情報提供・助言・保健指導を行うこと、③支援プランを作成すること、④保

健医療または福祉の関係機関との連絡調整を行うことが必須業務となっている。
2020（平成32）年度末までの全国展開をめざしている。

参考文献
- 厚生労働統計協会編『国民衛生の動向2018／2019年』2018.
- 恩賜財団母子愛育会愛育研究所編『日本子ども資料年鑑2018』KTC中央出版，2018.
- 厚生労働省「平成28年（2016）人口動態統計（確定数）の概況」
- 高野陽・中原俊隆編著『乳幼児保健活動マニュアル』分光堂，2007.
- 平山宗弘編『子どもの保健と支援』日本小児医事出版社，2011.
- 財団法人母子衛生研究会編集協力『わが国の母子保健—平成30年—』公益財団法人母子衛生研究会，2018.
- 巷野悟郎編『子どもの保健 第5版』診断と治療社，2015.
- 西村昂三編著『わかりやすい子どもの保健』同文書院，2012.
- 「不妊に悩む方への特定治療支援事業の在り方に関する検討会」による報告書，2013.
- 服部右子・大森正英編『図解 子どもの保健Ⅰ 一部改定』みらい，2013.
- 厚生労働省雇用均等・児童家庭局母子保健課「平成28年度母子保健対策関係予算案の概要」
- 新保育士養成講座編纂委員会編『新保育士養成講座⑦ 子どもの保健』全国社会福祉協議会，2013.
- 志賀清悟編著『子どもの保健Ⅰ』光生館，2012.
- 松田博雄・金森三枝編著『基本保育シリーズ⑩子どもの保健Ⅰ』，中央法規出版，2016.
- 厚生労働省資料「児童虐待相談の対応件数及び虐待による死亡事例数の推移」2018年8月
- 厚生労働省雇用均等・児童家庭局長「児童福祉法の一部を改正する法律の公布について（通知）」2014年5月30日
- 厚生労働省「平成28年度地域保健・健康増進事業報告の概況」
- 厚生労働省「子育て世代包括支援センター業務ガイドライン」平成29年8月
  www.mhlw.go.jp/file/06…/kosodatesedaigaidorain.pdf

第4講

地域における保健活動と子ども虐待防止

子どもの健康は家庭や地域と密接な関係があることを認識し、家庭や地域との連携を通じた保健活動の重要性を理解する。Step1では、保健行政施策の体系、母子保健、成人保健、高齢者保健、感染症対策、学校保健の概要(がいよう)について解説する。Step2では、現代の最も重要な問題である虐待(ぎゃくたい)に関する保育所の役割と支援について解説する。Step3では、地域保健活動の最も身近な支援者としての嘱託医(しょくたくい)(園医)の役割について考える。

Step 1

1. 保健行政施策の体系と地域保健

保健行政

　保健行政は、衛生行政として国民の健康をまもる観点から進められている分野であり、その体系は地域保健、広域保健、学校保健、職域保健などに分かれており、保健行政の中核である地域保健は、さらに対人保健と対物保健に区分されている。近年は保健と福祉が一体化した法律が増えている。ここでは、地域保健のなかでも対人保健、学校保健について解説していく。

地域における保健活動と保育者の協働

　地域保健とは、地域住民の健康の保持および増進を目的として、国および地方公共団体が行う施策のことである。わが国における地域保健行政は、国（厚生労働省）―都道府県（あるいは政令市・中核市・特別区）―保健所―市町村という体系が確立されており、都道府県においては保健所、精神保健福祉センターなど、市町村においては市町村保健センターなどを拠点として地域保健活動が行われている。

　保健所には、医師、薬剤師、獣医師、保健師、診療放射線技師、臨床検査技師、衛生検査技師、管理栄養士、精神保健福祉士などが配置され、市町村保健センターには、保健師、看護師、管理栄養士、歯科衛生士、理学療法士、作業療法士などが配置されている。

　地域保健には、母子保健、成人保健、高齢者保健、精神保健、歯科保健などの保健対策、感染症対策、疾病対策などがあり、それぞれに法規が規定されている。近年、法規の制定・改廃の動きが激しいため、法規を調べる際には最新のものを確認していくことが必須である。

　保育者としては、施設内のことだけではなく、広く地域の情報を共有し、地域の健康問題を共通認識することや、問題解決に向けた施策と連携協力関係にあることが重要である。日ごろからこれらの関係部署とコミュニケーションを密にして連携を図り、子どもの健やかな育ちの保持・増進を図るという共通の目標に向かって、協働していくことが大切である。

2. 対人保健の概要

母子保健対策と健やか親子21

　子どもに関する地域保健活動では母子保健対策が重要となる。母子保健法（1965（昭和40）年制定）を法的根拠として、国・都道府県・市町村がそれぞれ機能を果たしているが、基本的な母子保健サービスは、市町村が実施主体となり、市町村保健センター、母子健康センターや保健所、病院・診療所・歯科診療所、助産所などで実施されている。第2講で述べたように、母子保健水準は飛躍的に改善し、昔に比べればはるかに安心して出産・育児ができる状況となっているが、産科医、小児科医の不足、新生児集中治療室（NICU）の不足、児童相談所の虐待相談件数の激増など課題は山積している。また、子どもを取り巻く環境が変化しつつあるなかで、その環境にあった子育てのあり方はどうあるべきか、また医療の進歩や衛生環境の整備により、長期生存が可能になった慢性疾患児の生活の質をどのように確保するかなどが問題となっている。母子保健は、すべての子どもが健やかに成長することのできる地域社会の実現であり、基本的方向性として、「健やか親子21（第2次）」が策定されている（**図表4-1・図表4-2**）。

　保育士は、日々の子どもへの保健活動や保護者支援、地域の子育て支援に、これらの諸サービスの内容を理解して、情報提供や連携をしていくことが重要である。

図表4-1 健やか親子21（第2次）イメージ図

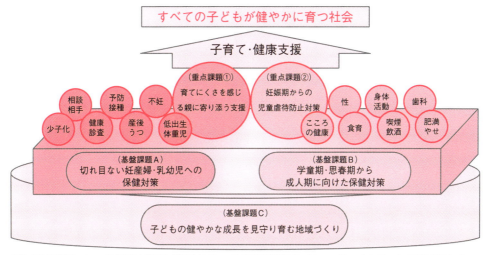

資料：厚生労働省ホームページ「「健やか親子21（第2次）」について 検討会報告書」http://www.mhlw.go.jp/stf/houdou/0000044868.html

図表4-2 「健やか親子21（第2次）」における課題の概要

	課題名	課題の説明
基盤課題A	切れ目ない妊産婦・乳幼児への保健対策	妊娠・出産・育児期における母子保健対策の充実に取り組むとともに、各事業間や関連機関の有機的な連携体制の強化や、情報の利活用、母子保健事業の評価・分析体制の構築を図ることにより、切れ目ない支援体制の構築をめざす。
基盤課題B	学童期・思春期から成人期に向けた保健対策	児童生徒自らが、心身の健康に関心をもち、よりよい将来を生きるため、健康の維持・向上に取り組めるよう、多分野の協働による健康教育の推進と次世代の健康を支える社会の実現をめざす。
基盤課題C	子どもの健やかな成長を見守り育む地域づくり	社会全体で子どもの健やかな成長を見守り、子育て世代の親を孤立させないよう支えていく地域づくりをめざす。具体的には、国や地方公共団体による子育て支援施策の拡充に限らず、地域にあるさまざまな資源（NPOや民間団体、母子愛育会や母子保健推進員等）との連携や役割分担の明確化があげられる。
重点課題①	育てにくさを感じる親に寄り添う支援	親子が発信するさまざまな育てにくさ(※)のサインを受け止め、ていねいに向き合い、子育てに寄り添う支援の充実を図ることを重点課題の1つとする。 （※）育てにくさとは：子育てにかかわる者が感じる育児上の困難感で、その背景として、子どもの要因、親の要因、親子関係に関する要因、支援状況を含めた環境に関する要因など多面的な要素を含む。育てにくさの概念は広く、一部には発達障害等が原因となっている場合がある。
重点課題②	妊娠期からの児童虐待防止対策	児童虐待を防止するための対策として、①発生予防には、妊娠届出時など妊娠期からかかわることが重要であること、②早期発見・早期対応には、新生児訪問等の母子保健事業と関係機関の連携強化が必要であることから重点課題の1つとする。

資料：図表4-1に同じ

成人・高齢者保健

わが国における成人・高齢者保健対策は、老人保健法（現・高齢者の医療の確保に関する法律）を中心に行われてきた。しかし、人口の高齢化とともに、介護を必要とする高齢者が増加したことから介護保険法（1997（平成9）年）が制定された。また、介護を必要としない高齢者になることをめざして、生涯を通じて住民が主体的に自分の健康をまもるという考えのもとに健康増進法が制定された。健康増進法の基本方針でもあるように、住民が主体的に乳幼児期から高齢期まで一貫した健康管理を行えるような環境づくりが必要となる。

精神保健

精神障害者の適切な医療、保護の確保とその発生予防のために制定された精神衛生法（1950（昭和25）年）は1987（昭和62）年に精神保健法に改正され、1993（平成5）年に心身障害者対策基本法から改称された障害者基本法により精神障害者が障害者として位置づけられ、1995（平成7）年に精神保健法は精神保健及び精神障害者福祉に関する法律と名称が改正された。また、1997（平成9）年には精神障害者の社会復帰に関する相談および援助を行う精神保健福祉士を規定した精神保健福祉士法が制定された。

障害者自立支援法（現・障害者の日常生活及び社会生活を総合的に支援するための法律）は、身体障害、知的障害、精神障害といった障害種別等によって異なって

いた福祉サービス・公費負担医療の利用のしくみや内容等を一元化し、障害児・者が能力と適性に応じた自立した生活を送ることができるようにする目的で2005（平成17）年に制定され、翌年施行された。

感染症に関する主な法律と制度

感染症予防対策は、1897（明治30）年に制定された伝染病予防法に基づいて行われてきたが、1998（平成10）年、感染症の予防及び感染症の患者に対する医療に関する法律（感染症法）が制定され、翌年施行された。この法律は、感染症が発生してから防疫措置を講じるといった従来の事後対応型から、ふだんから感染症の発生・拡大を防止するといった事前対応型への転換、指定感染症と新感染症の制度などを規定している。昨今流行した、鳥インフルエンザ（H5N1）、新型インフルエンザ等感染症の発生時にそのまん延の防止が迅速に図られるような規定が整備されている。

1948（昭和23）年に予防接種法が制定され、感染症の集団予防、個人予防として重要な役目を担うものとして予防接種が行われてきた。1994（平成6）年に改正され、予防接種に関する義務規定が削除され、国民各自が自らの意志で受けるもの（任意接種）となった。ただし、市町村長等は、保護者に対し定期の予防接種を受けさせるよう勧奨するものとされており、また保護者には、予防接種を受けさせるよう努力する義務がある。

保育所では強制されるものではないが、集団流行の可能性があることから、入所している児童には、計画的に実施していくことが望ましい。

3. 学校保健

学校保健

学校保健とは、児童生徒、学生、幼児および教職員の健康の保持増進を図る目的で行われる学校における諸活動の総称である。学校保健は、保健教育と保健管理に大別される。保健教育は、教科「体育」「保健体育」を中心に、学校教育のあらゆる機会を通じて、指導される。保健管理は、児童生徒や教職員などの健康管理のために行われる健康診断などの対人管理と学校環境の維持改善を図る対環境管理がある。健康診断や学校環境衛生などの管理などは、学校保健安全法をはじめとする諸法令に基づいて実施される。

Step 2

1. 児童虐待とは

児童虐待防止法と虐待の定義

　児童虐待の防止等に関する法律（以下、児童虐待防止法）は、2000（平成12）年に施行以来、2004（平成16）年、2007（平成19）年と3年ごとに大きく見直しを図り、徐々に子どもを守る立場から改正され体制も整備されてきている。

　児童虐待防止法は、同法の目的として、「児童虐待が児童の人権を著しく侵害し、その心身の成長及び人格の形成に重大な影響を与えるとともに、我が国における将来の世代の育成にも懸念を及ぼすことにかんがみ」、児童虐待の防止等に関する施策を推進する旨を明記している。児童虐待への対応に際しては、常にこうした認識に立ち、子どもの権利擁護を図ることに努めることが求められる。虐待により子どもが命を落とすことがない社会をめざし、虐待対策が強化されてきている。

虐待の分類

　児童虐待防止法第2条では、保護者（親権を行う者、未成年後見人その他の者で、児童を現に監護する者）がその監護する児童（18歳未満）について行う虐待を児童虐待（以下、虐待という）として、身体的虐待、性的虐待、ネグレクト、心理的虐待の4種類に分けている（**図表4-3**）。

虐待の原因とされる要因

　虐待の原因については、子育てに関して親が感じるつらさが関係しており、それに影響するリスク要因を**図表4-4**にまとめた。虐待は1つの原因だけで起こるわけではなく、複数の要因が重なり合って起こる。また、虐待を引き起こしやすい要因があったとしても、虐待を防ぐ要因がはたらけば、虐待は起こらない。

虐待の子どもへの影響

　子どもと養育者とのコミュニケーションが著しく少ない場合、子どもがネガティブな感情を示すことが多く、身体的・精神的発達が遅れる可能性が指摘されている。虐待による子どものこころとからだへの影響には**図表4-5**のようなものがある。

児童虐待防止対策

　対策の基本は、発生予防、早期発見・早期対応、支援である。

図表4-3 虐待の分類

身体的虐待	児童の身体を傷つける、あるいは傷つけるおそれのある暴力行為。
性的虐待	児童にわいせつな行為をすることやわいせつな行為をさせる行為。
ネグレクト	児童に食事をほとんど与えない、長時間の放置その他著しく監護を怠る行為。
心理的虐待	児童に対する暴言または著しく拒絶的な対応、配偶者に対する暴力（ドメスティック・バイオレンス（DV））その他児童に心理的外傷を与える言動を行うこと。

図表4-4 虐待のリスク要因

保護者側の要因	望まぬ妊娠（とりわけ10代の妊娠）、マタニティブルー、産後うつ病等精神的に不安定な時期にある。精神障害、知的障害、アルコール依存症などの疾患をかかえている。被虐待経験があるなど保護者自身が愛情を受けて育っていない。育児不安が大きくストレスを感じているなど。
子ども側の要因	未熟児、障害児などの何らかの育てづらさをもった子どもなど。
家庭間の要因	夫婦間の不仲、配偶者の暴力（DV）、失業や転職など経済的不安定、ひとり親家庭のほか内縁者や同居人がいる、子連れの再婚など家族関係が複雑な場合など。
地域社会からの孤立要因	転居を繰り返す家庭、親族・地域から孤立した家庭、妊婦健康診査や乳幼児健康診査の未受診など。

図表4-5 虐待の子どもへの影響

身体的影響	・打撲、やけど、骨折、裂傷、擦過傷、内臓損傷、脳損傷などの外傷。 ・衛生状態の悪さによる不潔さや皮膚疾患。 ・性的虐待による妊娠や性感染症などの影響。
知的発達面への影響	・身体的虐待の後遺症としての知的発達の障害。 ・ネグレクトにより年齢相応の基本的な生活習慣が身についていない。 ・成長に必要なかかわりや語りかけ等、年齢相応の知的刺激が得られなかったりしたことからの知的発達の障害。
情緒や行動面への影響	・虐待による心的外傷（トラウマ）。 ・集中力や落ち着きのなさ、反抗的行動、暴力的行動、強迫的行動、激しい感情の起伏、自傷、過度の恐怖、対人関係の障害、自殺企図、非行などの情緒障害や行動上の問題など。 ・自己肯定感の低さ・自虐的・人格のゆがみ。 ・成長障害（低身長や低体重など）。

　発生予防対策として推進されているのが、乳児家庭全戸訪問事業（こんにちは赤ちゃん事業）の推進、養育支援訪問事業の推進である。乳児家庭全戸訪問事業（こんにちは赤ちゃん事業）は、生後4か月までの乳児のいる家庭を訪問し、子育て支援に関する情報提供や養育環境等の把握を行うなど、乳児のいる家庭と地域社会をつなぐ最初の機会とすることにより、乳児家庭の孤立化を防ぐことを目的としている。養育支援訪問事業は、養育支援が特に必要であると判断される家庭に対して、保健師・助産師・保育士等が訪問し、養育に関する指導、助言等を行うものである。

図表4-6　地域での児童虐待防止のシステム

- 従来の児童虐待防止対策は、児童相談所のみで対応する仕組みであったが、平成16年の児童虐待防止法等の改正により、「市町村」も虐待の通告先となり、「市町村」と「児童相談所」が二層構造で対応する仕組みとなっている
  ※児童相談所は都道府県、指定都市、児童相談所設置市(横須賀市、金沢市)に設置
- 市町村虐待相談対応件数は年々増加　平成17年度　40,222件　→　平成27年度　93,458件
- 各市町村単位で、医療・保健・福祉・教育等の関係機関のネットワークである要保護児童対策地域協議会(子どもを守る地域ネットワーク)を設置
  (平成28年4月1日現在、99.2%の市町村で設置)
- 平成20年の児童福祉法改正法により、協議会の支援対象について、これまでの要保護児童に加え、乳児家庭全戸訪問事業等で把握した養育支援を必要とする児童や出産前から支援を行うことが特に必要である妊婦も追加
  (平成21年4月～)
- 協議会は、要保護児童対策調整機関が中核となり、事務の総括や、要保護児童等に対する支援の実施状況の進行管理、児童相談所や養育支援訪問事業を行う者その他関係機関等との連絡調整を行うこととされている

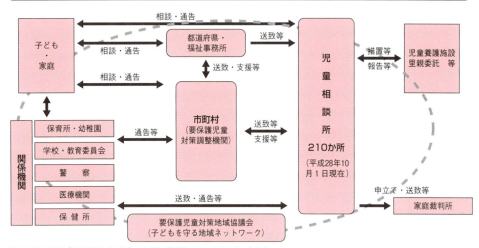

資料：厚生労働省『厚生労働白書 平成29年版』資料編p.189, 2017. を一部改変

　早期発見・早期対応体制の充実として、各自治体では、地域の関係機関が子ども等に関する情報や考え方を共有し、適切な連携のもとで対応することを目的とした「要保護児童対策地域協議会(子どもを守る地域ネットワーク)」の設置が努力義務となっている。保育所は、子どもを守る地域ネットワークにおける構成員であり、会議に参加したり、支援の一部を担ったりしてその役割を果たすことが求められている(**図表4-6**)。

2. 虐待に対する保育所、保育者の役割

虐待に対する保育士の役割

　保育所保育指針解説には、虐待の疑いのある子どもの早期発見と子どもやその家族に対する適切な対応は、子どもの生命の危険、心身の障害の発生の防止につなが

る重要な保育活動と位置づけられている。つまり、子どもの虐待に対して、保育所、保育士には、虐待の早期発見の役割、通告の役割、関係機関との連携の役割、援助の役割が求められている。

早期発見

保育士は、日常の保育の活動を通じて虐待を未然に防止し、また、その進行を防ぐことができる。虐待を受けている子どもは、自分で解決することができず、周りの人に必死でサインを出している。そのサインを見逃さず、支援につなげていくことが重要となる。虐待チェックリストを活用していくことも有効である。

通告の役割

虐待（疑いを含む）の情報を得た場合は、保育所長（園長）を通じてすみやかに児童相談所や県福祉事務所、市町村に相談や通告を行う。2004（平成16）年の児童虐待防止法の改正により、通告の対象が「虐待を受けた児童」から「虐待を受けたと思われる児童」へと広げられた。

関係機関からの連携の役割

保育所から児童相談所に通告し、地域の保健師や民生委員・児童委員に相談するなど外部機関との連携を図り、関係者によるケース会議や要保護児童対策地域協議会（子どもを守る地域ネットワーク）で検討され支援が開始される。

援助の主体としての保育所の役割

保育所での虐待対応の特徴は、問題をかかえている親子を一緒に受け止め、見守りながら日常の保育のなかで援助していくことである。保護者に対する支援としては、延長保育などで育児負担の軽減をすること、虐待する保護者に対しては子育てがうまくできない親としてカウンセリングのこころをもって受容し共感していくこと、家事や育児の仕方をアドバイスすること、保護者がうつ病などの病気をかかえていたり、子どもの障害・貧困等いろいろな問題をかかえている場合には、保健所や児童相談所等、いろいろな機関の活用方法を教えることなどの援助が可能である。子どもに対する支援では、子どもとの信頼関係を築くこと、試し行動を繰り返す場合には、問題行動の背景にある原因に気づき、行動特徴をよく理解したうえで、根気強く温かい援助を行うことが必要である。

Step 3

1. 保育所における保健と嘱託医の役割

保育所における保健の重要性の高まりと健康安全の実施体制

　近年、保育所では、0歳児や1歳児などの低年齢児の入所が増加しつつある。保育所入所待機児童問題の8割は低年齢児に関するものであり、待機児童問題を受けた認可園に対する規制緩和や認定こども園の拡充、家庭的保育の増加等保育をめぐる環境はめまぐるしく変化している。また、O157やインフルエンザ、ノロウイルス等の感染症の流行等、特に免疫力が未熟な低年齢児を対象とした保育の場での衛生的環境の実現は喫緊の課題である。加えてアレルギー児の増加などの問題も存在しており、保育士だけではなく嘱託医・看護師・栄養士などの専門職の参加、多職種連携に向けての体制づくりが求められている。しかし、看護師が配置されている保育所は全国で30％弱であり[1]、小児科医が園医となっている保育所は17.9％にすぎない[2]。保育所における看護職配置率は2、3割であるという報告がある。

保育所保育指針と嘱託医（園医）の職務拡大

　2018（平成30）年施行の今回の保育所保育指針の改定では、「第3章　健康と安全」において前回の改定で示された保育所入所児童の健康と安全のための実施体制の充実とともに、現代的な課題をふまえ、特にアレルギー疾患を有する園児への対応や環境の整備、食育の推進、職員の衛生知識の向上、重大事故防止の対策、災害への備えとして施設・設備等の安全確保、災害発生時の対応や体制について改善・充実を求めている。そのため嘱託医、看護師、栄養士や調理師など、それぞれの専門性を活かしながら職員全員が相互に連携し、組織的かつ適切な対応ができるような体制整備や研修を行うことが必要である。

　保育所嘱託医の職務は、児童福祉施設の設備及び運営に関する基準では年2回の健康診断となっているが、保育所保育指針の解釈では、嘱託医の役割の範囲は拡大し、保育所の全職員と連携・協力し、子どもの最善の利益のために、一人ひとりの子どもの健康と安全の確保、ならびに集団全体の健康と安全の確保に努めることが期待される内容となっている。嘱託医の役割は以下のとおりである。

---

[1]　上別府圭子ほか「保育所の環境整備に関する調査研究報告書　平成21年度──保育所の人的環境としての看護師等の配置」p.14, 日本保育協会, 2009.
[2]　日本医師会乳幼児保健検討委員会「乳幼児保健検討委員会答申」p.10, 2012.

嘱託医（園医）の役割

1. 保育所の子どもの発育・発達状態の評価、定期及び臨時の健康診断の結果に関するカンファレンス
2. 子どもの疾病及び傷害と事故の発生時の医学的処置及び医学的指導や指示
3. 感染症発症時における指導指示、学校伝染病発生時の指導指示、出席停止に関する指導
4. 予防接種に関する保護者及び保育士等に対する指導
5. 衛生器材・医薬品に関する指導及びその使用に関する指導　等

2. 嘱託医との連携の実態と課題、展望

嘱託医は最も身近な支援者

　現在、「保育所における食育に関する指針」「保育所における感染症対策ガイドライン」「保育所におけるアレルギー対応ガイドライン」「保育所における食事の提供ガイドライン」「教育・保育施設等における事故防止及び事故発生時の対応のためのガイドライン」と、子どもの保育保健の推進においていくつもの重要なガイドラインが出されているが、これらを手引きとして実践に活用していくのは保育所、保育士だけでは困難な状況である。「乳幼児保健検討委員会答申」（2012（平成24）年）では、全国医師会に対して嘱託医の組織化の必要性について、アンケートを行ったところ、その必要があると回答した都道府県医師会は39か所（83.0％）とされており、医師会においても保育所の保健に対する認識が高まっていると思われる。

　筆者が2012（平成24）年に実施した調査においても「嘱託医に子どものことで相談したいことがある」「嘱託医に衛生面で相談したいことがある」と回答した園が8割以上であった。また、保育所側から、健康診断以外にも、感染症の流行時の衛生面での相談や、アレルギー児への対処、虐待が疑われる場合の対応、障害児への対応や障害が疑われる場合の対応、発達が気になる子への対応の相談など、嘱託医に対し連携を求める多くのニーズが記述されていた[*3]。保育所における地域保健活動を推進していくには、保育所と自治体、医師会や小児科医会などの専門職組織が連携して取り組み、なかでも嘱託医が最も身近な支援者となるような健康・安全のための活動実施体制の確立が必要である。

---

*3　梶美保ほか「保育所と園医との連携の実態と課題」『保育と保健』第19巻第1号，pp.29〜34，2013．

参考文献

- 野村陽子編『保健医療福祉行政論』メヂカルフレンド社，2013.
- 厚生労働省「「健やか親子21（第2次）」について 検討会報告書」http://www.mhlw.go.jp/stf/houdou/0000044868.html
- 厚生労働省「子ども虐待による死亡事例等の検証結果等について（第14次報告）の概要」https://www.mhlw.go.jp/content/11900000/000362706.pdf
- 厚生労働省編 『厚生労働白書 平成26年版』2014.
- 厚生労働省 「保育所保育指針解説」2018.
- 日本子ども家庭総合研究所編『子ども虐待対応の手引き』有斐閣，2014.
- 春原由紀・土屋葉『保育者は幼児虐待にどうかかわるか』大月書店，2012.
- 児童虐待問題研究会編『Q&A 児童虐待防止ハンドブック』ぎょうせい，2012.
- 厚生労働省審議会「全国児童福祉主管課長会議資料（平成30年3月15日）」https://www.mhlw.go.jp/stf/shingi2/0000199287.html
- 神奈川県「児童虐待早期発見に関するチェックリストの紹介」http://www.pref.kanagawa.jp/cnt/f70170/p82585.html
- 上別府圭子ほか「保育所の環境整備に関する調査研究報告書 平成21年度——保育所の人的環境としての看護師等の配置」日本保育協会，2009.
- 村上博文『乳児保育の環境条件と子どもの変化——保育室の空間構成に関するアクションリサーチ（自由遊びの時間）』ベビーサイエンス，2009.
- 厚生労働省「保育所における質の向上のためのアクションプログラム」2008.
- 日本医師会乳幼児保健検討委員会「乳幼児保健検討委員会答申」2012.
- 梶美保ほか「保育所と園医との連携の実態と課題」『保育と保健』第19巻第1号，2013.

第5講

身体発育および運動機能の発達と保健

子どもは、その命を授かったときから、日々成長の連続である。身長や体重などの増加を「発育」といい、走るなどの運動や、話す、考えるなどの精神面の機能および臓器の機能の獲得を「発達」という。また「成長」は、形態的な変化に対して用いられる。

この講では身体発育および運動発達について学ぶ。あわせて発育・発達の目安となる指標を理解して、子どもたちの発育状態の総合的な評価方法とその意義を学ぶ。

Step 1

1. 発育の過程

「発育」は身長や体重など、測ることのできる大きさや重量の増加をいい、臓器や運動機能の獲得や心の育ちを「発達」（development）という。また、身体が形態的に変化していく過程を「成長」（growth）ともいう。この成長と発達の意味を併せて子どもの育ちを「発育」とも表現している。一般に成長は発育と同じ意味と考えてよい。乳幼児では、身体の成長と運動や心の発達は密接であり、日々その経過をとらえることが子どもの健康を守るには大切である。そのために、子どもが生まれてから成人となるまでの発育期を年齢区分で分けると理解しやすい。

発育期の区分

出生後の年齢区分は下記のように分けられている。
新生児期：出生から4週間まで。
乳 児 期：出生から満1歳未満、新生児期を含める。
幼 児 期：満1歳から6歳未満、一般的には小学校入学前までをいう。
学 齢 期：6歳から15歳未満、小学生（児童）と中学生（生徒）の時期。
思 春 期：第二次性徴が出現する時期で、おおむね中学生から高校生に当たる時期をいう。近年では第二次性徴の始まりは女児では乳房の発育が始まる9歳ごろ、男児は精巣の発育が始まる11歳ごろである。

2. 身体発育

子ども、特に乳幼児では、体重や身長は発育の指標として重要である。

身長

出生時の平均身長は約49.0cmである。その後の1年間で身長は約20〜25cm伸びて満1歳で75cmほどになり、1歳から3歳までは年間約10cm、3歳から5歳では年間5cmほど伸びる。出生時の身長と比べると満1歳で1.5倍、4歳で2倍、12歳で3倍となる。さらに、子どもの体型は、身長に対して頭部の占める割合が高いが、発育とともに変化していく（**図表5-1**）。

体重

出生時の平均体重は約3000gである。出生後3〜4日は体重が減少し、生後7〜

| 図表5-1 | 身長・体重パーセンタイル値成長曲線 |

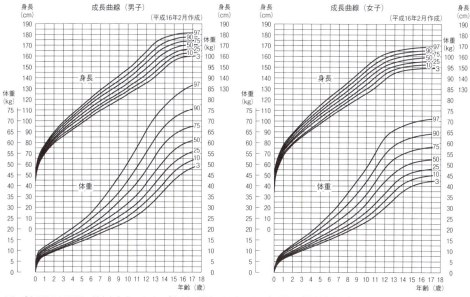

出典：「食を通じた子どもの健全育成（―いわゆる「食育」の視点から―）のあり方に関する検討会」報告書を一部改変

10日で出生時体重に回復する。これを生理的体重減少といい、通常は出生時体重の約10％程度である。その後、1日に増える体重の目安は生後3か月までは約30ｇ、生後3か月以降から12か月までは約10～20ｇで、1歳を過ぎるとその増加はゆるやかになる。

　体重は生後3～4か月で出生時の約2倍、満1歳で約3倍となる。

頭囲、胸囲

　出生時の平均頭囲は約33cmで、満1歳で約45cm、3歳で約50cmとなり乳児期に著しく増加する。頭囲は脳の発育の指標ともなり大切である。

　出生時の平均胸囲は約32cmで頭囲より小さく、満1歳で約45cmとなり頭囲とほぼ同じになり、2歳以降では胸囲が頭囲よりも大きくなる。

大泉門と小泉門

　新生児の頭を触れると頭頂部前方から後方にかけて2か所の柔らかい部分がある。前方の前頭骨と頭頂骨で囲まれた部分を大泉門、後方の頭頂骨と後頭骨で囲まれた部分を小泉門という（図表5-2）。大泉門は、生後数か月間は頭囲の発育とともに増大するが、次第に縮小して1歳半から2歳ごろまでに閉じる。小泉門は生後1～2か月で閉じるが、出生時に触れられないこともある。大泉門や小泉門は新

生時期や乳児期には骨が十分に骨化していないために柔らかく、発育とともに骨化して閉じる。大泉門が閉じる時期は個人差があり、頭囲の大きさと併せて観察する必要がある。

生歯

歯は乳歯が生後8か月ごろより生え、3歳ごろまでに20本がそろう（図表5-3）。その後、6歳ごろから永久歯が生え始め、乳歯は順次抜けていき14歳ごろまでに永久歯28本がそろうが、第3大臼歯（おやしらず）は20歳を過ぎて生えることもある。

図表5-2　大泉門と小泉門

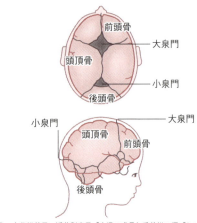

出典：小谷裕美子・近藤梨恵子「小児の成長」香美祥二編『シンプル小児科学』南江堂, p.5, 2016. より許諾を得て転載

3. 運動機能の発達

出生後間もない新生児は、仰向けに寝かされた姿勢で自分の首をまっすぐ天井方向に保つことはできない。しかし、数日すると左右に首を動かせるようになり、正

図表5-3　乳歯

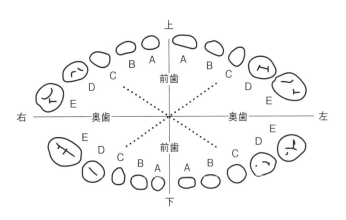

記号	名称	おおよその萌出時期
A	乳中切歯	8～11か月
B	乳側切歯	11～12か月
C	乳犬歯	1歳8か月
D	第1乳臼歯	1歳6か月
E	第2乳臼歯	2歳
E	第2乳臼歯	2歳
D	第1乳臼歯	1歳6か月
C	乳犬歯	1歳8か月
B	乳側切歯	10～11か月
A	乳中切歯	6～7か月

資料：母子保健法施行規則, 様式第3号（第7条関係）,「母子健康手帳」を一部改変

面も向いていられるようになる。人は脳神経系や感覚、筋肉の発達により月齢、年齢に応じた発達段階を経て運動機能が獲得されていく。これには一定の規則性がみられ、①反射運動から自らの意思による随意運動へ、②発達の進む身体方向は左右対称性に頭部から下肢へ、からだの中心部から末梢へと向かい（図表5-4）、③随意運動の発達で全身的な動きから左右・上下分離した動きができるようになる。四肢と体幹の動きが協調運動となり、目的をもつ動作、さらに細かな動きもで

図表5-4 運動発達の規則性

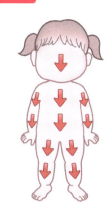

きるようになっていく。そして随意運動が主体となり、幼児期には運動機能はさらに発達し活動範囲も広がる。脳神経系と平衡器官など感覚系の発達とともにそれらが統合されて、また筋・骨格系の運動器が発育することにより運動能力は向上する。就学までには神経系と筋肉系ともに著しく成長し、多様な運動がほぼできるようになる。ここでは運動機能の発達を、反射、粗大運動、微細運動に分けて解説する。

反射の発達

反射とは、さまざまな感覚刺激が中枢神経系に伝えられ、本人は意識することなく脳や脊髄レベルからこの刺激に対する応答反応が筋肉などに伝えられ、一定の動作がみられることをいう。反射は中枢神経系と末梢神経系、筋肉などの運動器の一連のはたらきが反映されるので、脳神経系の障害の有無の指標となる。また、出生時からいろいろな反射がみられるが、発達の過程で消失するものや新たな反射が出現するものなど発達段階によりみられる特徴があり、発達評価の指標となる。特に原始反射は出生時からみられ、神経発達により一定の時期に消失しはじめるので、重要な観察項目となる。

原始反射

原始反射の反射中枢は脳幹や脊髄にあり、胎生期から発達し、脳の成熟にともない生後4か月ごろから消失していく。主な原始反射（図表5-5・図表5-6）には、びっくりするような動作のモロー反射、口への刺激で起こる吸啜反射、握りしめるような把握反射、仰向けの赤ちゃんの顔の向きにより上下肢が一定の姿勢となる非対称性緊張性頸反射（ATNR）などがある。これらの反射が、みられるべき時

図表5-5 新生児期にみられる主な原始反射

	誘発方法と反射動作	おおよその消失時期
自動歩行 （足踏み反射）	からだを腋窩で支えて、軽く足底を床につけ前かがみにすると、足を歩行するかのように交互に動かす。	1～2か月
モロー反射	仰向けで頭部をわずかに持ち上げて急に落とすと、両上肢を広げ伸展し、続いてかかえ込むような動き。大きな音、振動でも同様の動きがみられる。 ・出生時に両側反射の消失は脳障害の疑い。 ・片側の消失は同側の運動麻痺の疑い。	3～4か月
吸啜反射	口に指や乳首を入れると吸いつく。	3～4か月
探索反射 （乳探し反射）	指または乳首がほおに触れると、その方向に顔を向けて口をとがらせ、乳首をとらえようとする動き。	3～4か月
手の把握反射	手のひらに触れると握ろうとする。	4～6か月
足の把握反射	足の親指の付け根を押さえると足指が屈曲して握るような動き。	10～12か月
非対称性緊張性頸反射（ATNR）	仰向けで顔をどちらかに向けると、顔が向いている側の上下肢が伸展し、反対側の手足が屈曲する。フェンシング姿勢の肢位。	2～5か月

期に誘発できない、あるいは消失時期を過ぎても残存するときは何らかの病的な状態が疑われる。

粗大運動の発達

　粗大運動とは体全体の動きで座る、歩くなど姿勢保持や身体の移動をいう。生後3～4か月で首が座る、4～6か月で寝返り、7～8か月で支えなしに一人で座る、9か月で四つ這い、10か月でつかまり立ち、10～12か月で伝い歩き、1歳6か月ごろまでにひとり歩きが獲得される。この一連の過程は、運動発達のマイルストーン（milestone、道しるべ）と呼ばれ、発達の指標とされる（図表5-7）。さらに、2歳では走る、つかまりながら階段を昇り降りできるようになる。3歳では片足立ちが可能になり、4歳では片足跳び、6歳までにほぼ通常の運動は可能となる。

微細運動の発達

　微細運動とは、主に手指を使う動作で、3か月では手で物を握る、4か月ごろには物に手を伸ばしつかもうとする、8～11か月で親指を使って物をつかむ、1歳6か月で親指と人差し指で物をつまむなどの巧緻性や感覚統合を要する動作が発達していく（図表5-8）。

Step1 Step2 Step3

図表5-6 原始反射

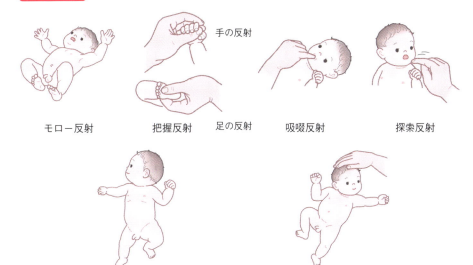

モロー反射　把握反射　足の反射　吸啜反射　探索反射

自発的な顔の向きによる非対称性緊張性頸反射肢位　誘発による非対称性緊張性頸反射肢位

図表5-7 マイルストーン

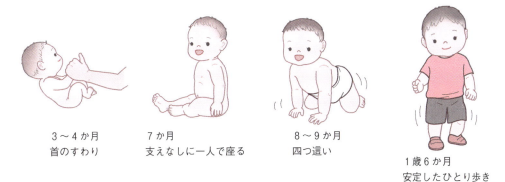

3～4か月
首のすわり

7か月
支えなしに一人で座る

8～9か月
四つ這い

1歳6か月
安定したひとり歩き

図表5-8 つかみ方の発達

4～5か月ころ：手の平と指でつかむ

7～8か月：親指と他の指でつかむ

10～11か月：親指と人差し指、中指でつかむ

1歳～1歳6か月：親指と人差し指で物をつまむ

第5講 身体発育および運動機能の発達と保健

57

Step2

1. 臓器の発育様式

　身体の発育は各臓器により速度が異なる。その発育の経過は4つの型に分けられ、20歳までの増加量を100として各年齢までの増加量を100分比（％）で表したものが、スキャモン（Scammon, R. E.）の臓器別発育曲線である（**図表5-9**）。一般型は、他の3型以外のもので頭部を除いた全身の大きさと内臓器官や骨、筋の発育を示し、身長の発育曲線とほぼ同様のカーブとなる。神経系型は脳、脊髄、視覚器、頭の発育を示し、最も早く発育し、発育期なかばに量的増加は停滞する。リンパ系型は、胸腺や扁桃などのリンパ組織の発育型で、幼児期から学童期にかけて最大値に達するが、その後減少して成人の値となる。

図表5-9 発育曲線の分類図

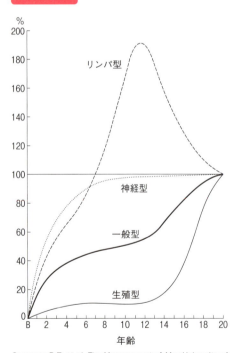

Scammon,R.E.,et al.,*The Measurement of Man*,University of Minnesota Press,1930.

図表5-10 手根骨および前腕骨遠位骨端（13歳男子の例）

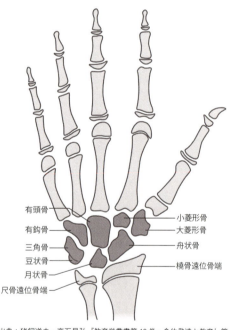

出典：猪飼道夫・高石昌弘『教育学叢書第19巻・身体発達と教育』第一法規出版, p.156, 1967. を一部改変。

2. 骨の発育と骨年齢

　ヒトの骨は約200個あるが、骨は年齢とともに発育して形や硬さが成熟し、大人の硬い骨となる。骨は、化骨核を囲む軟骨の中に石灰質が沈着して骨が伸びる、あるいは硬い骨組織へと（骨化）発育していく。骨は骨格を構築し、骨の成長が身長の伸びにつながり、また姿勢の保持にも影響する。ヒトの化骨核は年齢により出現数や骨化の順番がおおむね定まっているため年齢の指標となる。骨の成熟度から年齢を評価したものを骨年齢という。手根部の骨化数と年齢の関係が標準化されており、一般的には手根部をX線撮影して評価する。骨年齢は、生物学的発育の指標となり、手根骨部位の骨化数は暦年齢または暦年齢＋1が目安となる（図表5-10・図表5-11）。

図表5-11 手根骨の骨化中心の出現数と年齢との関係

年齢（歳）	1	1～3	4	5	6	7	8	6～11	12
骨化数	2	3	4	5	6	7	8	9	10
見られる骨	有頭骨 有鉤骨	＋橈骨の下端	＋三角骨	＋月状骨	＋大菱形骨	＋小菱形骨	＋舟状骨	＋尺骨の下端	＋豆状骨

出典：木村邦彦『ヒトの発育』メヂカルフレンド社, p.39, 1966.

3. 身体発育の評価

基準値との比較

　身体発育状態は体重と身長が主な指標となり、基準値と比較して評価している。その基準値としては、厚生労働省により10年ごとに実施される「乳幼児身体発育調査」により得られた資料が整理され「身体発育値」として公表されたものを用いることが一般的である。

発育曲線による評価

　年齢ごとの身長や体重などの計測値を点として、これを連続的につないだ線を発育曲線という。「乳幼児身体発育調査」結果による発育曲線はパーセンタイル値曲線で表示されている。パーセンタイルとは計測値の分布を小さいほうから並べて全体を100％としたとき、その計測値が小さいほうから何％目にあるかを示し、50パー

センタイルは中央値になる。この発育曲線のグラフ（**図表5-12**）に各個人の計測値を経時的にプロット（印をつけること）していくと、その子の発育状態を評価できる。3パーセンタイル未満、あるいは97パーセンタイルを超える場合や、月齢や年齢の経過で曲線から大きくはずれた場合は、食生活の変化や病気など、何らかの原因がないか確認することが大切になる。

また、子どもの発育は個人差があり、特に乳幼児期の身体的発育は在胎週数、出生時体重、栄養方法や病気の罹患ありなしで大きく影響をうける。体重や身長などの数値は基準値として評価しやすいが、一人ひとりの生まれてからの経過や生育の背景を注意深く観察することが必要である。

4. 運動発達の評価

運動機能発達の速さには個人差があり、その子が発達段階のどこまで到達しているかを評価するとともに、正常の範囲の幅を理解しておくことが大切である。同時に、運動発達は身体発育状態や養育環境の影響も強く受けるので、生育状態を総合的に考える必要がある。遅れがある場合はその原因を探り、発達をうながすような働きかけが大切になる。

乳幼児の運動機能の発達評価方法は何種類かが考案されている。その1つにDENVER Ⅱ（デンバー発達判定法）（**参考資料1**（188ページ））があり、これは運動面だけではなく言語発達、社会性など4領域から評価して発達を総合的にとらえることができる。各行動項目についての獲得月齢が示されていて、各領域での子どものおおよその客観的水準が分かる。脳と身体のさまざまな機能が相互に統合されて、運動、精神、言語、情緒、社会性などが発達するので、各領域の評価とともに総合的な評価が大切である。

図表5-12 乳幼児身体発育曲線（身長、体重）（2010年調査値）

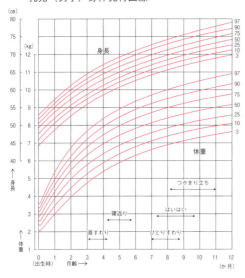

乳児（男子）身体発育曲線

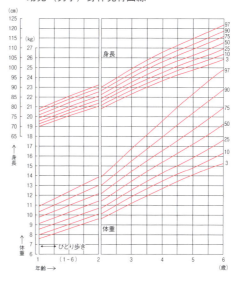

幼児（男子）身体発育曲線

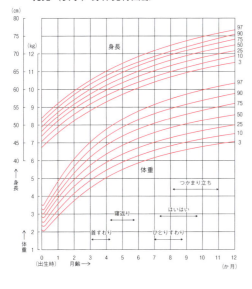

乳児（女子）身体発育曲線

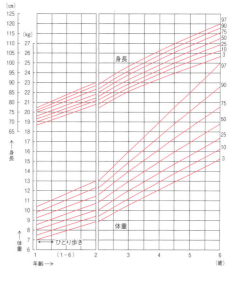

幼児（女子）身体発育曲線

Step 3

1. 低身長と低身長の要因

　身長が一定の基準以下のものを低身長という。一般的には、同年齢の基準値－2SD（標準偏差）以下、あるいは標準身長の3パーセンタイル未満とされる。低身長の多くは体質性（または家族性）によるが、なかには甲状腺ホルモンまたは成長ホルモンの不足、骨系統疾患、全身的疾患によるものもあり、原因によっては治療が可能なものもある。また、栄養、睡眠、生活や養育環境の影響も受ける。出生時の身長あるいは体重が在胎週数相当の標準値より一定基準以下で生まれた場合も低身長をきたしやすい。低身長が必ずしも病的とはいえないが、出生後の成長曲線を確認して成長率の低下がみられる場合は受診が必要になる。

2. 運動発達に影響を与える要因

　発達には、個人差があるが、いくつかの影響を与える要因もある。特に乳幼児での運動発達には、知能や視覚、聴覚を含む脳神経系の発達の影響は大きい。先天的に、あるいは出生後に脳、脊髄・末梢神経、筋、骨系統や平衡感覚器、眼、耳などに何らかの疾病があれば、運動発達は遅れを生じる。さらに、胎児や乳幼児の神経系や筋・骨格の発育には栄養状態の影響も大きい。また、母親や父親と子どもの相互の働きかけや運動する機会の頻度、身体活動が自由に行える空間的範囲など居住環境なども影響してくる。乳幼児期は、屋外での運動遊びによるいろいろな動作の経験も、運動だけではなくさまざまな能力の発達にとって大切になる。

3. 特異な運動発達を示す子ども

いざりっ子（shuffling baby：シャフリングベビー）

　首の座りや座位の獲得までは遅れがないが、ハイハイをせず、座位のまま両足で漕ぐようにいざって（漕ぐような動作）からだを移動する子どもをいう（**図表5-13**）。抱き上げて下肢を床につかせようとしても下肢をつかず体重を支えようとしない、あるいは、寝返りをしない、うつ伏せを嫌がり座位になるなどの傾向もみられる。10か月～1歳6か月児健診で問題とされることもあるが、ほかの発達が正常範囲であれば、その多くが1歳半～2歳ごろまでに歩行が可能となり、その後の運動発達の目立つ遅れはなく、正常発達のバリエーションとされる。脳性麻痺や神

図表5-13 シャフリングベビー

抱き上げてから、下肢を床につかせようとしても足をつかない

図表5-14 フロッピーインファント

水平に抱えると逆U字型を示す

経筋疾患などが存在することもあるが、必ずしも異常とは限らない。なお、その後も感覚過敏の有無、言葉や行動の発達などの発達全域の経過をみる必要はあり、3歳児や5歳児健診での経過観察が大切になる。

フロッピーインファント（floppy infant：ぐにゃぐにゃ赤ちゃん、筋緊張低下児）

筋緊張低下のため運動発達が遅れる。新生児期から乳児期前半で自発運動の低下、哺乳不良、背臥位では四肢の筋緊張の低下のため四肢が床面についた蛙様肢位、腹位水平抱きをするとからだがやわらかいため、逆U字となるなどの特徴がみられる乳児の総称である（**図表5-14**）。原因としては神経・筋疾患、染色体異常、先天代謝異常などいろいろな病気がある。代表的なものに、四肢を持ち上げる力もない筋力低下を示す先天性筋ジストロフィー症、脊髄性筋萎縮症があり、四肢を持ち上げることが可能で筋力低下が明らかでない場合は脳性麻痺、ダウン症候群などがある。

運動発達の遅れ、退行で気づかれる主な病気

発達の退行とは、一度できるようになったことができなくなることで、重要な意味をもつ。乳児期から2歳ごろまででは、点頭てんかん、先天代謝異常、神経・筋疾患などの発病が疑われ、すみやかな診断と治療が必要になる。乳児期はほぼ正常に運動発達した幼児に、運動発達の遅れが生じ、しだいに運動発達が停止、さらには退行の経過をたどるものに筋疾患や神経疾患がある。進行性の病気が多いため、子どもや保護者への適切な対応や支援が必要になる。これらのなかには治療法があるものもあり、子どもの様子から疑わしいときは受診が必要になる。筋疾患の代表的なものは、デュシェンヌ（Duchenne）型筋ジストロフィー症で、3～5歳ごろ

から転びやすい、走りが遅くなる、自力で階段を上れなくなるなどで気づかれ、いずれ歩行が困難となる筋疾患である。このように、発達段階での運動発達の停止や退行は重要な病気の診断への手がかりとなるので、運動発達段階の進行過程に十分な注意が必要である。

参考文献
- 加藤則子・瀧本秀美・横山徹爾「平成22年乳幼児身体発育調査結果について」『小児保健研究』第71巻第5号, 2012.
- 吉岡博『乳児の発達のみかたのエッセンス――研修医のための最小限かつ簡単な乳児の発達のみかた 改訂第2版』診断と治療社, 2007.
- 公益社団法人日本小児保健協会編『DENVER Ⅱ――デンバー発達判定法 第2版』日本小児医事出版社, 2009.
- 福岡地区小児科医会乳幼児保健委員会編『乳幼児健診マニュアル 第4版』医学書院, 2011.
- 洲鎌盛一『乳幼児の発達障害診療マニュアル――健診の診かた・発達の促しかた』医学書院, 2013.

COLUMN 親のサポートに役立つ運動発達段階の知識

　発達段階の知識が役立った事例を紹介する。2歳になるAちゃんは、いつもにこにこしてとても穏やかだが言葉はまだ出ておらず、お座りはできるがひとり立ちはしていない。Aちゃんはダウン症候群で、お母さんは発達が遅れることは理解していたが、歩けるようになるのかをとても心配していた。そのときのAちゃんは、手すりにつかまって立とうとすること、両脇を支えて抱え上げると両足を床について立位姿勢を取ろうとすることなどから、私はお母さんに「2歳半から3歳ころに歩けるようになりますよ」と話した。お母さんは、「本当ですか？　そうなるといいのだけれども……」と答えた。その後Aちゃんは3歳ころからひとり歩きするようになり、4歳ころには自由に歩き回れるようになった。Aちゃんが小学生となっていたある日、お母さんにたまたま会うと「あのとき、先生から歩けるようになると言われたことでとても安心できた」、とのことだった。お母さん、お父さんは子どもの発達への不安がつきもの。特に生まれてから歩き出すまでの運動発達が遅れぎみであればなおさらであろう。正しい知識をもって、ちょっとしたアドバイスができれば、親と子どもへのサポートにつながる。

（杉田記代子）

第6講

生理機能の発達と保健

私たちが毎日元気に生活できる背景には、肺で酸素を取り込み、炭酸ガスを排泄する呼吸機能、酸素を取り込んだ血液（動脈血）を心臓から体の隅々まで送る循環機能、食べ物を消化し栄養を取り込み代謝し、その結果できる老廃物を腎臓で処理をするといった諸器官のさまざまな生理機能が私たちを支えてくれている。本講では、各器官の生理的機能とその成熟過程、疾病との関連について理解を深める。

Step 1

1. 呼吸器系

呼吸器は、気道（鼻腔・咽頭・喉頭・気管・気管支）と肺胞からなり、空気は気道を通って肺胞に達し、空気中の酸素は血液中の赤血球に取り込まれ、二酸化炭素は肺胞に排出される。これを外呼吸という（図表6-1）。

体内に酸素を取り込み、体内で産生された炭酸ガスを体外に排泄する外呼吸は、循環機能と密接に関連する。肺で赤血球に取り込まれた酸素は、動脈血として肺静脈から心臓に送られ、心臓から大動脈を介して身体諸臓器に供給される。細胞内のミトコンドリアで高エネルギー物質のATP（アデノシン三リン酸）が産生され、組織細胞で産生された炭酸ガスとの交換が行われ、内呼吸ないしは組織呼吸といい、静脈血として心臓に戻り、肺動脈から肺に送られる（図表6-2）。

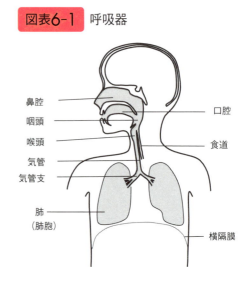

図表6-1 呼吸器

乳児期の呼吸の特徴は横隔膜（腹腔と胸腔との境を形成しているドーム型の筋肉）による腹式呼吸が主で、肋間筋（肋骨と肋骨をつないでいる筋肉）による胸式呼吸がしっかりするのは3歳ごろからである（図表6-3）。また新生児・乳児は主に鼻で呼吸をし、口では上手にできず、鼻腔、咽頭、後鼻腔は狭く、気管支も細いので、上気道感染症による鼻汁や鼻閉で呼吸がしづらくなり、また気管支に痰が

図表6-2 体循環・肺循環

肺　←静脈血―　心臓　―動脈血→　全身
肺静脈／肺動脈　　　　　大動脈／大静脈
肺循環　　　　　　　　　体循環

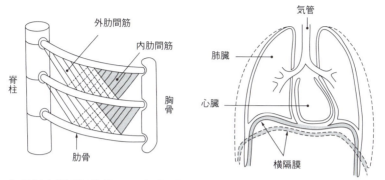

図表6-3 呼吸運動

左は胸郭と内・外肋間筋を模型的に示す。右は横隔膜が収縮したとき（点線）と弛緩したとき（実線）を示す。
出典：保志宏『人間科学全書テキストブックシリーズ2 ヒトの成長と老化──発生から死にいたるヒトの一生』てらぺいあ、p.73、1988.

からむとゼイゼイしやすいのが特徴である。

　新生児・乳児の呼吸数は大人よりも多く、新生児40～50／分、乳児30～40／分、幼児20～30／分、学童20／分くらいである。呼吸数は種々の影響を受けやすいので、必ず安静時に測定することが大切である。呼吸困難は自覚症状であり判断することが難しいが、チアノーゼ、呼吸数が多い（頻数呼吸）、呼吸を止める（無呼吸）、息を吸うときに前胸部の上下や肋骨の間が凹む（陥没呼吸）、鼻翼呼吸（鼻孔がぴくぴくする）がみられると、呼吸が苦しいとみなすことができる。血液中の酸素が十分かどうかはパルスオキシメータで酸素飽和度を測定することで、客観的に評価ができる。

　血液中の酸素が低下していれば酸素投与が有効であるが、炭酸ガスが排泄できない呼吸不全の状態になれば人工呼吸管理が必要になる。

2. 循環器系

　心臓は肺で酸素化された血液を体中に送り出すポンプの役割をし（体循環）、体中の組織に動脈血として酸素と栄養を供給し、組織の細胞から炭酸ガスと老廃物を受け取った静脈血は心臓に戻り、肺動脈から肺に送り出され酸素化される（肺循環）（図表6-2）。血液が適切に供給されているかどうかは、心拍数と血圧で評価する。乳幼児期の脈拍数と血圧は、一般的に幼いほど脈拍数は多く、血圧は低く、年齢が長ずるにしたがって心拍数は減り（図表6-4）、血圧が上昇する。

　血液が全身に適切に供給されていない状態を心不全といい、チアノーゼ、頻数呼吸、冷汗、頻脈、むくみ（浮腫）、肝臓腫大などがみられる。

先天性心疾患は心臓の奇形で、動脈管開存症、心室中隔欠損症と心房中隔欠損症で大半を占める。そのほかにファロー四徴症、大血管転移症、総肺静脈還流異常症などの複雑心奇形があり、近年内科的・外科的治療法の進歩により、治療できるようになってきている。

　後天性心疾患として心臓弁膜症は溶連菌感染症であるリウマチ熱の減少で激減し、現在は川崎病合併症の冠動脈瘤が大きな問題である。そのほか、心筋症、心筋炎や不整脈がある。

　血液を身体各所に十分供給できない状態を心不全といい、水分摂取制限などの生活管理、さまざまな薬物療法が行われる。

図表6-4 年齢と1分間脈拍数

年　齢	脈拍
生後24時間以内	125
7日～1か月	150
6か月	140
1歳	120
5歳	90
10歳	80

3. 消化器系

　私たちは口から食べて、食道・胃・小腸・大腸と進む間に消化酵素により食物を消化し、炭水化物、タンパク質および脂質を単糖類、アミノ酸、脂肪酸に分解して吸収し、血液を介して体中に運び利用する。消化の過程で胃からはペプシン、肝臓からは胆汁、膵臓からはアミラーゼ、トリプシン、腸からはサッカラーゼ、マルターゼなどの消化液が分泌される。大腸では水分が吸収され、腸内細菌叢によって糞便が形成される（**図表6-5**）。

　新生児は出生直後より哺乳することができるが、これは追いかけ反射や哺乳反射による本能的な反射機能（原始反射）に支えられている。これらの反射は2～3か

図表6-5 消化器系

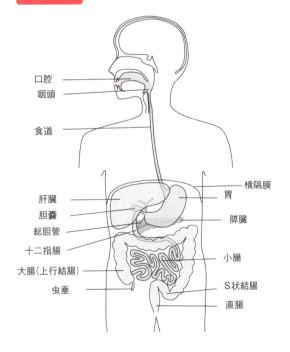

月で消失し、自分の意志で哺乳するようになる。

　3〜4か月ころからスプーンから流動物を摂ることができるようになり、また5〜6か月ころに乳歯が生えてくるが、固いものや大きなものを咀嚼し嚥下が上手にできるようになるにはもっと時間がかかる。これらの機能の発達に合わせて離乳食を進めることになる。8か月ころには哺乳瓶を自分でもって飲むことができるようになり、10か月ころには食物を手でつかんで口にもっていくことが、1歳前後にはコップから直接飲むことができ、1歳半から2歳ではスプーンなどで食べられるようになる。

　新生児期、乳児期早期は胃の大きさが小さく、それと比較して大量の母乳／ミルクを飲み、食道と胃の境の噴門の機能が未熟なために、吐乳、溢乳（口角からダラダラ漏れること）がしばしばみられる。流涎（よだれ）は唾液の分泌が多く、生理的に分泌される唾液の嚥下が不十分であるための生理的なものである。

4. 腎・泌尿器系

　尿は腎臓でつくられ、尿管を経て膀胱に一時貯留され、尿道括約筋を緩ませることにより、尿道から排泄される（図表6-6）。

　腎臓は代謝過程でできた生体に不必要な老廃物や血液中の過剰な物質を排泄し、体液の恒常性を保つ働きをしている。尿として老廃物の排泄にはそれらを溶かす一定量の水分（尿量）が必要であり、腎臓は摂取水分が少ないときは濃縮した尿として（濃縮尿）、水分が多いときは希釈した尿として（希釈尿）調整している。乳児の腎機能は未熟で、特に濃縮力は成人の2分の1と低い。そのため、体重あたりの必要尿量は成人より多く、多量の水分摂取が必要である。

　腎臓機能が低下し、体の恒常性を保てなくなった状態を腎不全といい、意識障害、けいれんなどの症状を伴う状態を尿毒症という。このような状態に対しては人工透析、腹膜灌流や腎臓移植などの対処法がある。

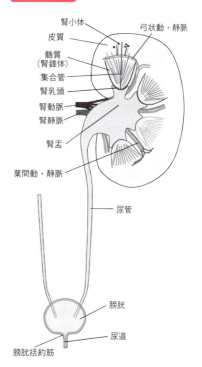

図表6-6　泌尿器系

Step2

1. 中枢神経系

脳は頭蓋骨のなかで硬膜、くも膜、軟膜の3枚の髄膜に包まれ、くも膜と軟膜の間のくも膜下腔は髄液で満たされ、多少の外力を受けても脳に影響を受けないように守られている。人間の脳は大脳半球（新皮質）、間脳（大脳辺縁系）、中脳、橋、延髄、小脳に分けられる（**図表6-7**）。間脳、中脳、橋、延髄を合わせて脳幹と呼び、血圧、心拍、呼吸の調節など生命維持の中枢である。

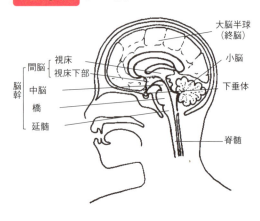

図表6-7　脳と脊髄

大脳辺縁系は間脳の一部で食欲、性欲、睡眠欲、意欲等の本能、情動の表出、喜怒哀楽などの情緒をつかさどっている。大脳辺縁系は哺乳動物にも存在するが、大脳半球・新皮質は人間にしかなく、それぞれの部分で運動、感覚、視覚、聴覚、記憶、思考など、役割分担が決まっている（**図表6-8**）。

成人の脳重量は1350ｇ前後で、出生時350ｇ、3歳で1100ｇにまで増加し、順調に脳が大きくなっているかどうかは、頭囲を測定することで評価できる。大脳皮質には約150億個の神経細胞があり、その神経細胞はちょっと変わった形をしていて、たくさんの樹状突起を出し、1本の軸索が伸び、軸索は枝分かれし、その先端は

図表6-8　脳の機能

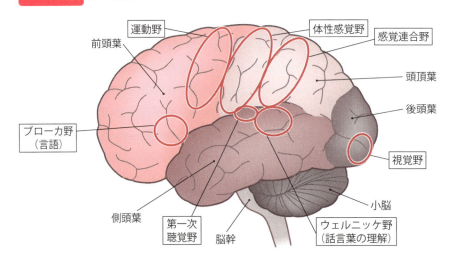

他の神経細胞とシナプスを形成し連絡を取り合う（**図表6-9**）。神経細胞は新生児期にその数はそろっているが、神経細胞同士のつながりがまだできていない。乳児期から幼児期早期に側鎖（そくさ）が伸び、たくさんのシナプスとネットワークが形成される。最初にたくさんのシナプスとネットワークが形成され、多くの刺激が通るネットワークだけが残る（刈り込み現象）ことがわかってきている。このネットワークの構築には五感を介した、情動を伴う刺激を繰り返し受けることが必要である。この刺激

図表6-9　ニューロン

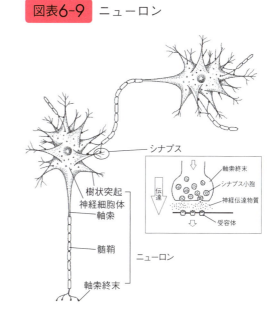

とは特別なものではなく、見つめあうこと（視覚）、話しかけられること（聴覚）、抱きしめられること（触覚）、ゆすられること（振動覚）、母親や母乳のにおい（嗅覚）、母乳の味（味覚）など、特別なものではない。その意味ではネットワーク構築に必要な刺激は「日常の育児のなかにすべて含まれている」といえる。

2. 内分泌系

　内分泌腺（ないぶんぴつせん）から分泌されるホルモンが血液を介してさまざまな器官に作用して、成長、発達、生殖、体の恒常性を保つ働きをしている。神経系の情報伝達はシナプスを介した迅速、正確なものであるのに対し、ホルモンは持続的な調節を行っている。

　主な内分泌腺には脳下垂体（のうかすいたい）、甲状腺（こうじょうせん）、副腎（ふくじん）、膵臓（すいぞう）、性腺（せいせん）などがある（**図表6-10**）。主な内分泌腺と分泌されるホルモン、その作用を**参考資料3**（190ページ）に示す。

図表6-10　内分泌腺

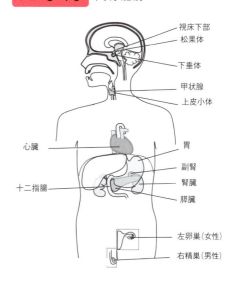

3. 血液系

　血液の重量は体重の約8％を占め、容積の約45％を占める赤血球、白血球、血小板などの血球成分と、液体で残りの55％を占めるアルブミン、グロブリンなどのタンパク質、ナトリウム、カリウムなどの電解質を含む液状の血漿(けっしょう)成分とに分かれる（図表6-11）。

　血液は心臓のポンプ作用によって全身に供給され循環し、その主なはたらきは酸素、二酸化炭素、栄養、ホルモンなど物質の運搬と生体防御である。血球成分は骨髄(ずい)の幹細胞(かんさいぼう)から分化し、赤血球は鉄を含むヘモグロビンが酸素の運搬に、白血球は感染防御に、血小板は止血に寄与している。また体熱も運搬され、体内環境の維持にも深くかかわっている。

　新生児は「赤ちゃん」と呼ばれるように生理的に多血症であり、新生児期に生理的黄疸(おうだん)がみられる。出生後の急速な体重増加もあり生後3〜6か月で血色素量は最低となり（生理的貧血）、以後漸増(ぜんぞう)する。離乳食から幼児食での鉄の摂取を心がける。

　白血球も新生児期に多く以後漸減(ぜんげん)し、2〜3歳で成人値となる。白血球の種類も乳児期ではリンパ球優位であるが、3〜5歳でリンパ球と好中球は等しくなり、以後好中球優位となる。

図表6-11 血液の成分と主なはたらき

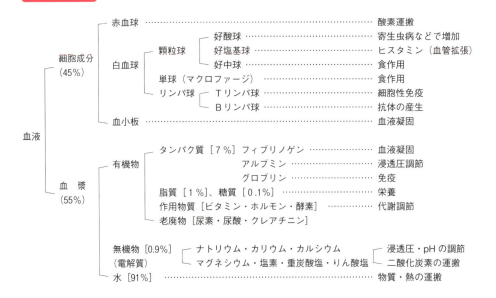

4. 免疫系

　私たちには、私たちの体を構成しているものは自分のもの（自己）と認識し、それ以外のものは自分にないもの（非自己）と認識し排除する機能があり、これを免疫機能という。私たちの周囲には、空気中にも食べ物にもウイルスや細菌がいる。毎日元気に過ごすことができるのは、この免疫機能のおかげである。

　細菌やウイルス感染に対する防御機構には自然免疫（非特異的免疫）と獲得免疫（特異的免疫）とがあり、また病原体の侵入門戸ではたらく局所免疫と生体に侵入した病原体を処理する系統免疫とがある。局所免疫としては消化管粘膜の分泌型IgA、母乳・粘液中のリゾチーム、ラクトフェリンなどがある。

　自然免疫とは侵入してきた病原体をいちはやく感知して排除する仕組みで、主に白血球の好中球やマクロファージ、NK（ナチュラルキラー）細胞などの免疫担当細胞が担当する。獲得免疫は感染した病原体を特異的に見分け、それを記憶し、同じ病原体が再び侵入してきたときに効果的に排除する仕組みであり、自然免疫に比べ応答までに時間を要する。獲得免疫には細胞性免疫と液性免疫がある。

　液性免疫の抗体は免疫グロブリンと呼ばれIgG、IgM、IgA、IgD、IgEの5種類があり、IgGのみ胎盤を通過し、生後しばらくの間は大部分の感染性疾患に罹患しづらい（受動免疫）。しかし、母親由来のIgGは生後3～6か月で消失し、その後感染を繰り返しながら自前の免疫がついていく。保育所に入れたのはいいのだけれど、3日行って熱を出し3日休むというようなことはまれではない。

Step3

1. 水分代謝

　体内の水分含量は年齢が小さいほど多い。新生児では体重の約80％、乳児で70％、成人で60％を水分が占める。それゆえ、体重あたりの必要水分量は幼ければ幼いほど大きい。水分は体内で産生される少量の酸化水を除いては、経口的な摂取に頼っている。反対に体から失われる水分は不感蒸泄として皮膚および呼気から失われる水分と、発汗、尿および便（下痢）から失われる。

　乳幼児は不感蒸泄量が多く腎濃縮力が弱いため、必要水分量は成人に比して著しく多く、体重1Kgあたり、乳児で150mL、幼児100mLである。また乳幼児は嘔吐、下痢をしやすく、脱水症に陥りやすい。

2. 体温調節

　人は恒温動物で、体温は体内での熱生産と皮膚からの熱放散（不感蒸泄と発汗）のバランスを脳の視床下部の体温調節中枢で調節している。生後3か月ごろまでの乳児は特に体温調節が未熟で外界温に左右されやすく、室温や衣類に配慮が必要である。運動、入浴、てい泣などで体温の上昇が、気温の高い夏や厚着でうつ熱がみられることがある。

　乳幼児の体温は新陳代謝が活発なために、成人より一般的に高めで、37℃以上でも必ずしも発熱とはいえない。体温は腋下、口腔、肛門などで測定するが、腋下温は口腔、肛門より約0.5℃低い。

　体温にはサーカディアンリズムが認められ、朝方に最も低く、夕方に最も高く、この最低体温と最高体温の差を日差といい、一般的に1℃以内である。従来体温測定には水銀体温計が使用されてきたが、3～5分間じっとして測定することが困難なこともあり、近年電子体温計がもっぱら家庭では使用されている。元気なときに1日3回ほど体温を測って、平熱を知っておくことが大切である。

3. 睡眠リズム

　人間は基本的に昼間に活動する動物で、明るくなると活動し、暗くなると眠るように体内時計やメラトニンなどのホルモンで調節されている。睡眠は人間にとって非常に大切な生理的機能で、睡眠中に成長ホルモンが分泌され、発育とも密接に関係している。また心身の疲労の回復を図り、活動性を向上させ、1日の生活リズム

確立という観点からも大切であるが、近年日本の子どもの就寝時間が遅くなり、睡眠時間が短く、生活リズムの乱れが問題となっている。

幼弱乳児ほど合計睡眠時間は長く、4か月くらいまでは1回の睡眠時間が短く多相性睡眠をとる。4か月ごろより1日の睡眠回数は3〜5回となり、昼目覚め、夜寝るようになり、3〜4歳までは1〜2回の午睡をするのが一般的である。

乳幼児の健康の維持には生活リズムが確立していることが大切で、睡眠時間とパターンは個人差が著しく、またそれぞれの家庭での生活のリズムに影響される。少なくとも集団生活をする前には、早寝早起きの生活のリズムを確立しておくことが望ましい。

睡眠には2つのまったく異なる相、ノンレム睡眠とレム睡眠とがあり、レム睡眠では目玉がきょろきょろ動き、手足、唇、顔面筋肉はぴくぴく動き、寝返りがみられ、脳波は覚醒時に似ており、この時期に起こすと夢をみていることが多いことがわかっている。夜間の睡眠ではノンレム、レム睡眠相が交互にみられ、レム睡眠時間は小児で長く、寝相の悪い理由でもある。睡眠のリズムを整えるには、きちんとした食事と排泄、昼間の活動が不可欠である。

4. 排泄機能

尿も便も乳児期は溜まると反射によって排泄が起こる。排尿は、膀胱に一定の尿が溜まると膀胱の筋肉が引っ張られ、その刺激が中枢に伝えられ、自分の意志でコントロールできる膀胱括約筋を緩めて排尿ができるようになる。また尿意をがまんできるようにもなる。排尿は一般的には1歳半以後、幼児自身が排尿排便の前後に、動作や言葉で周囲に知らせ始めるころからトイレトレーニングを始める。排便も肛門の手前の直腸膨大部に便が溜まるとその刺激が中枢に伝えられ、お腹に力を入れて肛門括約筋を緩めて排便ができるようになる。ほぼ全員が昼のおむつがとれるのは3歳ごろであるが、近年紙おむつが進化し、何回おしっこをしても吸収し、気持ちが悪くならないことが宣伝されており、幼児期後半になっても紙おむつをしている傾向がある。

5. 皮膚機能

皮膚は体内と外界とを区別するバリアーとして、諸器官を保護し、細菌・ウイルスなどの外敵の進入を防ぎ、不感蒸泄・発汗を介して体温調節にも重要な役割を果

たしている。また触覚、痛覚、温覚などの感覚器官でもある。大人と同等の汗腺（かんせん）があり、汗疹（あせも）をつくりやすい。

　乳幼児の皮膚は薄く傷つきやすく、涎（よだれ）や食物のかす、排泄物などで汚れやすく、細菌の侵入で化膿（かのう）しやすい。湿疹（しっしん）もできやすく、皮膚の清潔を保つことは大切である。

第7講

健康状態の観察および心身の不調等の早期発見

子どもの健やかな成長・発達を保障するためには、子どもの健康状態を観察し、表情や行動等、ささいな変化に早期に気づくことが必要である。また、子どもに急に症状が出た場合、速やかに適切な対応をし早急に受診が必要か否かの判断をすることが求められる。

本講では、子どもの健康状態の把握(はあく)に必要な知識および子どもによくみられる症状について学習する。

Step 1

1. 子どもの健康状態の観察

　子どもは、常に成長・発達しているという特徴をもっている。身体的にも各臓器が成長とともに増大し、機能や能力を獲得し成熟していく。そのため、健康な子どもにおいても成長・発達段階に合わせた対応が求められる。また、健康状態に変調をきたした子どもの反応は発達段階により異なり、子どもの成長・発達の視点から子どもの全身状態をとらえる必要がある。

子どもの特徴

① 成長・発達の途上で表現能力が未熟なため、自ら症状や苦痛を適切な言葉で表現することができない。
② 解剖学的な特徴、身体機能の未熟性により、特に乳幼児では症状の変化が早い。
③ 年齢、成長・発達により、バイタルサイン（呼吸・脈拍・体温）の正常域が異なる。
④ 免疫機能も獲得過程にあり、感染症にかかりやすい。また、季節や地域により感染症の流行がみられ、その影響を受けやすい。
⑤ 環境や個人的条件により症状が変化しやすく、不安定である。子どもの様子の変化を注意深く観察することが早期発見・早期対応につながる。

2. 子どものバイタルサイン（体温・脈拍・呼吸）の特徴と正常値

体温

　子どもの正常体温は大人と比べると高い（**図表7-1**）。また、子どもの体温異常の原因には、発熱以外にも、衣服の枚数が多い、環境温度が高いなどがある。特に乳児では、体温調節機能が未熟である、皮膚からの熱放散が大きい、体温喪失を防

図表7-1 体温の正常範囲

年　齢	新生児期	乳児期	幼児期	学童期
体温（腋下）	36.7〜37.3	36.7〜37.3	36.3〜37.3	男：36.6〜37.6 女：36.5〜37.3

出典：平林優子監，神奈川県看護協会編『子どもの救急相談対応ガイド——子どもの急な病気と事故　こんなときどうするの？』p.6, へるす出版，2008. を一部改変

ぐ皮下脂肪組織が少ない、発汗機能が未熟であるなどの特徴から、環境の影響を受けやすい。そのほかにも、体温は活動や運動、栄養状態、測定部位や測定方法によっても影響を受ける。

脈拍

心臓が全身に血液を送り出す際の拍動の回数を心拍数という。その際に、全身の動脈に生じる拍動が脈拍である。子どもの脈拍数は大人より多い（**図表7-2**）。啼泣、授乳、食事、入浴、運動により脈拍は変動する。また、精神的な興奮状態時には心拍数は増加する。そのため、脈拍の測定は睡眠時や安静時に1分間測定する。測定中は脈拍数のみでなく、脈の大きさ、強さ、リズムなどを同時に観察する。

呼吸

成長とともに肺胞自体も成長するため、呼吸回数、呼吸パターンは年齢により変化し、徐々に大人に近づいていく（**図表7-3・図表7-4**）。呼吸状態は、呼吸数、呼吸の深さ、リズム、せきや喘鳴の有無を観察する。呼吸状態は、啼泣、授乳、食事、入浴、運動の影響を受けるため、安静時や睡眠時に測定する。また、特に年長児では、子どもが呼吸を意識すると正確な観察ができないため、呼吸を観察していることを気づかれないように、体温測定や脈拍測定に引き続き測定する。

図表7-2 年齢別の脈拍数の正常範囲

年　齢	数（回／分）
新生児	120 ～ 140
乳　児	110 ～ 130
幼　児	100 ～ 110
学　童	80 ～ 90

図表7-3 年齢別の呼吸数の正常範囲

年　齢	数（回／分）
乳児（1～12か月）	30～60
幼児（1～3歳）	24～40
幼児（4～5歳）	22～34
学童	18～30

図表7-4 子どもの呼吸のパターン

乳児期	腹式呼吸	・呼吸筋の発達が未熟 ・胸郭が軟弱
幼児期	胸腹式呼吸	・呼吸筋が発達し、胸式呼吸が加わる
学童期	胸式呼吸	・大人の形態に近づく

出典：山元恵子監『写真でわかる小児看護技術アドバンス――小児看護に必要な臨床技術を中心に』p.11, インターメディカ, 2017. を一部改変

経皮的動脈血酸素飽和

動脈血酸素飽和度（SpO$_2$）とは、血液中にどの程度の酸素が含まれているかを示すものである。血液中には酸素を運ぶヘモグロビンがある。SpO$_2$は、血液中（動脈）のヘモグロビンの何％が酸素を運んでいるかを示している。正常値は96％以上である。

SpO$_2$は、パルスオキシメータにより経皮的に測定できる（**図表7-5**）。パルスオキシメータは、指をクリップに挟むだけで簡単に使用できる。

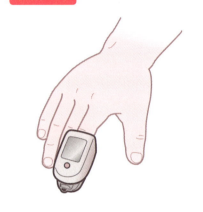

図表7-5 パルスオキシメータ

3. 全身状態の観察

子どもの状態を正しく把握するには、体温や呼吸、心拍数のように数値的な評価だけではなく、顔色や機嫌などの見た目の様子、いつもと違うというような印象も大切である。見た目の元気のなさ、なんとなく元気がない、なんとなくいつもと様子が違う、活気がない、視線が合わない、顔色が悪い、疲労感がある、落ち着きがないなどの外観の評価が必要である。特に、乳幼児では、機嫌の悪さ、元気のなさ（筋緊張の低下）、顔色不良は観察項目として重要である。

子どもの機嫌は体調の表現でもあり、機嫌の良い悪いや笑顔の有無の観察は大切である。あやしても笑わない、泣いてばかりいる、目に活気がない、眠ってばかりいる、顔をしかめている、周囲への関心を示さない、という状態がないかを観察する。また、子どもが泣くことは、乳幼児等の低年齢児にとって意思表示をするための重要な手段である。泣き声や泣き方の様子、ふだんの生理的欲求との違い、泣いているときの姿勢、一定の部位を触れると泣くことがないかなどを観察し、泣いている理由は何かを把握する。

食欲

いつものように食べたり、飲んだりしているようであれば大丈夫である。熱が上がり始める前や、下痢が始まる前などに食欲が落ちることがある。食欲がない、ミ

ルクの飲み具合が悪いときは、おなかの調子が悪いといった体調不良や、その前兆であることが考えられる。

睡眠

　子どもの睡眠は、とても重要な意味をもつ。子どもは、身体も脳も発達途上にあるため十分な睡眠時間が必要である。寝ぐずりがないか、午睡中や夜中に、せきや鼻閉、熱などの体調変化によって睡眠が中断されていないか、睡眠がしっかりとれているか、日中でもうとうとしてすぐに寝てしまうことがないかなど、いつもと違う睡眠パターンの有無と様子を観察する。

尿の状態

　尿量、排尿回数は、身体の状態を知るうえで極めて重要なサインである。水分摂取量が足りないときや、発熱などで水の蒸散が多いときなどに尿量が変化する。水分が半日以上ほとんどとれていない、尿が半日以上出ていない、ということがないか観察が必要である。

便の状態

　正常な便は、黄色から褐色がかった色で、便中に粘液や血液などが混入していない。しかし、身体の変調により腸に障害が起こると、下痢便や便秘になる。便の色や形なども身体の異常を知らせる症状である。色、硬さ、量をふだんの便と比べ、変化をよく観察する必要がある。特に、便の色が赤や黒、白などのときは要注意である。

全身状態の把握をするために必要な観察内容

・バイタルサイン（体温・呼吸・脈拍）
・機嫌の良し悪し、表情、顔色、啼泣、元気のよさ
・食欲の有無、哺乳の様子
・発疹の有無、結膜の充血や眼脂（目やに）の有無
・耳、おなか、頭などの痛みの有無
・せき、鼻汁、嘔吐、下痢などの発熱以外の症状の有無
・排尿回数、量、にごりなどの排尿の状態
・舌の色、口内炎の有無などの口腔内の状態
・舌や口唇の乾燥、皮膚の状態（乾燥・弾力性）、口渇などの脱水症状の有無

Step 2

子どもによくみられる症状

発熱

　子どもは、免疫・抗体機能が未発達なためウイルスや菌の病原体に感染しやすい。病原体は熱に弱いため、体は防衛反応として体温を上げる。これが発熱である。体温は個人差が大きいため、正常範囲から逸脱していなくても、元気なときの平熱と日内変動による振れ幅を逸脱している場合は発熱と考えて対応する。

（1）発熱の状態の観察
- 突然の発熱かどうか、発熱の経過や持続日数
- 不機嫌である、元気がないなどの随伴症状の有無

（2）すぐに受診する
- 発熱とともに、けいれん、嘔吐、頭痛などの症状がある
- 生後3か月未満の乳児で、38℃以上の熱が半日以上続いている
- 40℃以上の発熱がある
- 38℃以上の発熱が5日以上続いている
- 38℃以上の発熱に加え、発疹や目や唇が赤い等の、発熱以外の症状をともなっている

熱性けいれん

　けいれんに気づいたら、あわてず、子どもを安全で平らな場所に仰向けに寝かせ、衣服をゆるめる。抱きかかえたりゆすったりしない。嘔吐があるときは顔を横に向け、吐物がのどにつまらないようにする。けいれんの持続時間と状態を観察し、けいれんが収まった後は、意識状態をよく観察する。熱性けいれんは、通常5～10分以内に収まる。手足の麻痺や意識障害はない。

すぐに救急車を呼ぶ
- けいれんが5分以上続く、けいれんが5分以内に収まるが繰り返す
- 顔色や口唇の色がどんどん悪くなる
- けいれんは収まったが意識がない、声をかけても起きない
- 様子がおかしい
- けいれんに左右差があった
- けいれんは収まったが、手足の動きがおかしい
- 嘔吐や頭痛をともなうなど、けいれん以外の症状がある

・発熱のないけいれん
・はじめてのけいれん
・生後6か月以下や6歳以上でけいれんした

嘔吐

　嘔吐の原因には年齢による特徴もある。新生児や乳児では、少しの刺激や飲みすぎにより、授乳中や授乳後に容易に嘔吐する場合がある。また、空気嚥下や啼泣が嘔吐の誘因となることもある。学童期など年長児になると、身体疾患がないにもかかわらず、突然激しい吐き気に襲われる症状を示す心因性の嘔吐がみられることもある。不安や緊張をともなう場面で発生することが多い。

（1）嘔吐の様子の観察
・嘔吐物の性状、量、回数、吐き方
・食事との関係（食事の内容、量、与え方など）
・授乳との関係（量、時間、授乳時の体位、授乳後の排気（げっぷ）など）
・ほかの症状の有無：発熱、発疹、せき、腹痛、下痢、食欲不振、腹部膨満、頭痛、けいれん、意識障害の有無

（2）注意すること
・吐いたものが気管に入らないよう、顔を横に向け、窒息を予防する
・衣類をゆるめ、胸やおなかを楽にする。うがいができるときは口をゆすがせる
・嘔吐後1時間程度は、固形物や水分を与えない
・吐気があるときに与える水分は、牛乳やジュースは消化が悪いので控える
・食事は無理に与えない

（3）すぐに受診する
・何回も大量に吐き、少量の水分を与えても吐いてしまう
・乳幼児で、嘔吐に加え、ときどき激しく泣く
・便に血が混じる
・水様の下痢が頻回にある
・頭痛、発熱がある
・尿が長時間出ていない
・ぐったりしている

下痢

　急性の下痢には、細菌性とウイルス性がある。便が生臭い、粘液や膿、血液が混

入している場合は細菌性の疑いがある。ウイルス性は、嘔気や嘔吐をともなうのが特徴であり、発熱や腹痛、頭痛やのどの痛みもみられる。乳幼児期では、授乳方法や離乳期の食物アレルギーが下痢を引き起こす場合もある。また、学童など年長児では腹痛や下痢を繰り返し訴え、原因が心因性と考えられる場合もある。

（1）下痢の様子の観察
・下痢の回数、量、性状（色、硬さ、臭気、混入物の有無）
・ほかの症状の有無：発熱や嘔吐、腹痛、食欲不振、腹部膨満
・臀部の皮膚の状態：発赤、びらん、湿潤の有無
・食事の内容、授乳の量、回数
・保育所、幼稚園、学校などでの感染症や下痢症状の発生状況

（2）注意すること
・頻繁に少量づつ水分を与える。乳幼児ではミルクや母乳でもよい
・下痢がひどいときは食事は無理に与えない

（3）すぐに受診する
・何回も大量の水様の下痢がある
・便に大量の血が混じる
・下痢に加え、ひどい嘔吐や腹痛がある
・尿が長時間出ていない
・ぐったりしている

腹痛

　言葉が十分に話せない乳幼児では、機嫌が悪い、泣くといった子どもの表情、動作、姿勢などから腹痛の有無を判断する必要がある。話せるようになっても症状の表現があいまいなこともあるため、全身状態をよく観察する。また、腹痛の原因が緊急を要する場合もあるため、随伴症状に注意し観察する。さらに、腹痛を訴えるが、しばらくすると訴えがなくなることを繰り返す場合や、保育所、幼稚園、学校生活のストレスなど、原因が精神的な場合もある。

（1）腹痛の状態観察
・腹痛の表現、どのような痛みの訴えか、痛みの程度、腹痛の部位
・腹痛の起こり方（食事との関連性）、痛みの経過
・便秘の有無、排便状況
・腹部膨満の有無

（2）すぐに受診する

・ときどき激しく泣く
・おなかが異様に膨れている
・歩いたりジャンプするとおなかの痛みが強くなる

せき、呼吸困難

　せきや喘鳴がひどくなると、呼吸しにくく、酸素を体内に十分に取り込めない状態になる。酸素が不足すると息苦しさを感じるが、子どもは自覚症状をうまく表現できなかったり、息苦しさのために訴えることができなかったりするため、注意深い観察が必要である。また、せきの特徴や様子、持続期間などは、その背後にひそむ病気の手がかりになる。そのため、せきの様子、回数、せきが多い時期や時間帯、持続期間などを注意深く観察する。

（1）呼吸状態の観察

・せきの様子（乾性、湿性、1日のせきの回数、持続期間など）
・ゼーゼー、ゼロゼロなどの喘鳴の有無
・胸痛、嗄声、痰の有無
・努力呼吸の有無、呼吸が浅い・速くないか、呼吸苦の有無

（2）注意すること

・室内が乾燥しないように加湿し、環境に注意する
・水分を十分に摂らせる。何回かに分けて少量ずつ摂らせる
・消化がよい食事をいつもより少なめに摂らせる
・寝ているときは上半身を起こす

（3）すぐに救急車を呼ぶ

・口唇が紫色、爪の色が悪い
・呼吸数が少ない

（4）すぐに受診する

・小鼻がペコペコふくらんだりへこんだりする
・肋骨の間がペコペコとへこむ
・横になっていられず、座っているほうが楽
・せき込んでいて食べたり飲んだりできない、せきがひどくて眠れない
・急にせき込んでとまらない、のどに何かつまったように突然激しく泣く

Step3

脱水

脱水は、身体の成分のうち水分や電解質が欠乏した状態をいう。子どもの発熱、嘔吐、下痢といった症状が続き、体内の水分や電解質が大量に失われてしまうことにより水分や電解質が不足することで起こる。特に、子どもに発熱や嘔吐、下痢などの症状がみられた場合は脱水症状に注意し、十分な水分、電解質の補給と栄養摂取が必要である。脱水は、進行すると生命にかかわる危険をともなう。

乳幼児が脱水症になりやすい理由

・乳幼児の身体の水分量は70〜80％（新生児80％、乳児70％）で、水分量が多い
・大人と比較すると身体の水分量を調節する機能が未発達である
・新陳代謝が活発で不感蒸泄が多いため、身体の水分を失いやすい
・大人に比べ免疫力が未発達なため、ウイルスや細菌が身体に入りやすい。そのため、感染症による嘔吐、下痢を起こして体内の水分を失いやすい

脱水症状の観察

・機嫌、顔色、活気の有無、意識状態、呼吸状態
・食欲の有無（乳児では哺乳状態）
・下痢や嘔吐、発熱、発汗など脱水の原因となる症状の有無

図表7-6 脱水の重症度と症状

脱水の重症度は、体重の減少率を目安にする。

軽症 （体重3％未満の減少）	・のどが渇く ・落ち着かない、機嫌が悪い ・目や粘膜は正常 ・尿がいつもより少ない
中等度 （体重3〜9％の減少）	・すごくのどが渇く ・機嫌が悪い。興奮する。落ち着かない ・目がくぼむ、口が乾燥する ・尿量がすごく少ない
重症 （体重10％以上の減少）	・ぐったりしている、元気がない ・顔色が悪い、蒼白 ・目がくぼんでいる ・口や唇が乾いている ・尿がほとんど出ない ・水分を与えてもすぐ吐く ・けいれんを起こす

- 下痢や嘔吐、発熱、発汗など脱水の原因となる症状の有無
- 下痢や嘔吐の症状がある場合は、継続期間、発熱の程度など
- 口唇・舌の状態（乾燥していないか、舌がざらざらしていないか）
- 大泉門が閉じるまでは、大泉門陥没の有無
- 皮膚の状態（乾燥の有無、四肢の冷感、皮膚の張り）
- 尿の量、回数、色
- 便の状態（コロコロした硬い便になっていないか、便秘の有無）

要注意な場合

- 39℃以上の発熱
- 1日6回以上の多量の下痢
- 嘔吐が続いている
- 機嫌、顔色が悪い
- ぐったりしている
- うとうとしてすぐに寝てしまう
- 皮膚、口、舌の乾燥、皮膚に張りがない
- 泣いても涙がでない
- 尿が半日以上出ていない、尿量の減少、尿の色が濃い

　身体から水分が失われると、血液が減り、血圧が下がる。血圧が下がると全身をめぐる血液量が減り、必要な栄養を送ること、不要な老廃物を排泄することができなくなる。また、電解質が不足すると神経や筋肉に影響が出る。特に、乳幼児は脱水症になりやすいという特徴がある。また、自分の苦痛を適切な言葉で表現できないため、よく観察し、脱水症を起こさないよう早めに対応することが必要である。
　脱水症への対応としては、水分が摂れるときは経口補水液を少量ずつ飲ませる。乳児では母乳やミルクを少しずつ飲ませる。水分が摂れない場合はなるべく早く医療機関を受診する。

参考文献

- 奈良間美保『系統看護学講座 専門分野2 小児看護学概論 小児臨床看護総論 小児看護学1』医学書院,2009.
- 木口チヨ・小林八代枝編『イラスト小児の生活援助−病院・家庭におけるケアの徹底図解−子どもにかかわるすべての人に』文光堂,2007.
- 芝田里花ほか『救急看護のエキスパートが教える主要症状別「ファーストエイド」実践マニュアル』臨床看護臨時増刊号,第37巻第4号,2011.
- 平林優子監,神奈川県看護協会編『子どもの救急相談対応ガイド——子どもの急な病気と事故 こんなときどうするの?』へるす出版,2008.
- 山元恵子監『写真でわかる小児看護技術——小児看護に必要な臨床技術を中心に 改訂第3版』インターメディカ,2015.

第8講

発育・発達の把握と健康診断

　保育所における乳幼児クラスの子どもたちは、発育・発達に大きな幅があるのが特徴である。そのため、保育士は個々の発育・発達を確認することが必要で、その手段をもたねばならない。また、保育所での健康診断はその機会となることから、その機会を逃すことなく発育・発達を確認するようにする。そこで、その保育所における発育・発達のチェック方法を獲得し、子どもたちの発達支援につなげていくことを目標とする。

Step 1

1. 園における発育・発達の見かた

保育所保育指針では子どもの健康支援について下記のように示されている。

保育所保育指針
第3章　健康及び安全
1　子どもの健康支援
（1）子どもの健康状態並びに発育及び発達状態の把握
　ア　子どもの心身の状態に応じて保育するために、子どもの健康状態並びに発育及び発達状態について、定期的・継続的に、また、必要に応じて随時、把握すること。
　イ　保護者からの情報とともに、登所時及び保育中を通じて子どもの状態を観察し、何らかの疾病が疑われる状態や傷害が認められた場合には、保護者に連絡するとともに、嘱託医と相談するなど適切な対応を図ること。看護師等が配置されている場合には、その専門性を生かした対応を図ること。
　ウ　子どもの心身の状態等を観察し、不適切な養育の兆候が見られる場合には、市町村や関係機関と連携し、児童福祉法第25条に基づき、適切な対応を図ること。また、虐待が疑われる場合には、速やかに市町村又は児童相談所に通告し、適切な対応を図ること。

　0歳児クラスには、年度始めには生後57日目から11か月までの子どもがおり、年度終わりには1歳から1歳11か月の子どもの構成になっている。その間の発育・発達は人生のなかで最も著しい変化をする。例えば、生後57日目の標準的な子どもの体格は年度末には体重約4kgが約9kg、身長約60cmが約75cmになるであろうし、運動発達では頸定していなかった子どもが伝い歩きをするようになる。また、11か月の子どもの体格は年度末には体重約9kgが約12kg、身長約75cmが約85cmになり、運動発達では伝い歩きから小走りができ、言語発達では「マ」「パ」の喃語から2語文が出るようにもなる。この著しい発育・発達が1年を通して個々に順調であることを把握することが求められる。同様な発育・発達の多様性は1～5歳児の各クラスでもみられる。

2. 保育士による発育・発達の把握

　身体の発育状況の把握は、毎月行われる身長・体重の計測で行い、このときは必ず成長曲線にプロットして、経時的な発育の状況を確認しておく（**第5講 Step 1（52ページ）参照**）。また、幼児には肥満度曲線を活用すれば栄養指導に役立つ。
　発達については、日常の保育のなかで把握できるように、保育スタッフ一人ひと

りが自分の発達のスケールをもつことである。保育現場では毎日同じ時間に同じ場面を設定することができることから、その場面で個々の子どもの違いを見るようにする。さらに、同じ場面を設定することで個々の子どもの発達の経過もみることができる。

子どもの個々の違いと時間的経過を組み合わせながら、自分なりのスケールをもち、そのスケールに沿わないときには発達が「気になる」という判断につながる。

自分なりのスケールができたら、そのスケールが正しいかどうか、園全体のカンファレンスや専門スタッフの見立て等を活用して確かめておく。

3. 発育・発達の確認のための園の役割

各々の保育士がもつスケールの確認と「気になる」場合には下記のような手順で、組織として確認していくことが大切である。

（1）保育士同士で確認する

各保育士がもつスケールや「気になる」ことに関して保育士同士で意見交換をする。これは、特に時間や場所を設定することなく、いつでもどこでも頻回に行うことができる。各々の保育士が一人で抱え込まず、またスケールが偏(かたよ)らないように、職場でお互いが身近に相談できる環境づくりが必要である。

（2）上司に確認する・カンファレンスで確認する

組織には主任や管理者として園長がいる。保育士同士での確認や判断に迷うときは、上司に確認をする。この場合には時間の制約の問題もあるが、経験豊富な意見を聴くことができる。上司と相談できる関係性を大切にしたい。また、園内で定期的なカンファレンスが設定されていれば、その機会を大いに活用する。

（3）保育士以外の職種に確認する

園には保育士以外に保健担当、栄養士がおり、定期的に園医や心理士が訪問することから他職種に相談する機会がある。（2）で解決できない場合には他職種と相談する機会を得る。特に発達が気になる場合には、園医や心理士等専門家への相談は保育士のもつスケールの確認に役立つことから積極的に活用したい。

（4）園外の機関を活用する

（3）で確認できない、または解決しない場合には、組織の判断として、外部の機関を活用する。外部機関には医療機関や療育機関、区市町村の機関がある。

Step 2

1. 健康診断の確認事項

　多様な発育・発達をしている子どもが混在する保育所の健康診断は、ほぼ同じ年齢の子どもを対象にしている一般の乳幼児健診と異なる特徴があることを認識しておく必要がある。

　健やかな発育・発達の確認のためには「身体的」「精神的」「社会的」の３つの視点が必要である。保育所では、子どもたちの発育・発達を確認する機会が健康診断であり、この３つの視点で子どもたちの健康を確認することが望まれる。

　「身体的」は、疾病の有無と早期発見で、けがの有無にも注意する。体格は必ず成長曲線や肥満度曲線を活用して身長、体重を経時的に評価する。経時的に体重増加がないことが一目でわかり、栄養摂取の問題や養育環境の問題が浮き彫りになることがある（**第５講 Step 1（52ページ）参照**）。また、被虐待を念頭におけば、服に隠れる傷の発見には健診が全身を観察できる唯一の機会になるため、必ず上半身は裸になって受けることを原則にしたい。

　「精神的」は、発達の確認が中心となる。前述したように多様な発達段階の子どもが存在するため、精神運動発達のチェックは多様にならざるを得ず、また保育現場で「気になる子ども」を客観的に評価することで、子どもの理解につなげるようにする。特に、集団生活で気づかれることが多い発達障害児にとって、園での健診の役割は大きいといえる。例えば、健診での発達チェックが不通過の子どもに対して保育士は「やはりそうですね」と納得する場面がある。健診結果を用いて、保護者の子どもへの理解につなげていくことも重要な役割である。

　「社会的」は、主として子どもの生活環境（栄養、生活、事故防止）を指す。生活環境は子どもにとって大きな影響を及ぼすため、親子関係や家庭の経済的な問題や夫婦関係などにも留意していく必要がある。園で「家庭の問題」と一蹴することなく、地域資源を活用できるように結びつけていくことも求められる。また、昨今の保育現場には養育困難家庭の子どもや、一時保護や施設保護が解除されて地域に戻った子どももいるため、地域での見守りとして園の役割は大きくなっている。

　以上の視点で、健診を、日常の保育で感じている課題を整理し、一人ひとりの子どもの発育・発達のために活用する機会としたい。

2. 健康診断に用いる健診票とカンファレンス

　園で用いられている健診票には、入園時に必要とする健診票と入園後の定期的な

健診で用いる健診票がある。本講では、東京都医師会で園医のために作成した定期的な健診で用いる健診票（**図表8-1～図表8-3**）を紹介する（年少～年長クラスの健診票は、巻末の**参考資料2**（189ページ）参照）。

　健診票には、医師が診察する＜診察＞と保健担当が記録する＜保健＞、健診のときにチェックする＜発達＞の項目がある。また、健診は最低年2回実施されており、その2回の記録ができるように作成されている。＜保健＞では、特に入園してから退園するまで活用できる成長曲線を使用し、身長・体重の経時的な変化がわかるように記入しておく。また、養育状況の把握（はあく）も重要で、家族構成や家族の変化を把握できるように日ごろから保護者との関係を深めておかねばならない。＜発達＞は医師が健診時に確認するか、事前に保育スタッフがチェックしておくことも可能である。このような健診票を使わずとも、園医に保健や発達について口頭で現状または気になる点を報告するようにしたい。また、外部機関と連携している場合にも、記載方法を工夫し、園医と共有できるようにするとよい。

　健診後には、園医とともにカンファレンスを行い、子どもの気になる点を検討し、アドバイスをうけ対策を立てるようにする。必要に応じて、外部機関との連携を指南されることもあろう。その他、園医との意見交換として、健診までの間に流行し

図表8-1　0歳児クラスの健診票

0歳児クラス（57日～1歳11か月）		名前【　　　　　】	
＜診察＞ 日付（　）（　）		＜発達＞ 年齢（　）（　）	
外表奇形 所見あり（　）（　）		（3か月頃） 首がすわる	通過□ 通過□
皮膚疾患 所見あり（　）（　）		声をだして笑う	通過□ 通過□
心音 所見あり（　）（　）		（6か月頃） 寝返りをする	通過□ 通過□
呼吸音 所見あり（　）（　）		手をだしてつかむ	通過□ 通過□
股関節脱臼 所見あり（　）（　）		（9か月頃） ひとりで座って遊ぶ	通過□ 通過□
咽頭所見 所見あり（　）（　）		マ、パなどの声を出す	通過□ 通過□
＜保健＞		つかまり立ち	通過□ 通過□
体重・身長 問題あり（　）（　）		身ぶりをまねする	通過□ 通過□
（成長曲線）		（12か月頃） 伝い歩き	通過□ 通過□
予防接種 問題あり（　）（　）		指差しする	通過□ 通過□
哺乳状況 問題あり（　）（　）		2語いえる	通過□ 通過□
離乳食 問題あり（　）（　）		（18か月頃） 歩く	通過□ 通過□
食事 問題あり（　）（　）		5語いえる	通過□ 通過□
養育状況 問題あり（　）（　）		小走りする	通過□ 通過□
		積み木を積む	通過□ 通過□
		（2歳頃） 二語文を話す	通過□ 通過□
		目、口、手、足をさす	通過□ 通過□

出典：公益社団法人東京都医師会ホームページ（2018年12月内容現在）掲載資料を一部改変

第8講　発育・発達の把握と健康診断

図表8-2　1歳児クラスの健診票

1歳児クラス（1歳～2歳11か月）			名前【　　　　　】	
<診察>	日付（　）（　）	<発達>		年齢（　）（　）
皮膚疾患	所見あり（　）（　）	（12か月頃）	指差しする	通過☐ 通過☐
心音	所見あり（　）（　）		2語言える	通過☐ 通過☐
呼吸音	所見あり（　）（　）	（18か月頃）	歩く	通過☐ 通過☐
咽頭所見	所見あり（　）（　）		積み木を積む	通過☐ 通過☐
<保健>			絵カード指差し	通過☐ 通過☐
体重・身長	問題あり（　）（　）		5語言える	通過☐ 通過☐
予防接種	問題あり（　）（　）		小走りする	通過☐ 通過☐
食事	問題あり（　）（　）	（2歳頃）	二語文を話す	通過☐ 通過☐
着脱	問題あり（　）（　）		目、口、手、足を指す	通過☐ 通過☐
養育状況	問題あり（　）（　）		大小がわかる	通過☐ 通過☐
			長短がわかる	通過☐ 通過☐
			ごっこ遊びをする	通過☐ 通過☐
			階段をのぼれる	通過☐ 通過☐
		（3歳頃）	名前、年齢が言える	通過☐ 通過☐
			赤・青・黄・緑がわかる	通過☐ 通過☐

出典：図表8-1と同じ

図表8-3　2歳児クラスの健診票

2歳児クラス（2歳～3歳11か月）			名前【　　　　　】	
<診察>	日付（　）（　）	<発達>		年齢（　）（　）
皮膚疾患	所見あり（　）（　）	（2歳頃）	二語文を話す	通過☐ 通過☐
心音	所見あり（　）（　）		目、口、手、足を指す	通過☐ 通過☐
呼吸音	所見あり（　）（　）		大小がわかる	通過☐ 通過☐
咽頭所見	所見あり（　）（　）		長短がわかる	通過☐ 通過☐
<保健>			ごっこ遊びをする	通過☐ 通過☐
体重・身長	問題あり（　）（　）		階段をのぼれる	通過☐ 通過☐
予防接種	問題あり（　）（　）	（3歳頃）	名前、年齢が言える	通過☐ 通過☐
食事	問題あり（　）（　）		赤・青・黄・緑がわかる	通過☐ 通過☐
着脱	問題あり（　）（　）		くつがはける	通過☐ 通過☐
排泄	問題あり（　）（　）		片足で2、3秒立つ	通過☐ 通過☐
養育状況	問題あり（　）（　）	（4歳頃）	ジャンケンができる	通過☐ 通過☐
			3つまでの数がわかる	通過☐ 通過☐

出典：図表8-1と同じ

た感染症や、けがや病気の既往についての報告など、可能な限り前回の健診時に指摘をうけていたことへの経過を報告して共通認識としたい。

そのためには、健診までに生じた質問や経過を記録しておき、健診時当日に質問や報告の漏れがないように準備しておくとよい。

3. 健康診断の事後指導

診察

皮膚の診察で多いのは伝染性軟属腫（水イボ）、伝染性膿化疹（とびひ）、アトピー性皮膚炎である。伝染性膿化疹は他児への感染を考え、早期に受診を勧める。アトピー性皮膚炎は家庭での管理が十分になされているかどうか確認をする。また、けがについて保育士や保健担当が把握しているかどうかを必ず確認し、不明な場合には保護者にも確認をする。

心音の異常はすでに医療機関でフォローされている場合がほとんどであり、定期的な受診がなされているかどうかを確認する。呼吸音の異常は喘鳴の聴取が多く、管理されているかどうかの確認と、悪化の危惧があれば受診を勧める。

咽頭所見は発赤や、水泡などを確認し、溶連菌感染症やヘルパンギーナなど、園で流行している感染症に留意して保護者へ受診を勧める。

発達

園医による診察やチェックで不通過になった場合には、日常の保育状況とも照らし合わせて発達を検討する。発達に課題がある場合には園での対応を検討するとともに、保護者への対応や巡回指導を活用するかどうかなども検討する。課題には早期に対応することが大切であり、放置することがないようにし、次回の健診時には園医に経過の報告をする。

保健

成長曲線で気になる場合には園医に報告し、疾病や発達課題の有無や食事などの養育環境の情報共有を図る。特に養育環境に関して、保護者への支援方法、主治医との連絡方法の助言を園医から得ることができる。虐待が疑われる場合にはすみやかに児童相談所や区市町村の窓口へ通告する。健康診断は子どもの健康と安全を確認する重要な機会であることを認識しておく。

Step3

乳幼児健診の知識

　健診は母子保健法で定められた事業であり、目的は「母性並びに乳児及び幼児の健康の保持及び増進を図るため、母子保健に関する原理を明らかにするとともに、母性並びに乳児及び幼児に対する保健指導、健康診査、医療その他の措置を講じ、もつて国民保健の向上に寄与することを目的とする」とされている。1歳6か月児健診と3歳児健診は同法第12条で、それ以外の健診は第13条をそれぞれ根拠としている。また、厚生省児童家庭局長通知「母性、乳幼児に対する健康診査及び保健指導の実施について」（平成8年11月20日児発第934号）によって「1歳に達するまでの乳児期は、心身の異常の発見等に適した時期であることから、市町村においては、2回以上の健康診査を実施する」とされた。発達障害の発見等に関し、発達障害者支援法第5条第1項は「市町村は、母子保健法第12条及び第13条に規定する健康診査を行うに当たり、発達障害の早期発見に十分留意しなければならない」としている。

　乳幼児健診は時代とともに役割が変わってきている。1930年代は体力増進、1940年代は栄養障害の予防、1950年代は疾病の早期発見・早期治療、1990年代は育児支援など心の健康、2000年代は発達障害の早期発見といわれてきた。現在の主な目的は、児童虐待と発達障害の早期発見・早期支援である。その目的を念頭に各月齢・年齢での健診では、発達のチェック、育児支援、疾患の発見、予防接種指導等を行っている。その内容と支援について、以下に簡単に紹介する。

1か月健診

① 発達：原始反射を認める、四肢は他動運動に対して左右とも抵抗なく動かすことができる、仰臥位では四肢はやや屈曲してベッドとの間に少しすきまができる姿勢をとる。
② 育児：まだ肌が黄色い。相談は吐く、鼻がつまって苦しそう、おむつかぶれ、飲まない、抱っこしていないと寝ないなどである。母親の抑うつ状態の有無に気をつける。
③ 主な疾患：体重増加不良（20〜30g／日）、乳児湿疹、臍ヘルニア、苺状血管腫
④ 予防接種の紹介

○留意点
嘔吐のもっとも多い原因は排気が不十分であることが多いため、哺乳の前後や

途中での排気を勧める。抱っこしていないと寝ないというのはこの数週間のことであると伝え安心を与える。母親の抑うつには必ず保健機関と連携をする。乳児湿疹のためにスキンケアを指導しておく。臍ヘルニアには圧迫療法が、苺状血管腫には生後6か月以内のレーザー治療があることを、それぞれ情報として伝えておく。

3、4か月健診

① 発達：頸（くび）がすわってくる、おもちゃに手を出す、あやし笑いなどの反応
② 育児：母子相互作用により愛着形成が進む。相談は便秘がちである、頭の形などがある。母親の抑うつ状態の有無に注意する。
③ 主な疾患：乳児湿疹、股関節脱臼（こかんせつだっきゅう）

○留意点

頸のすわりは立ち直りがあるかどうかで判断をする。頸がすわっていないときは1か月後に再確認するが、それまで保護者にはなるべく縦抱っこを多くしてもらう。頭の形は向き癖（くせ）に対応してもらうが、ヘルメットを用いて矯正（きょうせい）することができるといった情報もあり、その動向を見極める必要がある。母親の抑うつ状態は必ず保健機関と連携をする。

6、7か月健診

① 発達：寝返り、座位の形ができる、人見知りの始まり、ほしいものがあると声を出し、手を伸ばしてつかもうとする、離乳食を飲み込むのが上手になる。
② 育児：夜の睡眠（すいみん）時間が長くなり生活リズムが安定する。相談は夜泣き、離乳食が進まない、よく泣くなどがある。
③ 主な疾患：発熱、誤飲（たばこ、植木の土、薬剤）。

○留意点

寝返りや座位ができないときには、日々の生活のなかでできる姿勢、例えば座位のときに腹部にバスタオルで保持を助けるなどのアドバイスをする。「夜泣きや離乳食が進まないのはこの時期によくあること」と保護者からの相談を受け流すのではなく、対応の方法を一緒に考えることが大切である。かぜによる発熱等の機会が増えるため、救急対応の情報を伝えておく。

9、10か月健診

① 発達：手で支えずおすわりができる、はいはい、つかまり立ち、模倣（もほう）のはじまり、人見知り、喃語（なんご）が出る。

② 育児：相談は生活リズム（食事、睡眠）、親などを噛（か）むなどがある。
③ 主な疾患：転倒（頭を打つ）、よくかぜをひく、浴槽（よくそう）での事故。

○留意点

はいはいをしない子どもから、すでに歩行している子どもまで、運動発達にばらつきが多い時期である。運動発達を気にする保護者が多いため、発達をうながす遊びを提供する。模倣は言語獲得の基礎となるため、手遊びや「バイバイ」など子どもの手を取って動きをうながすようアドバイスしておく。また、この時期に転倒して頭を打つことが多くなるため、十分に気をつけるよう話しておく。親を噛む動作は、先々（さきざき）ほかの子どもを噛むこととは異なると説明し、母親には厚手の服を着るなどの対応を一緒に考える。

1歳児健診

① 発達：始歩（しほ）、単語1～2個、模倣。
② 育児：相談はかんしゃく、周囲に関心がない、指しゃぶりが多いなどがある。
③ 主な疾患：転倒による頭部打撲（だぼく）

○留意点

この時期の運動発達は個人差が大きいが、つかまり立ちができていない場合は専門機関に紹介することを考える。また、この時期に模倣をしない場合は言語発達への影響を考えながら模倣の仕方（「9、10か月健診」参照）をアドバイスし、1歳6か月健診までに必ず経過を確認する。保護者の相談で多いのが「壁や床に頭を打ちつける」等のかんしゃくであり、親子ともども困っているため、「場面を変えて気分を切り替えるようにする」などのアドバイスをする。指さしや言葉が出てくると、ひどいかんしゃくの峠（とうげ）を越すことを伝えておくとよい。

1歳6か月児健診

① 発達：歩行の完成、単語数個、簡単な指示理解ができる。
② 育児：相談はしつけ（物を投げる、人をたたく）、叱（しか）り方、食べ方、夜泣き、かんしゃくなどがある。
③ 主な疾患：体格（やせ、肥満（ひまん））、かぜ、肘内障（ちゅうないしょう）

○留意点

歩行ができていない場合は必ず医療機関あるいは療育機関につなげる。指示理解と表出言語の評価は発達障害のサインとして重要であり、健診手技（けんしんしゅぎ）（積み木を積む、指さしをする、なぐり書きをする、三項関係）で確認し、気になるときは2歳児健

診を勧めたり、保健機関・療育機関などを紹介する。しつけや叱り方のアドバイスでは「たたかないこと」を強調し、しつけが虐待(ぎゃくたい)に発展しないよう気をつけておく。

3歳児健診

① 発達：簡単な会話ができる、視線が合う、落ち着いて動き回らない。
② 育児：相談は場所見知り、場面緘黙(ばめんかんもく)、食べ方（少食、偏食(へんしょく)）、トイレット・トレーニング、言葉の遅れ、落ち着きがないなどがある。
③ 主な疾患：低身長、肥満、視聴覚検査、尿検査、包茎(ほうけい)

〇留意点

　言語や社会性の発達を確認する健診である。身長・体重が測れず服を脱がないなど、成長発達が確認できない場合は、この機会を逃せば就学時健診まで健診がないことを保護者に伝え、再度の機会を設けるか、集団生活をしていれば園での様子を尋(たず)ねるなど、確実に確認する。場所見知りは健診でよく遭遇(そうぐう)するが、4歳を過ぎても変化がないときは相談するように伝えておく。

5歳児健診

① 発達：小枝氏による「5歳児健診31項目」の通過、集団生活への適応
② 育児：相談は吃音(きつおん)、生活習慣、指しゃぶり・爪(つめ)かみ、夜尿(やにょう)、落ち着きがない、発音が気になるなどがある。
③ 主な疾患：視力障害、斜視(しゃし)、齲歯(うし)、噛(か)み合(あ)わせ

〇留意点

　マイペース、落ち着きがない、不器用さなどが発見できる。集団生活で困難を抱えていないか、また、就学に向けて準備しておくことはないか留意し、必要に応じて園や専門機関と連携して対応する。

参考文献

- 厚生労働省「保育所保育指針」2017.
- 遠藤郁夫『私の園医ノート――これからの園医のために』中山書店，2011.
- 福岡地区小児科医会乳幼児保健委員会『乳幼児健診マニュアル（第5版）』医学書院，2015.
- 小枝達也『5歳児健診――発達障害の診療・指導エッセンス』診断と治療社，2008.
- 藤枝憲二・加藤則子『現場で役立つラクラク成長曲線』診断と治療社，2007.
- 加藤則子・柳川敏彦『トリプルP――前向き子育て17の技術』診断と治療社，2010.
- 横山浩之『保育士・幼稚園教諭・支援者のための乳幼児の発達からみる保育"気づき"ポイント44』診断と治療社，2014.
- 東京都医師会乳幼児保健委員会「健診票」2018.
- 平成29年度子ども・子育て支援推進調査研究事業「乳幼児健康診査身体診察マニュアル」2018.
- 秋山千枝子「幼児期に注意すべき疾患『発達障害』」『小児科臨床』vol64，pp.1897〜1902，2014.

第9講

保護者との情報共有

保護者と保育者が情報共有をする際に、相互に「気づき」にズレがないか、また、1つのサインに他のサインが隠れていないかを確認していくことが必要である。ズレがある場合には、ていねいに事実を確認し合いながら、「気づき」の種類を念頭に調整することによって情報共有が可能になる。「気づき」のズレがない情報共有こそが助言や取り組みを円滑に行うことを可能にする。そこに、相互の信頼関係が必要であることはいうまでもない。

Step 1

1.「気づき」について

　保護者との情報共有は、保育所保育指針にある保護者との相互理解と重なる部分がある。

保育所保育指針
第4章　子育て支援
2　保育所を利用している保護者に対する子育て支援
（1）保護者との相互理解
　ア　日常の保育に関連した様々な機会を活用し子どもの日々の様子の伝達や収集、保育所保育の意図の説明などを通じて、保護者との相互理解を図るよう努めること。

　保護者が子どもの状態にどのように気づいているかによって、情報共有の方法が変わってくる。「気づき」には保護者と保育者それぞれの「気づき」の有無によって4つの組み合わせがあり、組み合わせの種類に応じてそれぞれのズレを調整することが大切である（図表9-1・図表9-2）。どのようなズレがあるかを紹介する。

①保育者も保護者も気づいている場合

図表9-1　気づきの種類

		保護者	保護者
		「気づき」あり	「気づき」なし
保育者	「気づき」あり	① 保護者も気づいており、保育士も気づいている子どもの状態	③ 保護者は気づいていないが、保育士は気づいている子どもの状態
保育者	「気づき」なし	② 保護者は気づいているが、保育士は気づいていない子どもの状態	④ 保護者も保育士も気づいていない子どもの状態

双方とも気づいているということでは一致しているが、気づきの具体的な内容や程度までが同じかどうかを確認する必要がある。例えば、保護者は子どもに食べ物の好き嫌いがあると心配していても、保育者は子どもには人や物に対するこだわりがあり、好き嫌いはその一部とみている場合である。保護者は偏食をなくすための具体的な指導方法を求め、保育者は子どものこだわり全体を考慮した対策を提案するというズレが生じる。

②保護者は気づいているが、保育士は気づいていない場合

例えば、保護者はきょうだいに比べて言葉が遅いと心配しているが、保育者は年齢相応と考えている場合がある。保護者が育児書などの情報を誤って受け止め過剰に心配していることもある。

他方、子どもの忘れ物が多いため保護者が毎日子どもの手伝いをしている場合、保育者には忘れ物をしない子どもとして認識され、問題が気づかれないことがある。

保育者は、前者の場合では、頭ごなしに保護者の心配ごとを否定するのではなく、その心配する気持ちに寄り添うことが求められ、後者の場合では、日頃から子どもの状態について相談しやすい関係を、保護者との間に築いておく必要がある。

③保護者は気づいていないが、保育者は気づいている場合

例えば、集団生活のなかで友だちとルールに従った遊びができなかったり、集まりのときにみんなと一緒に座っていられなかったりする子どもの様子は、保護者には認識されない。園では、同年齢の多くの子どもたちをみてきた保育士や幼稚園教諭の気づきが保護者と共有されず、「どうしたら相談機関につなぐことができるか」という保育士の悩みにつながっている。「園から、病院へ行くように言われた」として、すでに感情的なもつれが保護者の側に生じていることも少なくない。

④保護者も保育者も気づいていない場合

図表9-2 気づきの種類

		保護者	
		「気づき」あり	「気づき」なし
保育者	「気づき」あり	① 保護者も気づいており、保育士も気づいている子どもの状態	③ 保護者は気づいていないが、保育士は気づいている子どもの状態
	「気づき」なし	② 保護者は気づいているが、保育士は気づいていない子どもの状態	④ 保護者も保育士も気づいていない子どもの状態

　子どもの夜泣きを「子どもってこんなもの」と保護者が抱え込んでいれば相談することがないため、保育者にはわからない。また、おとなしい子どもも「手がかからない子」として相談されることはない。しかし、保護者は「育てにくい」と感じ、ストレスをためながら子育てをしていることがあるため、保育者は「育てにくい」という保護者の感覚に敏感になり、「いつでも相談を受けてもらえる」という安心感を保護者に与える姿勢が必要である。

　気づきの組み合わせには前述の4種類があるが、そのほかに深さと方向性もある。すなわち、保護者が気づきを得てからどの時期にあるのか（深さ）を知り、何に気づいて心配しているのか（方向性）を明確にすることも大切である。このような手続きを踏むことによって、保護者の立場を理解し、ともに考える土台ができ信頼関係が築けるのである。

2. 気づきを整理する

　保育士が気づいたことを保護者に伝えるためには、「気づき」を整理する必要があり、そのためには日々の保育のなかの「気づき」を記録しておく必要がある。次の内容に沿って簡潔に記録しておきたい。

Step1

（1）誰が？
　保育士など園のスタッフ、保護者、そのほかの家族、近所の人など

（2）どんなことに？
　体重が減少・増加してきた、けんかが多い、給食の時間に立ち歩く、遊びに参加しない、園で排尿しない、吃音があるなど

（3）いつごろ？
　入園直後、夏休み明け、1年前から、ここ数週間、今日など

（4）どんなきっかけで？
・Bくんとけんかになったが、理由を聞いても説明を上手にできなかった
・健康診断の際に服を脱ぐことを嫌がった
・保健担当から「ちょっとやせすぎでは？」と指摘された
・いつも給食のときに早食いで、お代わりをしている

（5）どの程度？
・お友だちと遊べないくらいの状態である
・相手の子にも原因があるのかもしれない
・今回が初めてなので、もう少し様子をみよう
・ひょっとして、自分が気にしすぎなのかも
・子どもって、こんなもの
・自分も子どものころそうだった

（6）ほかの人の気づきはどうか？
（最初に気づいたのが園・学校関係者であれば、保護者はどうか？）
・「男の子だから発達が遅いのよ」「一人っ子で甘えさせすぎたのかしら？」
・「担任の先生に原因があるのよ」「家ではそんな様子、みられませんよ」
・「仕事が忙しいので子どものことはすべて家内に任せています」

（7）どのように対応したか？
・直接子ども本人に言い聞かせた
・連絡帳に書いて保護者に知らせた
・上司に報告し相談した
・（保護者からの申し出に）相談の機会を設けた

　上記のような内容を時系列に記録しておけば、保護者との間の情報共有に活用でき、また記録内容を決めておくことで情報の記録漏れがなくなる。

Step 2

保護者面接での情報の伝え方

　保護者との情報共有には、文書を利用する場合と保護者面接を利用する場合がある。文書は不特定多数に一度に伝える場合に利用しやすい。個々の場合には保護者面接を利用することが多いが、その際に話し合った内容を記録し、同じ文書をもっておくと後日齟齬が生じない。

　情報の伝え方も保護者の気持ちに寄り添って行い、下記のような手順が考えられる。

① 事実をはっきり伝える
② 子どもの成長の見通しについて話す
③ 園での取り組みについて話す
④ 家での接し方について話す
⑤ 保護者の話を十分に聞き、保護者の思いを受け止める

事実をはっきり伝える

　子どもが「ゆっくりしている」「落ち着きがない」ことなどを伝えたいときには、保育の具体的な状況を伝える。例えば「外遊びのときにいつも最後に外に出てきます」「給食の時間に、食べ始めて5分ほどで歩き回り始めます」など、保護者がその場面を想像できるように話す。その際にけっして「ゆっくりなので」「落ち着きなく」という言葉は使わない。具体的な状況を繰り返し伝えることで、子どもが「ゆっくりしている」「落ち着きがない」ことを保護者は認識していく。「落ち着きがないのですか？」という保護者の質問があったときには、「そう感じますか？」あるいは「そう感じることがあります」と保護者の「気づき」に寄り添う。保護者が認識するまでには時間がかかることがあるため、保育士が「落ち着きがない」ことを確信してから伝えるのではなく、子どもの状況はいつも早めに伝えておく。

子どもの成長の見通しについて話す

　保護者は子どもがずっと同じ状態でいることが心配になるため、保育者は子どもが成長していくことを「いつまでに〜できるでしょう」などと見通しを伝え、日々の子どもの成長を細かく報告する。保育者が子どもを見守ってくれているという安心感を保護者に与えることになり、もしできなかったときには、再度連絡することにしておく。

園での取り組みについて話す

　子どもの課題を放置することなく、園でしっかり対応することが大切であり、園の具体的な取り組みを保護者に伝える。その取り組みは期限つきにしておくと取り組みが曖昧に終わらず、保護者に次の面接の予告をすることにもなる。

家での接し方について話す

　子どもの育成については園と家庭は車の両輪であることから、園で対応するだけではなく家庭での対応もうながす。園で課題解決できても、家庭で解決できていなければ課題を解決したことにはならない。家庭での対応についての保護者へのアドバイスの方法は、Step 3「1．保護者へのアドバイスの仕方」を参照されたい。

保護者の話を十分に聞き、保護者の思いを受け止める

　保護者は家庭で、仕事が忙しい、兄弟がたくさんいる、育児の協力者がいない、障害児が家族にいる、大家族である、家計が苦しい、病人を抱えているなどのさまざまな状況のなかで子育てを行っている。家庭でその保護者が、どのような環境のなかで子育てをしているのかを知ることが大切である。それは保育者が想像できない家庭状況であったり、保育者が家庭状況を勝手に思い込んでしまっていることがあるからである。その家庭状況から、保護者が子どもの現状をどの程度理解し、対応しようとしているのかについて十分話を聞き、理解することから支援は始まるといっても過言ではない。そして、保護者は子どもを毎日育てていること自体を認められ、褒められることで保育者と信頼関係を保つことができる。保護者のがんばりを慰労し、信頼関係を築くことで支援が円滑に進み、ひいては子どもへの支援につながる。

Step3

1. 保護者へのアドバイスの仕方

　保護者に「気づき」や課題を伝えるだけではなく、保護者と課題を共有し、その対応策を一緒に考えることが重要である。

保護者の気持ちに寄り添う

　まずは、保護者の気持ちや考えをしっかり聞くことである。保護者の気持ちに寄り添うには、保護者の言葉を正確に復唱しつつ、「そう、○○なんですねぇ」「○○だったんですね」と確認することで、保護者は聞いてもらえたと、自身の気持ちを十分に受け止めてもらえたと安心し、保育者に対する信頼が生まれる。

保護者との対応策の立て方

　対応策は、一般的な子育ての方法を伝えるのではなく、今困っていることを少なくする方法を考える。そして、保護者がその内容を十分に理解し実施できるかを考えることが重要である。保護者は、その場でわかった気がしても、これまでに自身が経験したことがないことを実行することは難しい。例えば、アドバイザーが「1日1つ、子どものよいところをみつけて褒めてください」と言っても、保護者自身が子どものころに褒められた経験がとぼしい場合には、どうしてよいかわからず、わが子を褒めることができない。保育者にとっては簡単に思えることでも、必ずしも保護者も同じではないことを留意しておく。
　このようなことを回避するには、対応策の内容をどこでどのように実施するか、具体的に家庭での生活場面を設定して一緒に考えるとよい。そうしなければ、せっかく時間をかけて行った対応策が活かされず、課題解決にはつながらない。うまくいった対応策は、続けてもらうように保護者を支援する。

保護者への支援

　保護者がよくやっていること、ちゃんと育てていることを認める。保護者がわからないことを責めない。求められていることは、保護者の気持ちに寄り添うことで、答えを出すことではなく、一緒に考えることである。保護者が子育ては一人ではないと感じ、うまくいかなくても再挑戦の機会を設け、保護者に相談を続けてもらう関係を築けていることが大切である。保護者には、自分自身が子どもについて心配がある場合には相談をし続けることを勧め、保護者自身が心配していなくても、周囲が心配している場合には、子どもをしっかり見つめなおす機会にしてもらう。

2. 保護者の特徴を知る

　保護者と情報共有を図る際に、なかなか困難な状況に遭遇することもある。その原因の1つは、保護者にも特性があることであり、また精神障害や発達障害をもつ場合もある。保護者の特性を知るには、保護者の成育歴や幼少時の様子などを聞き取り理解していく必要がある。

　ここでは保護者に発達障害が疑われる場合を紹介し、保護者理解の一助にしていただきたい。

（1）保護者に自閉スペクトラム症が疑われる

・マイペースで助言が入りにくい。
・たとえ話が通じない。
・保護者同士で仲良くできない。
・予定どおりに進まないと不安になる。
・決まりどおりに育児をしようとする。　等

　対応としては、目標に数字などを用いてやるべきことを具体的に示しておく。予定の変更の可能性があるときは事前に伝え、できるだけ予告しておくことが大切である。

（2）保護者にADHDが疑われる

・予約を忘れたり、遅刻をする。
・助言されたことをあれもこれもやろうとして失敗する。
・指導が続かない。
・家事をこなせない。
・片づけができない。　等

　対応としては、約束を忘れないようにメモを活用し、事前に再確認の連絡をする。また、スモールステップの支援とし最小限の指示に留める。

（3）保護者に知的障害が疑われる

・日常の食事や着脱などの世話ができない。
・病気やけがの対応ができない。
・事故防止や生活リズムなどの環境をつくれない。
・乳児健診や予防接種など予定が組めない。
・子どもの様子を説明できない。　等

　対応としては、具体的な指示をしながら頻回に会うようにする。また、地域のサービスを利用するように関係機関と連携する。

（4）保護者に精神障害が疑われる

・表情がすぐれない。
・身なりに気になるところがある。
・喜怒哀楽(きどあいらく)が激しく、ささいなことで怒る。
・話がかみ合わず、論点がずれる。
・連絡しても返事がない。　等

　対応としては、話す目的を明確にしておき、1対1ではなく複数で対応する。保護者を不安定にするような刺激的な言動は避け、保護者の現状をねぎらい、寄り添う視点で話を聴く。

参考文献
- 厚生労働省「保育所保育指針」2017.
- 秋山千枝子・堀口寿広監『スクールカウンセリングマニュアル──特別支援教育時代に』日本小児医事出版社, 2009.
- 小倉加恵子「育てにくさに寄り添う支援〜4つの要因とその対応〜（平成30年度母子保健指導者養成研修会集）」2018.

第10講

主な疾病の特徴①
新生児の病気、先天性の病気

> 新生児の病気は、未熟性のために生じるもの、出生時に肺呼吸がはじまり呼吸と循環のしくみが大きく変わることによるもの、先天性疾患によるものなどを特徴とする。先天性の病気はすでに新生児期に症状がみられるものが多いが、新生児の病気のなかで、先天性の病気はその一部でしかない。「先天性」とは「生まれつき」の意味で、遺伝性のあるものも、ないものも含む。

Step 1

1. 新生児の病気

　新生児の病気には、その原因や種類、あるいは治療や対応に特徴がある。出生にともなう肺呼吸への劇的な変化、ときには難度の高い緊急手術を要する先天奇形、母親の胎内で生じる感染症、多種類の先天性疾患など、いずれも新生児特有の問題である。さらには、在胎週数が短いほど、また、出生体重が少ないほど各種の機能が未熟であり、予備力もないために、すぐに生死にかかわる問題となる。自力でミルクを飲むことさえできない数百グラムの子どもは、専門家による集中治療が必要となる。特に出生の直前直後の時期を周産期といい、この時期での高度の医療は周産期センターなど設備の整った施設で行われる。

　新生児期の病気の重症度やその対応、後遺症の発生により、その後の長い人生に多大な影響を及ぼす。新生児の病気は新生児期に終わるのではなく一生涯にかかわるので、新生児を理解することは子どもの保育、教育に大変重要である。

2. 新生児の理解

用語の定義と分類

新 生 児：生後4週未満の子ども。**図表10-1**および**図表10-2**のように分類する。
未 熟 児：正式な医学用語としては用いない。未熟性は単に出生体重のみと相関するわけではないことなどが理由。法律用語として、あるいは一般的表現では用いる（例：母子保健法第6条に「未熟児」の定義あり）。
在胎週数：母親の最終月経の初日から数えて、満の週で表す。妊娠週数と同じ（通常在胎2週までは、実際には受精卵も存在しない）。
周 産 期：出産前後の、妊娠22週から出生後7日未満の期間を指す。

低出生体重児

　低出生体重児は、単に体重が少ないわけではない。その多くは在胎週数も短く、さまざまな機能が未熟であり免疫力も低いため、病気を合併しやすい。自力で呼吸や哺乳ができず、また嚥下、消化吸収も未熟なため、経鼻胃管から専用のミルクを注入する。体温維持や加湿、感染予防や治療のために保育器に収容する。小さく生まれたということは、すなわちリスクを背負っていることになる。低出生体重児の代表的な生理的特徴を**図表10-3**に示す。

Step1

図表10-1 出生体重による分類

名称	出生体重
巨大児	4,000 g 以上
低出生体重児	2,500 g 未満
極低出生体重児	1,500 g 未満
超低出生体重児	1,000 g 未満

図表10-2 在胎週数による分類

名称	在胎週数
超早産児	28週未満
早産児	37週未満
正期産児	37～42週未満
過期産児	42週以上

図表10-3 低出生体重児の生理的特徴

臓器	未熟な機能	特徴
呼吸器	肺および呼吸機能	換気不良、無呼吸
消化器	吸綴・嚥下、消化、吸収	早産であるほど経口哺乳難→経管栄養
腎	尿の濃縮力・希釈力	代謝性アシドーシス[注1]をきたしやすい
代謝	低カルシウム血症、クル病、低血糖になりやすい、黄疸が悪化しやすい	
免疫	母体からの移行免疫不十分	感染に弱い
皮膚	皮膚構造（薄く弱い）	不感蒸泄多い、低体温になりやすい、感染に弱い

注1：呼吸の問題ではなく、代謝の異常で血液・体液が酸性に傾くこと

　低体重であるほど合併症が多く、治療も難しくなり入院期間も長くなる。その後の成長の遅れ、慢性肺疾患の合併、神経学的な後遺症が問題になることが多い。精神運動発達遅滞や脳性麻痺だけでなく、発達障害が生じる確率も上がり、なかでも極低出生体重児、さらに超低出生体重児では正期産児の3～4倍とされる。

　また、低出生体重児は虐待を受ける頻度も高い。脳神経合併症により育てにくさをもたらすことや、長期入院による母子分離が愛着形成の阻害要因となる可能性もある。家庭環境、経済的社会的背景などにも注意しながら、地域で連携した、かつ継続的な支援を行うことが望まれる。

　冬場に流行するRSウイルス感染症は、乳幼児ではしばしば細気管支炎や肺炎などを起こして重篤になるため、とりわけ早産児、慢性肺疾患の治療を受けたことがある場合は感染を予防すべきである。先天性心疾患、ダウン症候群とともに、RSウイルスに対する抗体であるパリビズマブ（シナジス®）の筋肉注射が細かい条件のもとに保険適応となっており、高額な薬剤であるが非常に効果的である。

　低出生体重児の原因のうち簡単に予防できるものとして、母親のダイエットと喫煙がある。受動喫煙の防止を含め、禁煙は全妊娠経過および出産後も必要である。

Step 2

1. 新生児期に特徴的な病気（低出生体重を除く）

　新生児期にみられる病気は、新生児期特有の問題から生じるものと、先天性疾患によるものとして、おおまかに図表10-4のように分類できる。これらの特徴を知ることで、よりよい治療が可能となる。

　例えば、新生児は低血糖が起きやすいが、放置されれば、けいれん、最悪は脳障害を引き起こすことを意味する。そこで新生児の観察にあたっては、常に血糖に注意する。

仮死

　胎児仮死とは、さまざまな理由から胎児が低酸素状態になることで、最悪の場合は胎児死亡となる。出生時に胎外環境への順応ができない状態を新生児仮死といい、この90％は胎児仮死から引き続いて起きる。新生児仮死では、けいれんや意識障害、無呼吸、ときに脳内出血などがみられ、最悪は死亡に至る。重症の仮死では、低酸素性虚血性脳症（HIE）による、脳性麻痺などの脳神経後遺症が認められる。

　新生児仮死の原因は、①胎盤機能低下などの母体に原因がある場合、②新生児自身に神経筋疾患や呼吸循環器系の基礎疾患がある場合、③胎盤早期剥離や前置胎盤などによる胎盤からの出血、④臍帯巻絡（へその緒が胎児に巻き付く）などによる血流阻害など、さまざまなケースがある。

図表10-4 新生児にみられる主な病気

分類			代表的な疾患・症状
新生児特有の病気	周産期異常		低酸素脳症、低出生体重、低体温
	未熟性によるもの	代謝等	黄疸、低血糖、低カルシウム血症、ビタミンK欠乏性出血
		循環	胎児循環（卵円孔開存、動脈管開存ほか）
		呼吸	新生児仮死、呼吸窮迫症候群（RDS）、胎便吸引症候群、無呼吸
	分娩外傷		産瘤、頭血腫、鎖骨骨折
先天性疾患	感染症		産道感染（GBS[注1]、HB[注2]）、経胎盤感染（風疹、トキソプラズマ）
	先天異常	形態異常	外表奇形[注3]、内臓奇形[注4]、奇形症候群、染色体異常
		機能異常	難聴、先天性代謝異常症、先天性甲状腺機能低下症
	その他		母体からの影響（内分泌、薬物、アルコールなど）

注1：B群溶連菌
注2：B型肝炎ウイルス
注3：外見的にわかる形態異常
注4：十二指腸閉鎖、片腎などの内臓の形態異常

呼吸窮迫症候群（RDS）、胎便吸引症候群（MAS）

　胎児は胎盤を通して酸素と二酸化炭素のガス交換をしている。出生時に肺呼吸のために肺の拡張が必要で、この際、肺サーファクタント（肺表面活性物質）が必要となる。この物質が十分に産生されるのはおよそ在胎34週以後である。そのため、早期産であるほどRDSと呼ばれる呼吸不全を生じることが多い。人工肺サーファクタントによる治療成績はよいが、在胎24週以下では今も予後は不良である。

　胎便吸引症候群は、出産時の低酸素や感染等のために、羊水中に排泄された胎便を吸引し、肺損傷および呼吸困難をきたすものをいう。

脳神経障害

　胎児の酸素欠乏は全身に悪影響が出るが、特に未熟な脳では血流分布も悪く、脳神経組織は酸欠に弱いため傷害を受けやすい。脳細胞が不可逆的な傷害を受けると、成熟児では低酸素性虚血性脳症をきたし、早産児や低出生体重児では脳室周囲白質軟化症（PVL）を生じ、脳性麻痺や発達障害など脳神経合併症の原因となる。PVLは脳の画像診断で明らかになる。脳室周辺は、低出生体重児では特に構造的にも機能的にも血流不足になりやすい部位である。また、脳性麻痺とは、受胎から新生児期（生後28日未満）までに受けた脳の損傷によって引き起こされる運動機能の障害を指す。

循環器

　先天性心疾患（心奇形）は出生児の100人に1人にみられるが、重症度には大きな幅がある。胎児は母親からの血流で酸素も栄養もまかなわれるため、症状は出生後に生じる。体が必要とする血液を心臓から送れない状態を心不全といい、不機嫌、哺乳力低下、体重増加不良、頻脈、多汗、せき、ときに呼吸困難がみられる。心奇形の種類によっては、チアノーゼが生じ、口唇や爪が青紫色にみえる。先天性心奇形の半数以上は心室中隔欠損症であり、一部は自然閉鎖する。生後すぐに手術が必要となる病気については、妊娠中から胎児診断しておくことが望ましい。

消化器

　先天性食道閉鎖や十二指腸閉鎖、鎖肛（先天的に肛門がふさがっている）は、生後早期に手術を行う。壊死性腸炎は在胎32週以下で体重1500g以下に多い、腸への血流障害に細菌などの感染が加わって壊死を起こす病気で、最悪の場合は腸を切

除する。

先天性胆道閉鎖症は早期発見、早期手術で予後が改善されるため、特徴である便の色の白っぽさをいつでも確認できるよう、母子健康手帳に便カラーカードが綴じ入れられている。

代謝

低血糖は哺乳力低下やけいれん、無呼吸発作などさまざまな症状を呈する。成熟児でもみられるが、低出生体重児、特にSFD児（small for date infant：出生時の身長および体重が、在胎期間に比べて小さい新生児（10パーセンタイル未満））では多くみられ、また基礎疾患によって生じる場合もある。けいれん時間が長いと脳障害をきたすことがある。

黄疸は皮膚や眼球結膜の黄染で気づかれる。どの子どもにもみられる生理的黄疸は、母乳中のホルモンによって黄疸が長引く遷延性黄疸で、治療不要のことが多い。しかし黄疸のもとであるビリルビンが高値となると大脳基底核に沈着して脳障害を引き起こすので、光線を当ててビリルビンを分解する治療法を行うことが多い。

先天性代謝異常症

個々の頻度は低いが、疾患の種類は非常に多い。早期治療の必要な疾患について、哺乳開始後数日で新生児全員を対象に調べている（マススクリーニング）。例えば、フェニルケトン尿症では、食事からのフェニルアラニン摂取を制限する特殊ミルクを飲むことにより知的障害の発症を予防できる。しかし成人以降も専用食を続けるため、集団生活や給食などで周囲への教育も必要である。

感染症

（1）胎内感染症

病原体が胎盤を通して胎児に感染し、胎児の奇形または重篤な感染症を引き起こすおそれのある疾患代表例はTORCH（トーチ）症候群として知られる。Toxoplasma（トキソプラズマ原虫）は、ネコの糞や生肉から感染し、先天性トキソプラズマ症となる。Other（その他：B型肝炎、コクサッキー、EB、水痘・帯状疱疹など）、Rubela（風疹ウイルス）、Cytomegalo（サイトメガロウイルス）、Herpes（単純ヘルペスウイルス）の、それぞれウイルス名の頭文字を並べて、「たいまつ」の意味のTORCHに合わせている。トキソプラズマでもサイトメガロウイルスでも、眼に脈絡網膜炎を生じる。

妊娠初期に母体が風疹に初感染した際、胎児に白内障、先天性心疾患、先天性難聴を起こす感染症を先天性風疹症候群といい、妊娠8〜10週の感染では90％に発症する。その予防のために、麻疹・風疹混合ワクチンの2回接種が行われており、未罹患かつ2回接種が未施行の成人に対しても、単独か混合を問わず2回目接種が強く勧められている。

（2）産道感染

母体がB型肝炎ウイルスのキャリアの場合、胎児に感染させないために、出生直後にγグロブリンの注射と、B型肝炎ワクチンを開始する。

B群溶血性連鎖球菌（溶連菌）（GBS）の保菌者は、出産直前に抗菌薬投与で新生児への感染を防ぐ。感染した場合には肺炎、髄膜炎、脳炎などを起こし、後遺症を残すことが少なくない。

（3）経母乳感染

成人型T細胞白血病（ATL）の原因であるHTLV-1ウイルスは経母乳感染する。ただし、生後3か月までの母乳哺育での感染率は3％以下と低いため、3か月までは母乳を与える短期母乳という方法もある。母乳を与えないとATLの母子感染率は格段に低下するが完全ではない。

母体の疾患・病態が及ぼす影響

（1）アルコール

胎児アルコール症候群は、妊婦の習慣的で過剰なアルコール摂取によって生じる神経系脳障害で、精神遅滞の程度はアルコール摂取量にも相関する。成長不良、多動や学習障害、特徴的な顔貌がみられる。

（2）喫煙

受動喫煙も含め、ニコチンなどが血管を収縮させ、胎児への酸素供給を悪化させるため、非喫煙に比べ、低出生体重の発生率は約2.5倍、早産の発生率は約3.3倍に上がるとされる。

（3）糖尿病など

血糖コントロールが不良であると、胎児奇形の確率が上がる。母体の服用する抗けいれん剤、降圧剤、膠原病薬、非ステロイド性消炎鎮痛薬や抗菌薬でも一部は催奇形性がある。

図表10-5　先天異常の発生時期による分類

分類	原因	具体例
遺伝子病	遺伝子の異常	遺伝性疾患の大部分
配偶子病	配偶子[注]形成時の異常	染色体異常（ダウン症候群など）
胎芽病（妊娠3〜8週）	環境要因、病原体などにより発生分化の過程で起こる異常	感染症（先天性風疹症候群）、サリドマイド奇形
胎児病（妊娠9週〜）	妊娠中の母体の異常から胎児が罹患し、発生する先天異常	感染症（梅毒、HIVなど）、胎児アルコール症候群など

注：卵子または精子のこと。

2. 先天異常

　先天異常の発生時期による分類を**図表10-5**に示す。遺伝子異常は、遺伝によるものも、突然変異によるものも含む。先天異常の原因は不明のものが多い。また、例えば先天性白内障の原因には、感染症、遺伝性疾患、染色体異常などがあるように、一見似ていても遺伝性やその成り立ちが異なる場合がある。

3. 先天性疾患

　先天性疾患は、形態学的もしくは機能的な先天異常により、何らかの不都合を起こしている場合を指す。先天性疾患の原因には、感染症、遺伝性疾患、母体の疾患や使用薬剤などを含む（**図表10-4**（114ページ）参照）。先天奇形は単独でみられるものと、複数の奇形が存在するものがあり、後者は共通の原因または因果関係があって生じている場合は奇形症候群と呼ぶ。
　先天奇形のなかで生命の維持や生活に支障が出るような重篤（じゅうとく）なものを大奇形と呼び、新生児の約1〜2％にみられる。これに対し、通常の生活に支障のないものは小奇形という。5歳までにわかる先天奇形は7.5％の人にあるといわれる。
　外性器（がいせいき）や性腺（せいせん）（卵巣（らんそう）もしくは精巣（せいそう））、染色体の性がはっきりしないか、もしくは一致せずに生まれてくる疾患を総称して性分化疾患という。出生時の性別判断が難しい場合は、医師の証明のもとに性別を空欄とし、1か月までに届ける。

例：ダウン症候群

　染色体異常のなかでも頻度が高く、一般社会で特に周知されるべき疾患としてダ

ウン症候群を取り上げる。

21番染色体の過剰により起こる疾患で、日本では現在新生児600人に対し1人程度にみられる。**図表10-6**のように、発症率は母体年齢と一定の相関がみられる。小柄で筋緊張が低く、先天性心疾患、消化管閉鎖等の奇形を合併することが多い。外見の特徴は、前後径の短い頭部、平面的な顔、ややつりあがった目、舌が口腔から外に出やすい、短い指などである。難聴、中耳炎の慢性化、斜視、乱視、遠視、甲状腺機能低下、てんかん、白血病の頻度が高い。生活習慣病や認知症症状が早く現れる傾向がある。

| 図表10-6 | ダウン症候群の発生確率 |

母年齢（歳）	確率
20	1/1470
25	1/1333
30	1/934
35	1/353
40	1/86
45	1/35

J. K. Morris, et al., 'Comparison of models of maternal age-specific risk for Down syndrome live births', *Prenatal Diagnosis*, 23(3), pp.252-258, 2003.

平均的なIQは30～59であるが、精神・運動発達、言語能力は個人差が大きい。早期療育に一定の効果があり、多くは2歳ころに歩行可能となる。生命予後は合併症の重症度による部分が大きいが、積極的な治療やケアにより大幅に改善されて、平均余命は60歳を超えると推定され、現在80代の者もいる。ダウン症候群としてひとまとめに考えるのでなく、個人の年齢や状態に合わせた定期チェックが合併症の早期発見・治療に有効である。一人の社会人として、いかに自立した生活ができるか、教育や支援のあり方を常に考えることが大切である。

先天性疾患の受容

すべての子どもは、望まれて祝福されて生まれてきたはずであるが、予想外の病気に親は驚き、不安になる。障害をともなう先天性疾患について、家族の受容に時間がかかる場合もある。

当初は、①ショック、そして②否認（そんなはずはないなど）、次に③悲しみと怒り（なぜわが子にこのようなことが起きたのか、腹立たしいなど）、④適応（仕方がないのかもしれない）、⑤再起（くじけていてはだめだ、これからがんばろう）と一連の心理変化がみられるとした、障害受容のプロセスについてのドローター（Drotar, D.）の仮説が知られるが、皆が一定のパターンをとるわけではない。家族、のちに本人も、自らの力で乗り越えて障害を受容できるよう、共感しながら見守る周囲の温かい目がとても大切である。

Step 3

1. 低出生体重児の増加

　新生児医療の進歩は目覚ましく、わが国の低出生体重児の死亡率は、500g未満児においても1985（昭和60）年の91.2％から、2000（平成12）年の62.7％へと著明に改善した。一方、ほかの先進国とは逆に、全出生数に占める低出生体重児の割合は2011（平成23）年には9.6％と、30年前の約2倍に増えて問題になっている。また、平均出生体重も、1980（昭和55）年には3200gあったのが、2010（平成22）年には3000gへと200gも減少した。この傾向は、不妊治療による多胎の増加、母体年齢などによる修正をしてもなお存在し、日本だけの現象である。女性のやせ願望、食生活の乱れ、喫煙、心理社会的ストレスなどとの関連が疑われている。

　低出生体重児は**図表10-3**（113ページ）のようにさまざまな機能が未熟ゆえに合併症が多いが、問題は新生児期にとどまらず、成人に達したときに虚血性心疾患や脳卒中、糖尿病、高血圧など生活習慣病を発症することが多いことである。胎芽期・胎児期からの環境因子が種々の疾病発症リスクを増加させるという概念はDOHaD（ドハド：Developmental Origins of Health and Disease）と呼ばれ、妊娠前からの女性の食習慣や生活習慣の改善が喫緊の課題とされる。

2. 先天奇形の予防

　奇形のなかには、一定の確率で誰にでも生じ得るものや遺伝性のものがある一方で、感染症やアルコール、薬剤などの予防可能な原因も含まれる。

　先天奇形のなかで、特に神経管閉鎖障害（NTD）は、最重症で致死性の無脳症から、潜在性二分脊椎まで幅広いが、母体の葉酸摂取不足と関連が大きいとされる。NTDの発生リスクは、妊娠前1か月から妊娠後3か月までの葉酸の補充摂取（1日400μg）で低減させることが明らかで、妊娠を計画している女性に強く推奨されている。葉酸が不足している女性は大変多いとされる。

　母体に糖尿病があっても、血糖コントロールが良好であれば奇形の発生率は下がる。日本では、男性を中心にまだ風疹の抗体が不十分な成人が多く、今後も先天性風疹症候群が発生する可能性は高い。広く男女ともに予防接種により風疹抗体価を上げる必要がある。

　薬剤の催奇形性は厳重に審査され、危険性のある薬剤は使用書に明記されている。どの薬剤も、母体の治療上の必要性が危険性を上回ると判断されれば使われる。必須栄養素であるビタミンAでも、過剰摂取すれば催奇形性があり、ビタミンな

らよいといった過信や先入観は禁物である。

3. 出生前診断

　出生前診断は、胎児の状態を事前に把握（はあく）することで、出産方法の選択や、胎児治療、出生直後の緊急手術に備えられるなど有意義な点も多い。しかし、先天異常児の出産を避けようとして検査を希望する例も少なくないため、命の選択という倫理的問題が常に議論されている。子どもをもつことについて、夫婦でしっかりした話し合いをすることが何より大切である。その際に、誰もがいくつもの病気の保因者であることも忘れてはいけない。

　検査機器の精度が上がり、妊娠の経過観察中、超音波検査で胎児異常が判明することも一段と多くなった。出生前診断には、このような画像診断のほか、羊水検査（ようすいけんさ）、絨毛検査（じゅうもうけんさ）、着床前（受精卵）診断、NIPT（Noninvasive prenatal genetic testing：無侵襲的出生前遺伝学的検査）などが含まれる。NIPTは胎児のDNAが母親の血液中に流れていることを応用し、母の採血によって胎児のトリソミー情報を得ようとするものである。母体の高齢化により妊娠率が低下すると同時に、21番のほか18番や13番の染色体のトリソミーの頻度（ひんど）も上がる。

4. 医療費助成制度と社会福祉制度

　子どもの医療費は、中学校卒業まで無料化されている自治体が過半数にのぼる。自己負担分を公費で負担する制度として、未熟児養育医療（母子保健法）、身体障害児に対する自立支援医療（障害者の日常生活及び社会生活を総合的に支援するための法律）、小児慢性特定疾病医療支援（児童福祉法に基づく約760疾患が対象）などがあるが、所得制限もあるので、詳しくは各自治体に確認を要する。

　社会福祉制度として、療育手帳、特別児童扶養手当、重度心身障害者医療助成などがある。療育手帳は、知的障害児が一貫した指導・相談などを受けることができるようにするための制度である。東京都では「愛の手帳」など、自治体により名称が異なり、また交付基準も違う。これらのしくみを熟知し、患者家族の経済的・社会的な支援を行う職種にMSW（Medical Social Worker）があり、主に病院で働いている。

参考文献

- 日本産婦人科医会「横浜市大国際先天異常モニタリングセンター調査」2001.
- 梶井正ほか「我が国の高齢出産とDown症候群増加傾向の分析」『日本小児科学会雑誌』第111巻第11号, pp.1426〜1428, 2007.
- 日本医学会「医療における遺伝学的検査・診断に関するガイドライン」2011.
- 染色体起因しょうがいじの親の会「Four-Leaf Clover」（FLC）「染色体検査告知に関しての医療関係者への提言 2003年10月11日更新」（http://www.eve.ne.jp/FLC/top.html）
- 藤田弘子『ダウン症児の赤ちゃん体操――親子で楽しむふれあいケア』メディカ出版, 2000.
- 高野貴子・高木晴良『小児保健研究』第70巻第1号, pp.54〜59, 2011.
- Morris. JK, et al., *Comparison of models of maternal age specific risk of Down syndrome live births*, Prenatal Diag, Mar; 23(3): 252-8, 2003.

COLUMN　生殖補助技術

　不妊のカップルは10組に1組といわれるが、結婚年齢が上昇し、第1子出産時の母年齢平均が約30歳になった昨今では、高齢による妊娠率低下も加わり、生殖補助技術（ART：Assisted Reproductive Technology）を受ける割合が大変高くなってきた。なお、不妊原因は男女いずれにもありうるため、女性だけ検査をすることは不適切である。

　生殖補助技術として現在よく行われている方法は、①体外受精・胚移植、②顕微授精（卵細胞質内精子注入法（ICSI））、③凍結融解胚移植などである。いずれも保険適応とはなっていないので、さまざまな技術に対してそれぞれ数万円から数十万円の費用がかかり、何度も試みる場合は相当な額になる。

　時間とエネルギー、心理的・経済的負担を乗り越えて得たわが子が、さまざまな先天性疾患や発達障害を合併していることも少なくない。子どもをもつということはそれらをすべて受容することなのだが、気持ちがついていかないケースもみられる。まずは治療の前に、自分たちが求めていることは何か、幸福とは何か、人生の選択肢を考え、夫婦の価値観をすりあわせる作業こそ、生まれてくる子どもへの最高の準備と思われる。

（小野正恵）

第11講

主な疾病の特徴②
循環器、呼吸器、血液、消化器の病気

　本講では全身に血液を送る循環器、酸素を体内に取り入れる呼吸器、酸素と栄養を運搬し、またからだに侵入した病原微生物を排除する、あるいは出血時に止血する役割を担う血液、栄養を体内に吸収する消化器の病気について学ぶ。乳幼児に特有な急性の病気もあれば、先天性の病気やハイリスクで生まれたために生涯にわたり支援を要する病気もある。このような病気の基本的知識を習得し、病気をもつ子どもを正しく理解して援助できるようにする。

Step 1

1. 循環器の病気

　子どもにみられる循環器の病気では心臓の疾病が主で、先天性心疾患、後天性心疾患、不整脈の3つに分けられる。先天性心疾患は生まれつき心臓の構造に異常があり、出生児の約1％にみられるが、経過で自然に治るものから重症なものまである。後天性心疾患は出生後の発病で、川崎病の心臓合併症が代表的である。不整脈は心臓の拍動リズムに異常が生じ、危険のないものから命にかかわる発作となるものまである。心臓の病気を有していても、日常生活の制限の有無は個々で異なる。各個人の病気を正しく理解して、よい生活の質（quality of life：QOL）を保つようにする。学校生活では学校生活管理指導表に基づいて体育授業などが実施される。

先天性心疾患

　心臓を左右に分ける中隔に穴がある、心臓と大血管とのつながり方に異常があるなど多様である（Step 2（130ページ）参照）。疾患により心臓での血液の流れ方が異なり、症状も特性がある。これらを3つのタイプに分けると、①心臓に流入する血液量が増加するため心臓に負担がかかるもの（主なものが心室中隔欠損症で、症状が重くなると頻脈、蒼白、多汗、体重増加不良、乏尿がみられる）、②肺の血流量は正常なもの（大動脈狭窄など）、③チアノーゼ性心疾患ともいい、静脈血が肺を通らず酸素化されない血液が体循環に入るため、手足、顔が紫色（＝チアノーゼ）になるもの（ファロー四徴症など）に分けられる。先天性心疾患の治療は、適切な生活管理と薬物投与、必要に応じて外科手術となる。

後天性心疾患

　乳幼児に多い川崎病の合併症として、冠動脈病変を生じること（Step 2 参照）がある。そのほかに細菌感染による心内膜炎、ウイルス感染による心筋炎、原因は不明だが心筋の病変により心機能が低下する心筋症などがある。

2. 呼吸器の病気

　呼吸器の病気は鼻から肺までの病気で、子どもでは感染症が多い。これは免疫系が未熟で、ウイルスや細菌に感染しやすく、流行もしやすいためである。感染による炎症で鼻汁や痰が増加し気道粘膜も腫脹するが、乳幼児では自ら分泌物を排

出すことは難しく、また、気道は細く閉塞しやすいため、急激に呼吸困難となることもある。呼吸器感染症は連続している器官での病変なので、その主たる部位を病名としている。共通の症状は、せきや痰、発熱となる。乳幼児の集団生活では、これら感染症が流行しやすいので予防対策も重要となる。

気道の炎症による病気

（1）上気道炎

鼻から咽頭までの上気道の炎症で、鼻汁やせき、咽頭痛などのいわゆるかぜ症状がみられる。原因によらずこの上気道炎を、かぜ症候群または感冒ともいう。全年齢層で罹患するが、乳幼児期は繰り返してかかりやすい。原因はウイルス感染が多く、治療は安静と保温、水分補給などの対症療法で、おおむね1週間ほどで改善する。連鎖球菌感染による咽頭炎もあり、この場合は抗生物質治療が必要になる。

（2）急性喉頭炎、急性喉頭蓋炎とクループ（またはクループ症候群）

突然の呼吸困難として発症する特徴がある。喉頭は上気道のなかでも最も狭く、炎症により気道が狭窄しやすい。喉頭蓋は、気管のふたの役割をもち、腫れると気道をふさぎ窒息する危険もある。せき込みではじまり、犬吠様咳嗽や嗄声（声がれ）、吸気性喘鳴（吸気にヒューと聞こえる）などの喉頭の狭窄による症状がみられる急性喉頭炎、喉頭蓋炎を合わせてクループという。発病に気づくことと、迅速な治療が重要になる。乳幼児に好発し、適切な治療により数日で軽快する。急性喉頭炎は主にウイルス感染、急性喉頭蓋炎はインフルエンザ桿菌が主な原因となる。

（3）急性気管支炎

気管支にウイルスや細菌が感染して炎症が起こる。多くは上気道炎から発病し、さらに肺炎に進展することもある。症状は、発熱、痰のからんだせきの増加、乳幼児では喘鳴をともなうこともある。喘息様気管支炎は乳幼児で気管支炎症状に加え、「ゼーゼー」と気管支喘息のような喘鳴をともなう状態の診断名である。いずれも安静と保温、水分補給など対症療法が基本で、細菌感染に対しては抗生物質治療が必要となる。

（4）細気管支炎

細気管支炎は気管支からさらに細くなり肺胞に至る部位での炎症となる。乳児に多く、原因はRSウイルスが多い。症状は、かぜ症状から数日のうちに多呼吸、呼気が延長する喘鳴、呼吸苦のため哺乳量の低下や食欲不振、吸気時の陥没呼吸などの呼吸困難症状を示すのが特徴で、迅速かつ適切な治療を必要とする。通常は1週間程度で軽快するが、呼吸状態の急速な悪化もあり酸素治療が必要になるこ

ともある（Step 3（132ページ）参照）。特に先天性心疾患、肺疾患がある子どもでは重症化しやすい。

（5）肺炎

　感染が肺に達して炎症を起こすと肺炎となる。主な原因は、ウイルス、細菌、マイコプラズマなどがある。上気道炎症状に発熱、息苦しさが加わり、乳幼児では哺乳不良や不機嫌もみられる。乳児ではブドウ球菌性肺炎で急激に悪化することもある。また、マイコプラズマ肺炎は小・中学生に多く、発熱と長引くせきが特徴で、全身状態は比較的よく、胸部X線検査で肺炎と診断されることもある。細菌性肺炎、マイコプラズマ肺炎の治療は、適切な抗生物質治療が有効となる。

3. 血液の病気

　血液は血球成分と液性成分（＝血漿）とに分けられる。血球成分は骨髄で造血幹細胞から分化・増殖して機能の異なる赤血球、白血球、血小板の3系統がつくられる。この造血の過程の異常で造血障害が起こり、正常な赤血球が減少すれば貧血となり、白血球に異常が起これば免疫力が低下して感染症を繰り返すようになる。血小板が減少すれば血管の傷が止血されず出血しやすくなる。また、血漿に含まれる血液凝固因子が減少すると血液凝固機構がはたらかずに止血ができなくなる病気もあり、その代表が血友病である。

貧血

　年齢により基準値の変動はあるが、一般に赤血球数350万/μL以下、または血色素10g/dL以下を貧血とする。原因は造血障害、赤血球の破壊亢進（溶血）、出血がある。症状は、顔色不良、眼瞼結膜の蒼白、活気低下が起こる。最も多い病気は、鉄欠乏性貧血で鉄分の摂取不足による造血障害で、鉄の補充で多くは改善する。特に、低出生体重児、乳幼児と思春期女子は鉄が欠乏しやすく、貧血となりやすい。

4. 消化器の病気

　消化器は食物が通過する消化管と、消化液を分泌する唾液腺、肝臓、胆嚢、膵臓からなるが、これらの病気で栄養や水分などの吸収ができなくなり、体重減少や貧血、浮腫も起こる。急性発症の腹痛は迅速な対応が必要な病気もあるが、日常的に多くみられるのは急性胃腸炎である。

口腔の病気

（1）口唇裂、口蓋裂および口蓋唇裂

　口唇裂は上唇が割れた状態、口蓋裂は口腔と鼻腔をへだてる壁に裂け目があり互いに交通する先天性の病気。両者が合併したものを口蓋唇裂という。乳幼児期に哺乳や摂食に問題を生じることもあり、日本人では約500人に1人とされる。治療は、出生直後から経口哺乳のサポートと生後3か月ごろに口唇裂閉鎖術、1歳半ごろからの口蓋形成術が行われる。現在、手術方法は進歩しているが、さらに耳鼻科的治療や歯列矯正、言語指導などの総合的な治療が長期間必要になる。

（2）口角炎

　口角部（唇の両端）の発赤や亀裂がみられ痛みをともなうこともある皮膚炎。原因は細菌や真菌（主にカンジダ）、ヘルペスなどの感染、あるいは、舌でなめることによる刺激やよだれ、かぶれ、乾燥、ビタミンB不足などがある。保湿剤塗布で改善しなければ、治療を受ける。

（3）口内炎

　口腔粘膜に直径数ミリほどの小斑点（アフタ）が現れる。原因はウイルス感染、機械的刺激、原因不明がある。単純ヘルペスウイルス感染による口内炎は、痛みや歯肉の発赤腫脹や出血をともなう急性歯肉口内炎となることもある。また、水痘（水ぼうそう）、手足口病、ヘルパンギーナでも口内炎がみられる。乳幼児では口内炎で、痛みのため飲水や摂食ができなくなり脱水症状となることもある。治療は、対症療法で少量ずつの経口補液や消炎剤の使用となる。原因がカンジダ感染による口内炎は鵞口瘡ともいわれ、粘膜表面の白い小斑点が特徴で、健康な新生児や乳幼児にもみられるが、悪性腫瘍や免疫不全などで免疫力低下による発症もある。また、カンジダ症による白斑はミルクかすとの区別が必要になるが、カンジダ症では拭き取ることはできない。

（4）舌小帯短縮症

　舌裏面中央から口腔底に付着する舌小帯が生まれつき短く太く、舌を出したとき舌の先端がハート型にくびれるなどで動きが制限されるものをいう。哺乳や発音の障害があれば舌小帯を手術で切り離すことになる。

消化管の病気

（1）急性胃腸炎

　食欲不振、下痢、腹痛、嘔吐などの症状となる。原因は、ウイルス、細菌などが

ある。ロタウイルスによる白色便性下痢は乳幼児に多くみられ、流行性が強く、けいれんをともなうこともある。

（2）胃食道逆流症

　食物が食道から胃に入ると下部食道括約筋が締まり、逆流が防止される。新生児、乳児ではこの筋のはたらきが未熟で溢乳や吐乳となるが、生理的なものであれば体重増加はよく、生後6か月を過ぎるころから治まる。一方、この括約筋の機能が不十分で食物が食道に逆流し、体重増加不良、長引くせき、喘鳴などを認めれば胃食道逆流症である。繰り返す肺炎や乳幼児突発性危急事態（ALTE）の原因ともなる。重症心身障害児では、胃食道逆流から誤嚥性肺炎に進展することもある。治療は、乳児では哺乳後の排気や抱っこ姿勢とするなどの指導で、重症心身障害児では食後の上体挙上や右側臥位で改善を図る。重症な場合は逆流防止目的で手術治療の適応となる。

（3）肥厚性幽門狭窄症

　幽門は胃から十二指腸への通過口で、ここの幽門筋が肥厚して胃内容物が十二指腸へと排出されないため、生後2週ごろから2か月ごろまでに授乳後の嘔吐を症状として発病する病気。しだいに噴水状嘔吐が増え、体重増加が不良となる。無治療で経過すると脱水症状が進行する。肥厚した幽門が、「オリーブの実」状の腫瘤として右上腹部にふれることもある。治療は、硫酸アトロピンによる薬物治療と外科的に肥厚した幽門筋を切開する方法があり、状態に応じて選択される。

（4）消化性潰瘍

　乳幼児でも発病することがある。胃または十二指腸で、慢性的炎症や胃酸、胃内の消化酵素で粘膜が欠損したものを消化性潰瘍という。原因は、ピロリ菌感染、薬剤（解熱鎮痛剤など）、重篤な身体的ストレス（やけどなど）などで、精神的ストレスも影響するとされている。症状は、上腹痛、嘔気がみられ、粘膜からの出血が強くなると吐血、血便がみられる。また、消化性潰瘍が気づかれずに経過して貧血となっていることもある。ピロリ菌感染に対しては、除菌療法が行われる。

（5）腸重積

　腸管の一部が連続する肛門側の腸管へ嵌入し、腸管を閉塞する疾患。原因は不明で2歳以下の乳幼児に多い。年長児では腸ポリープや腫瘍が原因で発病することもある。症状は、痛みによる間欠的啼泣、嘔吐、いちごゼリー様といわれる血便が特徴で、腸重積部分が右上腹部にふれることもある。発病初期はこれらの症状がそろうとは限らず、疑いがあれば浣腸で血便の有無を確認する。発病から治療開始までの時間が鍵となる緊急性の高い疾患である。治療は肛門から高圧注腸で嵌入

した腸を押し戻して整復するが、整復できないときは手術治療となる。

（6）急性虫垂炎

盲腸（もうちょう）から突起状につながる虫垂（ちゅうすい）での急性炎症で細菌の感染、糞石（ふんせき）が原因となる。主な症状は、腹痛、嘔吐、発熱で、子どもの虫垂炎は進行が速く、虫垂の壁が穿孔（せんこう）して腹膜炎を起こしやすい。初期は上腹部痛のこともあり、しだいに右下腹部へと限局してくる。治療は、手術的切除となる。2歳以下の発症はまれとされている。

鼠径ヘルニア

鼠径部（そけいぶ）から腹腔（ふくくう）にある腸または卵巣が脱出し、外観では鼠径部の皮膚（ひふ）が盛り上がる。啼泣（ていきゅう）や立位で腹圧がかかるとさらに脱出が強くなる。脱出した内容物を腹腔に戻せなくなった状態を嵌頓（かんとん）といい、用手的に整復できなければ緊急的手術が必要になる。

胆道閉鎖症

肝臓でつくられた胆汁（たんじゅう）が十二指腸に流れる通路が胆道で、これが狭い、または閉鎖されていて胆汁が流れなくなる疾患。生後4週ごろから黄疸（おうだん）と便の淡黄化（たんおうか）（または灰色）、尿の色が濃くなるなどで気づかれ、病状が進むと肝硬変（かんこうへん）や出血傾向も出てくる。原因不明で、わが国では1万人の出生に対して1人の発症とされている。生後2か月以内の手術治療では術後経過がよいとされる。術後の改善が得られなければ肝臓移植治療も必要となる。母子健康手帳に便色カードが掲載（けいさい）されるようになったのは、この病気の早期発見の重要性からである。

先天性胆道拡張症

生まれつき胆道が拡張（かくちょう）している疾患で、その形や程度はさまざまである。胆汁の流れが悪くなるため、黄疸や便の淡黄化、肝腫大（かんしゅだい）、拡張した胆道が腹部腫瘤としてふれることもある。また、嘔吐や腹痛を繰り返すが、診断されずに経過していることもある。病気の診断時期は、乳児期もあれば年長児や成人してからのこともある。治療されないといずれ肝障害をきたすので、手術治療が必要な病気である。

Step 2

1. 主要な先天性心疾患

心室中隔欠損症（図表11-2のB）

　最も多い先天性心疾患。心室中隔に欠損（穴）があり、左心室の血液が右心室に流れ、右心室の血液量が増加して右心室と肺に負担がかかる。通常は心雑音があり、生後早い時期に診断される。症状は、欠損の状態により無症状から心不全症状までさまざまである。欠損口が自然に閉鎖するものもあるが、閉じなければ外科的閉鎖術となる。

心房中隔欠損症（図表11-2のC）

　心房中隔に欠損があり、左心房の血液が右心房に流れ右心室と肺に負担がかかる。乳幼児期には心雑音はなく無症状で経過し、学校健診でみつかることもある。治療されずに経過するといずれ易疲労感や不整脈が発症するので、閉鎖治療が必要となる。

動脈管開存症

　胎児期の肺動脈から大動脈への血流路である肺動脈管は、出生後まもなく閉鎖する。この病気では生後も閉鎖せず、大動脈から血流が肺動脈へ入り、再び肺へ流れるため心臓への負担が増す。症状は無症状から心不全症状までさまざまで、子どものうちは症状が出ないこともある。早産児では症状が重くなるが薬物治療に反応するものもある。閉鎖せずに開存していれば閉鎖術を実施する。

ファロー四徴症（肺動脈狭窄、心室中隔欠損症、大動脈騎乗、右室肥大の合併）（図表11-2のD）

　チアノーゼ疾患の代表例である。体循環により心臓に戻った血液の肺動脈への流れが、肺動脈狭窄のために滞り、右心室への負担がかかり右心室肥大となる。さらに大動脈騎乗（大動脈の起始部が正常より右側に寄る）と心室中隔欠損症も合併して右心室と左心室の血液が混合して大動脈へ流れる。結果的に動・静脈血が混合した低酸素分圧の血液が全身へと流れるためチアノーゼがみられ、啼泣などで肺血流が低下するとチアノーゼは強くなる（無酸素発作）。

図表11-1 主な先天性心疾患の注意点

	肺血流量	チアノーゼ	注意点
心室中隔欠損症	増加	なし	呼吸器感染症、特にRS感染
心房中隔欠損症	増加	なし	年長からの発症、疲れやすい
動脈管開存症	増加	なし	多呼吸、体重増加不良
ファロー四徴症	減少	あり	無酸素発作、呼吸困難、意識消失

> 図表11-2　主な先天性心疾患の病変部位と血の流れ

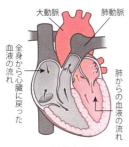
A：正常な心臓

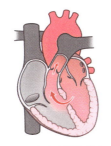
B：心室中隔欠損症

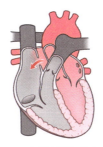
C：心房中隔欠損症

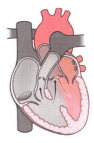
D：ファロー四徴症

2. 川崎病と心臓合併症

　川崎病は、最近の年間患者数が1万人を超え、乳幼児では頻度が高い病気である。さらに冠動脈の拡大などの心臓障害が合併しやすく、発病から1か月以降も「後遺症」として残存することがある。後遺症の主なものは冠動脈瘤で、川崎病患者の約3％に発症するとされる。後遺症をもつ子どもたちも血液の凝固を抑える薬で心筋梗塞を予防しながら日常生活を送り、通園や登校するようになる。これらの服薬による出血傾向への注意と、万が一心筋梗塞を発症したときの緊急対処法の備えが必要になる。また、成人したあとも治療と定期的検査が必要となる。

川崎病後遺症としての冠動脈瘤

　川崎病による血管炎は、心臓に酸素と栄養を送るための冠動脈に拡張病変が起こりやすく、一部は瘤となり（＝冠動脈瘤）あるいは狭窄も起こり後遺症として残る。この瘤は冠動脈起始部近くにできやすく（図表11-3）、中で血液が固まり血栓ができるとその先の冠動脈を閉塞し、心筋梗塞に至る。特に内径が8mmを超えると巨大瘤とされ、心筋梗塞を起

> 図表11-3　川崎病での冠動脈瘤

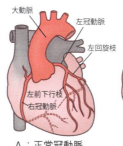
A：正常冠動脈

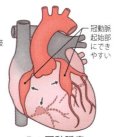
B：冠動脈瘤

こす危険度が高い。冠動脈瘤があれば血栓を予防するために長期にわたり血小板凝集を抑えるアスピリンや、血液の凝固を抑えるワーファリンを服薬して心筋梗塞を予防する、また無症状であっても定期的に冠動脈の検査を受けることが必要になる。冠動脈障害の状況により、運動制限が必要となることもある。

Step 3

1. スペシャルケアが必要な子どもたち

　基礎疾患がある子どももほかの子どもと同じような生活をして、遊び、運動したいと願っている。しかし、わずかな体調変化にも対処が必要な子、あるいは感染症やけがに対して通常よりも厳重な管理が必要になる子もいる。そのような特性がある病気をもつ子には、その子一人ひとりに合わせたケアをすることで社会生活を安心して送ることが可能になる。そのようなスペシャルケアを必要とする病気を紹介する。

2. かぜ症状から重症化する子どもたちへの注意

RSウイルス感染症のハイリスク児

　RSウイルス感染は、2歳以下の子が感染すると上気道炎症状ではじまり細気管支炎や肺炎へと進行し呼吸困難、けいれん、無呼吸発作や、まれに突然死の原因となる。飛沫・接触感染で広がり、感染力は強く、冬季に流行し、酸素吸入や人工呼吸器治療が必要になることもある。特に、早産児、慢性肺疾患、先天性心疾患、免疫不全疾患、ダウン症の子では鼻汁やせき症状から急激に重症化しやすく、ハイリスクとされる。これらハイリスク児にはRSウイルス感染予防が必要だが、一方で年長児や大人では感染しても症状が軽く、RSウイルス感染症と気づかずに感染源となりうる。現在は、2歳以下のハイリスク児に一定の基準でRSウイルス感染症の重症化を防ぐための薬剤（パリビズマブ、シナジス®）治療がある。実施方法はRSウイルス流行時期前の10月から3月まで月に1回の注射となる。しかし、ハイリスク児に限らず乳幼児は重症化することもあるのでRSウイルス感染予防対策と罹患時の早期発見・治療が重要である。

子どもの慢性肺疾患（chronic lung disease：CLD）

　生後28日を超えてもさらに日常的に酸素治療を必要とする肺の病気で、在宅酸素治療となることもある。肺の未熟性、呼吸窮迫症候群の発症歴や出生前の肺の感染が病因とされ、特に1000g未満の低出生体重児では発症率が半数以上と高い。この病気では、RSウイルスに限らずいろいろな気道感染症がハイリスクとなる。慢性肺疾患は子どもの発育・発達、生命予後に影響する病気でもあるので、周囲の人々の十分な理解と支援が必要となる。

3. 出血傾向がある子どもたちへの注意

　出血傾向とは、出血が起こると止血しにくい、または誘因がなくても出血しやすい状態をいう。通常は出血すると、①血管が収縮する、②出血部位に血小板が凝集する、③種々の凝固因子がはたらき、最終的にフィブリン（凝固因子の1つ）が血小板凝集塊にからみつき止血する（**図表11-4**）。血小板や凝固因子が減少する、またはその機能に異常がある、あるいは血液凝固を抑える治療薬を使用していると出血傾向となる。出血すると長時間止血できず、頭蓋内出血など重大な出血につながることもある。血小板が減少する病気に、特発性血小板減少性紫斑病、再生不良性貧血などがある。凝固因子が欠乏する病気に血友病などがあり、また凝固因子がはたらくためにはビタミンKが必要で新生児ではビタミンK欠乏による頭蓋内出血や消化管出血を起こすことがある。川崎病で冠動脈合併症があれば、血栓を予防するアスピリンやワーファリンを内服している。このような病気がある子どもでは、軽度のけがや打撲でも適切な対処が必要になる。

血友病

　12種類ある血液凝固因子のうちの血友病Aは第Ⅷ因子、血友病Bは第Ⅸ因子が先天的に欠乏しているが、軽症から重症まである。X連鎖性劣性遺伝形式のために男子に発病し、出生男子1万人に約1人の発生とされる。皮下出血や関節内出血（ひざ、股関節、ひじなど）、筋肉内出血を起こし、繰り返す関節内出血は関節の運動障害をもたらす。出血時の治療は欠乏している凝固因子製剤（血友病Aでは第Ⅷ因子）を注射して補充する。重症患者では定期的補充治療で出血を予防して、運動などの活動制限をせずに生活が送れるようにしている。現在では家庭での注射が可能である。

図表11-4 止血のしくみ

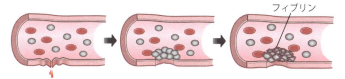

血管が収縮する。　　血小板凝集塊となる。　　血小板凝集塊にフィブリンがからみつき固定されて止血する。

参考文献
- 白木和夫・高田哲編『ナースとコメディカルのための小児科学』日本小児医事出版社，2011．
- 特定非営利活動法人日本川崎病センター川崎病全国調査担当グループ「第24回川崎病全国調査成績」2017．
- 『小児内科』『小児外科』編集委員会共編『小児内科「小児疾患診療のための病態生理1 改訂5版」』第46巻増刊号，2014．

COLUMN 子どもは体調に対して正直

　4歳のAちゃんはにこにこして遊んでいるが、少し走ると止まって休む、あるいはすぐに横になるが、少しするとまた遊びだすという姿が見受けられた。だんだん静かにじっとしたまま遊ぶようになり、さらに座っていてもすぐに横になるようになった。また顔色がすぐれないのでお母さんが心配になり小児科を受診した。すると、血色素が5g/dLで正常値の半分以下の重い鉄欠乏性貧血と診断され、すぐに鉄剤のシロップ薬で治療が開始された。治療開始後5日から1週間ほどすると自ら座って遊ぶようになり、10日もすると顔色は赤みが出てきて、歩き回って遊びはじめ、2週間後には横になることもなく、休むこともなく元気に遊ぶようになった。

　鉄欠乏貧血などゆっくり進む貧血では、体が貧血による酸素不足に順応して徐々に症状が進むことや、症状が特異的ではないことから、周囲から気づかれにくい。しかし貧血が少しでも改善すると、子どもは自然とからだを動かして遊ぶようになり、活気も増してくる。回復した姿と比べると、貧血があったころは元気がなく、からだの動かし方も全然違っていたとお母さんは振り返る。体調がよいときも、すぐれないときも、子どもは正直にからだで現している。

（杉田記代子）

第12講

主な疾病の特徴③
アレルギー、免疫、腎泌尿器、内分泌の病気

からだの外から入ってくる病原体などを認識して、貪食し攻撃してからだをまもる免疫作用、老廃物を尿のなかに溶かし込んで体外へ出そうという腎・泌尿器系、各種のホルモンを出して体調を整える内分泌など、いずれもからだの恒常性を保つしくみといえる。

しかし、免疫機能はときに行きすぎて、アレルギーや自己免疫疾患などを引き起こす。アナフィラキシーショックに対する緊急処置をいつでも実践できるようにしておく。

Step 1

1. 免疫

　免疫とは、外からの異物侵入からだをまもるしくみで、生まれつき備わっているものと、生後獲得していくものがある。免疫のしくみがはたらく原因になる物質を抗原と呼び、それに対応してからだが産生するものを抗体と呼ぶ。アレルギーのもとになる抗原を、特にアレルゲンと呼ぶ。抗体が主役となる体液性免疫と、細胞成分が主役となる細胞性免疫に分けられる。

免疫担当細胞のでき方

　骨髄の中にある造血幹細胞は、赤血球、白血球、血小板に分化する。このうち免疫にかかわるのが白血球で、顆粒球系とリンパ球系に分かれる。顆粒球系はさらに、細菌を貪食する作用の好中球、異物を直接取り込んで処理するマクロファージのもとである単球、アレルギーと関係が深い好酸球、好塩基球、肥満（マスト）細胞などに分化する。

　リンパ球系は胸腺を通って各種のT細胞に成熟するものと、骨髄の中で成熟するものに分かれる。後者は、抗体（免疫グロブリン IgA、IgG、IgM、IgE、IgDの5種類）を産生するB細胞と、非特異的に腫瘍細胞やウイルス感染細胞を傷害するナチュラルキラー（NK）細胞に分かれる。

免疫異常

　上述の白血球細胞の分化、免疫グロブリンの産生などに障害があり、弱い病原体でも重症になる、感染を繰り返す、感染が長引くといった症状が出るときを免疫不全という。先天的なものは原発性免疫不全といい、重症度はさまざまで多数の病気がある。続発性免疫不全は、自己免疫疾患、抗がん剤や免疫抑制剤などによって二次的に生じるものを指し、エイズウイルスによるものは後天性免疫不全症候群（AIDS）と呼んで区別する。

アレルギー

　抗原刺激に過敏で有害な作用を起こすものがアレルギーである。アレルギーは遺伝要因と環境要因とがかかわる。特定の抗原を認識して反応するようになっていることを感作という。いったん感作されるとIgE抗体がつくられ、その抗原が次の機会に体に入り、マスト細胞表面のIgE抗体と結合すると、これが刺激となって肥満細胞、好塩基球などの細胞の中に含まれている化学伝達物質（ヒスタミンなど）

が放出され、粘膜の腫れ、喘息症状、かゆみなどのアレルギー症状が現れる。

抗原暴露から分単位の速さで反応が生じるしくみは即時型反応と呼ばれる。なかでも、急激に全身性に複数の臓器に症状が現れるものをアナフィラキシーと呼ぶ。重症で血圧低下や意識障害をきたす状態をアナフィラキシーショックといい、死に至ることがある。医師の治療を受けるまでの間、アナフィラキシー症状の進行を一時的に緩和し、ショックを防ぐためアドレナリンの自己注射(エピペン)が用いられる。

(1) 食物アレルギー

食物アレルギーの頻度は近年増加しており、乳児に限定すると約10％といわれ、保育の現場でも重要課題である。微量の摂取でも重篤な症状が出ることがあるので、誤食も含め緊急時の対応を心得ておくことが重要である。

フグ毒や、乳糖不耐症、食物中のヒスタミンによるじんましんなどは免疫学的機序によらないので、食物アレルギーには含まない。

食物アレルギーの症状は**図表12-1**に示す。皮膚症状が最も多いが、多彩な症状がみられ、重症度には幅がある。じんましんは、不定形に盛り上がってかゆみをともなう皮膚変化で、収まればもとどおりの皮膚になる。

(2) 気管支喘息

気道の慢性炎症による疾患で、気管支を取り巻く平滑筋の収縮、粘膜腫脹、粘稠痰により気管支腔の狭窄が生じて、発作性の呼吸困難が生じる。年齢を問わず、特に呼気性喘鳴(息を吐くときゼイゼイ音がする)やせき、痰が主な症状である。

発作の誘因は、気道感染症、ダニやカビの吸入、動物のフケ、気候の変化、疲労、心理的ストレスなどが多い。小児では感染症にともなうことが多く、また食物アレルギーの一症状としても現れる。

(3) アトピー性皮膚炎

アトピー性皮膚炎とは、主としてアトピー素因のあるものに生じる、慢性に経過する皮膚の湿疹病変である。アトピー素因とは、気管支喘息、アトピー性皮膚炎、アレルギー性鼻炎の病歴または家族歴をもつものをいう。

皮膚病変はかゆみをともない、乳児では顔面や頭部、手首・足首などに多く、

図表12-1 食物アレルギーの症状

臓器	症状
皮膚	かゆみ、じんましん、発赤、湿疹の悪化(乳児)
粘膜	眼:結膜充血、腫れ、かゆみ、流涙 鼻:くしゃみ、鼻汁、鼻閉 口:口腔内違和感、腫れ、のどのかゆみ・イガイガ感
循環器	頻脈、血圧低下、手足が冷たい、蒼白
消化器	腹痛、悪心、嘔吐、下痢、血便
呼吸器	のどの締めつけ感、声がれ、せき、喘鳴、呼吸困難
神経	頭痛、元気がない、ぐったり、意識障害、不穏
全身症状	アナフィラキシーショック(血圧低下、意識喪失)

その後四肢の屈曲部や頸部、さらに体幹にも広がる。保湿を基本に、ステロイドや免疫抑制剤の塗布、抗アレルギー剤の内服などを組み合わせ、必要最小限の薬剤でコントロールする。治療されないと荒れた皮膚から病原体が入り、また食物アレルギーの経皮感作が進む。

2. 腎・泌尿器

　腎臓は、血液中の老廃物を取り除いて尿をつくり、体液の恒常性を維持する器官である。尿が尿道から排泄されるまでの経路を尿路といい、通常、生殖器や外陰部も含めて泌尿器として包括している。

腎のはたらき

　腎は、重さ130ｇほどの血流に富んだ臓器で、背中に近い部位（後腹膜腔内）に左右に１対ある。腎臓１個に、毛細管部分がとぐろを巻いた形の糸球体と呼ぶ構造が約100万個あって、絶えず尿がつくられる。この原尿の99％は再吸収され、残りの１％が尿となり、乳児で１日500mL、幼児で750mL、学童期以降でおよそ１Lの尿が排出される。正常な尿は、肉眼的には黄色透明である。濃縮の程度により、オレンジがかった色合いになることもある。尿の酸性度により正常でも濁った尿になることがある。肉眼的にわからない、わずかな血尿は潜血と呼ぶ。

　また腎臓では、水・電解質の調節、酸塩基平衡の維持のほか、エリスロポエチン（赤血球産生をうながすホルモン）やレニン（血圧上昇作用）の産生、ビタミンD3の活性化が行われる。

単独のタンパク尿、血尿

　体位性タンパク尿は、起立性タンパク尿ともいう。立位あるいは前弯負荷（からだを後ろに反らせる）によるタンパク尿のみが認められ、ほかに何も症状がない。治療も不要で予後良好である。

　無症候性血尿は、３歳児健診や学校検尿などで偶然発見され、尿中赤血球量の少ないものは微少血尿と呼ばれる。良性家族性血尿など、治療不要の予後良好なものが多い。

腎疾患

　血尿やタンパク尿、浮腫（むくみ）、高血圧は、腎疾患を疑わせる代表的症状で

あるが、進行するまで自覚症状のない疾患も多い。浮腫であれば、脛骨前面（すね）を指で圧迫したときに指の痕が残る。急性糸球体腎炎、ネフローゼ症候群、紫斑病性腎炎などが代表的であるが、いずれも入院して安静にし、塩分制限を必要とすることが多い。病原性大腸菌（O157など）による溶血性尿毒症症候群では、コーラのような黒褐色尿が出る。

小児の腎腫瘍のなかでは、ウイルムス腫瘍が最も多く、たいていは腹部の腫瘤で発見される。治療の進歩で90％は治癒する。遺伝性腎炎のアルポート症候群は難聴をともなう。

尿路感染症

腎盂腎炎、膀胱炎などが代表的である。膀胱炎では排尿時痛、腎盂腎炎では高熱と腰背部痛をともなう。乳児の尿路感染症では、発熱だけが症状のことも多く、尿検査が重要である。ビニールの専用採取袋を陰部に貼って尿採取する。抗菌薬の内服で改善するが、場合により長期内服が必要となる。尿路感染症の多くは、排便後の拭き方が不適切な場合などに細菌が尿路をさかのぼって侵入して引き起こす。そのほか、膀胱尿管逆流という先天的構造的問題が原因のこともある。

3. 内分泌

内分泌腺とは、血液中にホルモンを分泌する器官であり、血液外に消化液を分泌する消化管などの外分泌腺に対応する語である。ホルモンとは、特定の内分泌腺細胞から分泌される化学情報伝達物質で、血液などを介して標的臓器に届くと、その受容体に結合して作用する。ホルモンは過剰でも不足でも疾患を引き起こす。ホルモンを分泌する臓器を**図表12-2**に示す（分泌されるホルモンとその作用については**参考資料3**（190ページ）**参照**）。

図表12-2 内分泌腺

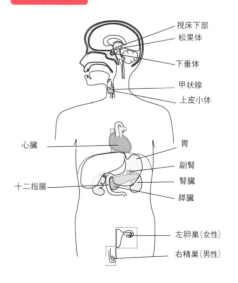

Step 2

1. アレルギー

食物アレルギー対応の実際

（1） 日常の備えと緊急時の対応

　加工食品に含まれる食物アレルギーの原因となる原材料は、食品表示法に基づく食品表示基準により「特定原材料」等として表示が義務づけられ（推奨され）ているが（図表12-3）、外食では表示が十分とはいえず注意が必要である。食物アレルギーのある子どもが集団生活に入る際は、アレルギー疾患生活管理指導表（巻末の**参考資料4参照**）を提出する。

（2） 食物制限と制限解除

　食物制限の必要性の判断は医師が行う。制限がある場合は、栄養に偏りや不足が生じないように代替食を考える。鶏卵では卵白のほうが卵黄より抗原性が強いなど、同じ食材でも差がある。

　幼少児にとって制限食は、疎外感や恐怖感、劣等感につながることもあり、できるだけ早期に制限解除すべきである。食物アレルギーは年齢が上がるとともに改善することが多い。

気管支喘息

　小児気管支喘息の約80％は3歳までに発症する。発作時は気管支拡張剤や酸素の吸入、点滴などが行われる。小児喘息の長期管理についても年齢と重症度に応じた治療ガイドラインがあり、発作がまったく出ないことが目標となる。抗アレルギー剤のほか、近年では低年齢でも吸入ステロイドが用いられ、副作用もきわめて少なく効果的である。

図表12-3 加工食品に含まれるアレルギー物質の表示

用語	名称（症例の頻度順）
特定原材料（表示義務）	卵、乳、小麦、えび、かに、そば、落花生
特定原材料に準ずる（表示の推奨）	いくら、キウイフルーツ、くるみ、大豆、バナナ、やまいも、カシューナッツ、もも、ごま、さば、さけ、いか、鶏肉、りんご、まつたけ、あわび、オレンジ、牛肉、ゼラチン、豚肉

アトピー性皮膚炎

　ステロイド塗布薬を医師の指示どおり症状や塗布する部位によって使い分け継続すること、そして十分な保湿をすることが最も重要である。また発汗後はシャワーを浴びるのが望ましい。

アレルギー性鼻炎

　鼻閉（鼻づまり）、鼻汁、くしゃみが特徴で、副鼻腔炎の合併が多い。鼻閉のために口呼吸になり、かぜをひきやすくなり、気管支喘息症状を悪化させる。通年性では、ハウスダスト、ダニ、カビ、ペットのフケなど、また季節性では、春はスギ、ヒノキが多い。

アレルギー性結膜炎

　アレルギー性結膜炎も、鼻炎同様の原因で生じ、ほかのアレルギー疾患の合併が多い。かゆみでこすると疼痛が生じ、結膜の浮腫や充血が重症になることもある。点眼薬、内服薬を早めに使用する。

2. 腎・泌尿器の病気

　腎・尿路系疾患の代表例を取り上げる。

ネフローゼ症候群

　どの年齢層でも生じるが、4歳前後の男児に多い。血中のタンパクが腎臓から大量に漏れ出て浮腫を生じる疾患で、原因は多数ある。浮腫を単なる体重増加や肥満と誤らないことが大切である。全身倦怠感、皮膚の蒼白化や無気力、食欲不振がみられる。入院のうえ、ステロイドにより治療するのが一般的である。

糸球体腎炎

　血尿、タンパク尿、高血圧が、そろって認められる。代表例は溶連菌感染後糸球体腎炎であり、溶連菌性扁桃炎、上気道炎後1〜2週間で発症する。浮腫や肉眼的血尿で気づかれる。5〜8歳の小児に多く、慢性化は10%程度にとどまり、一般的に予後はよい。安静、低タンパク、低塩食事と水分制限が原則となる。

第12講　主な疾病の特徴③　アレルギー、免疫、腎泌尿器、内分泌の病気

尿路感染症

　乳幼児の尿路感染症状は、発熱、不機嫌、食欲低下、嘔吐、活気不良など、特別尿路と関係する症状が出ないことも多い。1歳を過ぎると、尿道の短い女児に多くみられる。単純性尿路感染症の90％は、大腸菌が原因なので、陰部の清潔、特に排泄後の陰部の前から後ろへの拭き方が大切である。

乳幼児の外陰部

　精巣は、胎児期には腹腔内にあるが、鼠径管を通って次第に下降し、出生時には陰嚢の中へ降りてくる。生後6か月で自然下降しなければ手術の対象となる可能性が高い。この通路から腸が出ると鼠径ヘルニアとなり、水分だけが陰嚢にたまると陰嚢水腫となる。
　陰茎先端の包皮口が狭いために亀頭を完全に露出できない状態を「真性包茎」、包皮をめくって先端部がすこしでも出せるものを「仮性包茎」という。新生児期にはほぼ100％が真性包茎であるが、思春期前後には5％と成長とともに減少する。細菌感染により亀頭包皮炎が生じると抗菌薬治療が必要となる。無理にむくと元に戻らなくなる嵌頓包茎となり、緊急処置を要する。
　女児では、外陰部の大腸菌等の細菌が膣に入って陰門膣炎を起こすと、黄色や薄緑色のおりものが出る。洗浄で改善しなければ抗菌薬の内服や塗布を行う。

3. 内分泌の病気

　脳下垂体は小指の先ほどの小さな組織であるが、巻末の**参考資料3**（190ページ）のように8種類ものホルモンを分泌する。成長ホルモン（GH）は身長の伸びだけでなく、代謝を活発にする作用がある。黄体形成ホルモン（LH）の黄体とは、もともと卵巣内の排卵後の一時的構造であるが、LHは男女とも性腺からの性ホルモン産生を刺激し、性発達に大きくかかわる。
　副腎皮質から分泌されるホルモンには、アルドステロンに代表される鉱質コルチコイド、コルチゾンが代表である糖質コルチコイド、アンドロゲンを含む性ホルモンが含まれる。薬としてのステロイドは副作用を心配されることが多いが、もともと自分の体内でコレステロールをもとにつくっている物質であり、慎重で適切な使い方をすれば非常に有益である。

成長ホルモン分泌不全低身長

　GH単独の分泌不全があると身長の伸び率が低下する。同性同年齢の子どもの平均身長と比較して、一定以上身長が低い場合に、GH分泌刺激試験などの結果と合わせ診断される。GH治療の対象となれば、週に6～7日ペン型の注射器で在宅自己注射を行い、目標の身長まで通常数年以上続ける。

甲状腺機能低下症（クレチン症）

　新生児マススクリーニングでみつかり、すぐに治療が開始される。甲状腺組織の発生異常やホルモンの合成障害により、甲状腺ホルモンが分泌されないため、毎日甲状腺剤の内服が必要となる。補充されないと低身長や精神発達遅滞をきたす。

先天性副腎皮質過形成症

　これも新生児マススクリーニングの対象疾患である。先天的に、副腎皮質におけるコルチゾール合成が障害されているため、連日糖質および鉱質コルチコイドを内服する。

糖尿病

　膵臓から分泌され、血糖を下げる唯一のホルモンであるインスリン不足により、血糖が持続的に正常域を超えている状態を糖尿病という。10歳未満で発症する例の多くは、インスリンの絶対的な不足によるⅠ型糖尿病で、インスリン自己注射が必要である。Ⅰ型は多飲多尿、急激なやせなどで突然発症するものが典型的である。インスリンの相対的不足によって発症するⅡ型糖尿病は、肥満をともなうことが多く、家族性に罹患していることもある。

　両病型とも治療の基本は食事と運動である。小児期発症では成人発症に比べて罹病期間が長くなる分、腎症、網膜症、神経障害の合併症予防が重要である。一生治療を継続する必要のあることを理解させると同時に、精神的な支援をしながら自己注射に対する周囲の偏見がないように配慮することも大切である。

Step3

1. 免疫の病気

母体免疫移行

　母からの免疫移行には、経胎盤的および経母乳のルートがある。免疫グロブリンのうち、胎盤を通過するのはIgGのみであり、かつ移行したIgG抗体は漸減し、生後6か月ごろには枯渇する。また、母乳にはIgAが分泌され（分泌型IgA）、乳児を感染からまもるはたらきをしている。特に初乳には多く含まれる。しかし、これらは感染予防に十分とはいえず、生後早期から可能な限り予防接種を受け、また感染症予防のための注意を払うこと、さらに感染症の徴候があれば迅速に早期治療を行うことが大切である。

エイズ（AIDS）

　後天性免疫不全症候群（acquired immunodeficiency syndrome）の略。HIV（human immunodeficiency virus）感染により、通常の免疫力では感染を受けないような弱い病原体に感染し（日和見感染）、悪性腫瘍を生じる。日本のHIVの新規感染者は年間およそ1000人で、HIVの主な感染経路には、性的接触、母子感染、血液によるものがある。HIVに対する薬剤は多数開発され、感染してもエイズの発症を阻止できるようになってきた。

　妊婦が感染しているときは経産道感染を防ぐために帝王切開とし、経胎盤感染を防ぐために母児ともに抗レトロウイルス薬を内服し、経母乳感染を防ぐため人工乳とする。

2. アレルギー

食物依存性運動誘発アナフィラキシー

　食物アレルギーの特殊型で、好発年齢は中学生以降である。食物単独ではアレルギー症状が出ないのに、特定の食材を摂取後、運動負荷をしたときだけアナフィラキシーが誘発されるものを指す。原因食物は小麦製品と甲殻類が大部分である。発症時の運動は球技やランニングなどの負荷量の大きい種目が多い。患者、保護者、医療機関と教育機関とで情報共有する必要性が高い。

口腔アレルギー症候群

　OAS（oral allergy syndrome）は、IgEを介した口腔粘膜に限局した即時型アレルギー症状である。原因食品は生野菜や果物で、患者の多くは花粉症ももっている。例えばシラカンバ花粉とバラ科の果物（リンゴ、モモ、アンズなど）との交差反応のように、経気道的に感作された抗原タンパクが、果物などに含まれるために反応するようになる。

　食物摂取直後から口唇や口腔内に違和感を生じるが、通常はそのままおさまる。原因食品は除去するが、たいていは加熱によって食べられる。

エピペン（アドレナリン自己注射）の使い方

　エピペンは、いつでもすぐ取り出して使えるところに置き、外出時も必ず携帯する。ただし幼児の手が届かない場所に常温で保管する。ふだんから緊急時の手順をシミュレーションしておく。アナフィラキシー発現から心停止までの時間は30分間とされ、迅速な対応が必要である。本人が注射できないときは教職員や保育士など周囲の者が実施する。ハチ毒、薬剤が原因でも対応は同じである。

　アレルギー症状への対応、手順については「食物アレルギー緊急時対応マニュアル」（東京都健康安全研究センター発行）等の資料を参考にするとよい。

参考文献

- 日本小児アレルギー学会食物アレルギー委員会『食物アレルギー診療ガイドライン2016』協和企画,2016.
- 東京都健康安全研究センター企画調整部編『保育園・幼稚園・学校における食物アレルギー日常生活・緊急時対応ガイドブック（平成26年7月改訂）』東京都安全研究センター,2014.
- マイラン EPD ホームページ「エピペンの使い方 動画と関連資料」 https://www.epipen.jp/top.html
- 厚生労働省　http://www.mhlw.go.jp
- 日本小児アレルギー学会編『小児気管支喘息治療・管理ガイドライン2017』協和企画,2017.
- 国立感染症研究所　http://www.nih.go.jp/niid/ja/
- 独立行政法人国立国際医療研究センターエイズ治療・研究開発センター　http://www.acc.go.jp/accmenu.htm
- 『性感染症 診断・治療 ガイドライン2016』日本性感染症学会,2016.
- 日本ユニセフ協会「HIV母子感染の予防」　http://www.unicef.or.jp/campaign/051025/column1.html
- 平成25年度厚生労働科学研究費補助金エイズ対策事業「HIV母子感染の疫学調査と予防対策および女性・小児感染者支援に関する研究」班『HIV母子感染予防対策マニュアル 第7版』2014.
- 「AMED研究班による食物アレルギーの診療の手引き2017」国立研究開発法人日本医療研究開発機構,2017.

第13講

主な疾病の特徴④
脳の病気、その他の病気

　本講では、生命活動が営まれるための司令塔である脳、身体を動かすための運動器、また外界の刺激をとらえる目や耳、鼻、皮膚の病気について解説する。さらに、子どもの白血病を含む**悪性腫瘍**（あくせいしゅよう）（がん）についても解説する。これらの病気は、生命にかかわり根本的治療法がなく長期的療養が必要となるものも多い。子どもの状態を正しく理解して、質の高い生活が送れるように支援できるよう学んでもらいたい。

Step 1

1. 中枢神経の病気

　子どもでは脳の病気が主で、精神発達や運動発達に影響するものもある。一方、子どもの脳は可塑性もあり損傷を受けても機能が回復する可能性がある。

頭囲の異常

　頭囲は脳の容積、頭蓋骨の発育などを反映するので、乳幼児では大切な指標となる。頭囲が同月・年齢の平均値から−2SD（標準偏差）以下を小頭、+2SD以上を大頭という。ほかのいろいろな先天的異常を合併するものもある。

（1）小頭症、大頭症

　小頭症は脳の発育が障害され、精神運動発達の遅れをともなうことが多く、ほかの先天的異常を合併することもある。大頭症は、発達が正常で全身状態が良好な場合は、生理的な家族性大頭症のこともある。発達の遅れなどほかの症状の有無に注意する。

（2）水頭症

　何らかの原因で髄液の流れが障害される、あるいは産生される量が多くなり、脳室内に髄液が貯留して脳室が拡大する疾患。乳児では頭囲拡大や大泉門の膨隆、嘔吐、眼球が下に向く落陽現象、発達の遅れがみられる。幼児期以降は、頭痛、嘔吐、意識障害などの脳圧亢進症状となる。脳室内の髄液を流すため脳室腹腔短絡術（シャント）手術治療が行われる。

脳性麻痺

　受胎から新生児期（生後28日未満）までに生じた脳の病変による運動障害または姿勢の異常で、2歳までに症状がみられ、早期療育が大切になる。筋の緊張が強くなる痙直型、筋の緊張が不随意に変動するアテトーゼ型、失調型などに分類される。

けいれん性疾患

　けいれんとは、全身または一部の筋に、発作的に不随意に起こる筋収縮をいうが、脳、脊髄神経、末梢神経または筋肉のいずれかの病変で起こりうる。脳が未熟な子どもはけいれんしやすく、約10％にみられ、発熱、下痢、感染、頭部打撲などの原因による。また、てんかんの発作症状としてのけいれんもある。けいれんの原因により対処法も異なるため、正しい理解が必要になる。

Step1

（1） 熱性けいれん

　一般的に38℃以上の発熱をともなう全身性けいれんで、多くは5分以内に症状は落ち着く。乳幼児期に起こしやすく、6歳を過ぎるころには治まる。通常の熱性けいれんでは後遺症は残らない。約3分の1の子が発熱時に再発をみる。再発を繰り返す場合には、けいれん予防薬（ジアゼパム座薬）を発熱時に使用する。

（2） てんかん

　慢性の脳の病気で、脳の神経細胞の過剰な活動による発作（てんかん発作）を反復して起こす。発作症状は、けいれん（運動発作）、意識消失、感覚異常などがある。脳波検査で異常波が検出される。発作は全身性に起こるものと体の一部から始まる発作に大別される。有病率は約1％で、全年齢で発病がみられ、子どもでの発病が多い。原因は不明な点が多いが、大脳皮質の障害、外傷や脳炎後の発症もある。てんかん発作の多くは薬物治療により発作は抑えられ、子どもでは約6～7割が治る。発作がないときは通常生活となる。発作を起こしたときの対応など、周囲の人々のてんかんに対する正しい知識が大切になる。

（3） 泣き入りひきつけ（憤怒けいれん）

　激しい啼泣に続き呼吸が止まり、顔面がチアノーゼとなり意識消失し、全身の硬直またはけいれんをともなう発作。おおむね1分以内に呼吸などの症状は回復し、後遺症は残らない。3歳ころまでの乳幼児にみられる特有なもので、てんかんとは区別される。

急性の中枢神経疾患

（1） 髄膜炎

　脳・脊髄を囲む髄膜に細菌やウイルスが感染して発症する。発熱、頭痛、嘔吐、けいれん、意識障害などの症状と項部硬直が特徴である。原因により細菌性とウイルス性（または無菌性）に分けられる。治療は、細菌に対しては適切な抗生物質を投与し、水分や電解質を補うための輸液などによる全身管理を行う。

（2） 脳炎、脳症

　意識障害が主症状で、けいれんも起こることが多い。脳炎はウイルス感染に伴う脳の病気で、脳症はウイルス感染が関与して脳の浮腫（むくみ）を起こして急激に意識が障害される病気である。両者の区別は難しく、脳炎／脳症として抗ウイルス剤を含む集中的な治療がされるが、進行が急速かつ重症となり後遺症を残すものや死に至るものもある。

2. 運動器の病気

運動は脳の指令に従い筋肉に収縮が起こり可能になる。運動器とは、運動にかかわる神経、骨格筋、関節、骨をいい、いずれかの部位に病気があると運動障害が起こる。

神経筋疾患

神経病変により二次的に筋が障害される脊髄性筋萎縮症、神経筋接合部の病変による重症筋無力症、筋自体の疾患として筋ジストロフィー、先天性ミオパチーなどがある。程度の差はあるが、筋萎縮と筋力低下による運動障害となる。

骨系統疾患

骨、軟骨の成長障害により、全身的に骨格の異常をきたす病気の総称である。症状は低身長、骨や関節の変形、骨折のしやすさが特徴となる。遺伝性を認める病気もある。根本的な治療は現在なく、対症療法となる。代表的疾患として、低身長と四肢が短いことが特徴となる軟骨無形成症、骨折を繰り返す、白目が青い、関節が柔らかいなどの特徴をもつ骨形成不全症がある。

先天性股関節脱臼

股関節は骨盤側の寛骨臼に大腿骨頭が入り込むが、この関節面のずれが股関節脱臼である。脱臼により歩行の遅れや骨盤が動揺する歩き方となる。治療は、下肢を開排位に固定する装具であるリーメンビューゲルで整復を図る。生後6か月までに治療に入れば治る率が高いが、整復しないときは手術になる。股関節を開くとき、開きに制限があれば脱臼を疑う。また、臼蓋形成不全のある子どもでは、下肢の動きを妨げないおむつのつけ方、抱き方の注意が必要になる。

3. 皮膚の病気

湿疹・皮膚炎

湿疹は、慢性的に皮膚が炎症を起こしている状態で、かゆみや発赤、落屑、丘疹があり、掻くことでさらに出血や滲出液が加わる。皮膚炎と同じ意味をもつ。
乳児脂漏性湿疹は生後1か月ごろみられ、母親からのホルモンの影響による皮脂

の刺激による皮膚炎である。アトピー性皮膚炎は増悪と改善を繰り返す湿疹で、アトピー性素因が影響する。接触性皮膚炎は接触したものが刺激になって発症する。いずれもスキンケアと適切な治療薬が必要になる。

母斑（またはアザ、ほくろ）

皮膚の部分的な色調の異常をみるもので、母斑部分は、皮膚を構成する色素細胞や血管、脂肪組織などが集簇したものである。出生時もしくは生後まもなくみられる母斑と時間の経過で出現してくるもの（ほくろなど）がある。

神経皮膚症候群（または母斑症）

母斑が皮膚と神経系を含む他の器官にも生じ一定の病変を示すもので、いろいろな病気がある。ここでは代表的なものについて解説する。

（1）神経線維腫症

主な病型はⅠ型（レックリン・ハウゼン病）、Ⅱ型がある。皮膚にカフェオレ斑とも呼ばれる色素斑が出生時から複数みられる。神経線維腫、虹彩結節などがみられる。神経線維腫による痛みが生じれば切除治療の対象となる。

（2）結節性硬化症

脳、心臓、腎臓、皮膚に過誤腫が生じる疾患。生下時から葉状白斑がみられ、てんかんの発症率が高く、乳児期に点頭てんかんとして発症することもある。

4. 目の病気

炎症性疾患

（1）結膜炎

症状は、結膜充血、涙・かゆみで、細菌やウイルスなどの感染によるものは眼脂が多い。なかでもアデノウイルスによる流行性角結膜炎、結膜咽頭炎（プール熱）は適切な治療が必要で、感染力も高い。アレルギー性結膜炎は季節によりみられる。

（2）麦粒腫（ものもらい）

眼瞼の汗腺や脂腺に細菌が感染して赤く腫れる。抗生物質点眼で治療する。

（3）霰粒腫

眼瞼にある脂腺の出口が閉塞したため慢性的炎症が起きて眼瞼が腫れる。

(4) 睫毛内反（逆さまつげ）

まつ毛が内側に向かい、眼球結膜や角膜に接すると傷をつける。乳児では数パーセントにみられ、自然治癒もあるが、状態により手術となる。眼科と相談することが必要となる。

屈折異常（近視、遠視、乱視）

物を見たときの像が網膜上に結べずに、ピントが合っていない状態が屈折異常である。網膜の前でピントが合う状態が近視、網膜の後ろでピントが合う状態が遠視となる（図表13-1）。乱視は目に入る光の方向によりピントがさまざまで網膜上に像が結べない。乳幼児期の遠視は弱視の原因となるので眼科受診をして眼鏡の矯正治療が必要になる。

斜視

左右の目の位置のずれをいう。両眼の視線が、見ている目標の方向に一致していないことで気づかれる。内斜視、外斜視などがある。斜視が続くと視力低下や両目視機能に影響が出るので、眼科受診が必要である。

弱視

眼鏡をかけても視力が上がらない状態をいう。先天性弱視と乳幼児期に視力の発達途中で弱視となるものがある。遠視や斜視が矯正されずにいると視力が低下し、弱視となる。乳幼児では自らが視力の異常に気づかないので周囲の人の注意が必要である。

図表13-1 屈折異常のイメージ

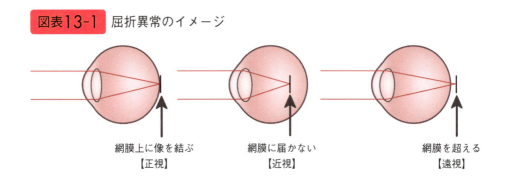

5. 耳の病気

主に炎症による病気と難聴がある。炎症による病気は耳の入口から鼓膜(こまく)までに起こる外耳道炎と鼓膜より内側に起こる中耳炎に分類される。

炎症による病気

（1）外耳道炎

外耳道の皮膚が傷つき、細菌感染が起こり痛みやかゆみとなる。

（2）中耳炎

急性化膿性中耳炎(きゅうせいかのうせいちゅうじえん)は鼓膜内側（中耳）に細菌が感染して、発熱、不機嫌（耳痛）、耳漏(じろう)がみられる。乳幼児期で罹患しやすく、発病に気づかれずに原因不明の熱と診断されることもある。適切な抗生物質治療や鼓膜切開が必要となる。中耳腔に浸出液がたまる浸出性中耳炎は、耳の閉塞感や音の聞こえが低下するが、発熱や耳痛はないため、気づかれにくい。子どもの難聴の原因となり、鼓膜切開やチューブ留置など適切な治療が必要になる。

難聴

耳の聞こえは言葉の発達に大きく影響するので、子どもの難聴には早期発見と早期治療が大切である。最近では新生児期にスクリーニング検査が行われているが、乳幼児期には呼びかけや物音に対する反応を確認することも大切である。先天性難聴の場合は、診断に基づいて生後6か月ころまでに補聴器装着や言語指導などを開始し、さらに必要があれば人工内耳の装用など一貫した治療と支援が必要となる。

6. 小児がん（悪性新生物、白血病を含む）

15歳未満の子どもに発病する悪性新生物を小児がんといい、大きく分けて血液の腫瘍(しゅよう)である白血病や悪性リンパ腫と脳腫瘍や神経芽腫(しんけいがしゅ)などの固形腫瘍に分類される。子どものがん発生率は高くはなく、発生数は毎年約2000～2500例とされる。その内訳は、白血病が約35%と最も多く、次に脳腫瘍が約25%、さらに神経芽腫、悪性リンパ腫などとなる。小児がんは大人のがんに比べて抗がん剤や放射線治療が効くものが多い。しかし、近年の1歳以降の子どもの死因順位では、先天奇形や不慮(ふりょ)の事故を除くと死亡原因疾患として第1位となる。命にかかわる病気であること、治療が長期間となることなどから、子どもの病気として重要である。

Step 2

1. てんかん発作の分類

てんかん発作は脳神経細胞の過剰興奮により起こるが、脳全体から始まる全般発作と、脳のある焦点（部分）から始まる焦点（部分）発作とに大別される。さらに型分類がされている（**図表13-2**）。全般発作は意識障害をともなうが、焦点発作では意識が保たれているものもある。

2. 乳幼児にみられやすいてんかん

（1）点頭てんかん（WEST症候群）

乳児に発症しやすい。発作は頭部をガクッと前屈し、両上肢を挙上する。何回か発作を反復し（これをシリーズ形成という）、脳波検査で特徴的異常がみられる。発症で精神運動発達の遅れをともなう。副腎皮質刺激ホルモン治療が有効だが、難治性てんかんへの移行もある。

（2）小児欠神てんかん

欠神発作が1日に数〜数十回出現し、過呼吸で誘発される。脳波検査で3Hzの棘徐波結合の出現が特徴である。薬物治療が有効で治癒が多い。

（3）中心側頭部に棘波を示す良性小児てんかん（またはローランドてんかん）

神経学的に異常のない幼児から学童に発症し、睡眠中の口から顔面のけいれん発作で、二次性全般化もある。脳波で特徴的な棘波がある。16歳ころまでには治まる。

図表13-2 発作性型の分類

全般発作	1）強直間代発作（大発作）	突然の意識消失と全身の硬直、続いて間代けいれんとなる。転倒、チアノーゼ、失禁をともなうことが多い。発作終了後はもうろう状態となる、あるいは入眠する。
	2）間代発作	全身の筋肉に力が入った状態と、力が抜けた状態を規則的に繰り返すけいれん。手足がガクガクすると表現されることもある。
	3）欠神発作（小発作）	数十秒の意識消失発作。それまでの動作は中断する。意識はすぐに回復し、動作も再開するので発作と気づかれにくい。
	4）ミオクロニー発作	筋肉がピクッと収縮する発作で、上肢、肩、下肢に起こりやすい。意識消失や筋収縮は一瞬で発作と気づかれにくい。
	5）脱力発作	全身の筋の緊張が突然低下して転倒する。発作は数秒で、自分で立ち上がることもでき発作と気づかれにくい。
焦点発作	1）運動症状による発症	体の一部の間代発作、強直発作、脱力発作。口、顔面、手、足の無意識で目的のない動きの発作など。
	2）運動症状によらない発症	動作が停止する発作、しびれ、音がする、臭いがするなどの感覚発作などがある。
	3）焦点発作から全身性の強直間代発作へ進展するもの。	

資料：国際抗てんかん連盟「てんかん分類2017年度版」日本語訳をもとに改変

（4）後頭部に突発波をもつ小児てんかん

　幼児に多い早発良性型と学童が好発年齢の遅発型がある。早発良性型の発作は、睡眠中の嘔吐、眼球偏位が特徴で、けいれんもあるが、多くが思春期までに治癒する。遅発型の発作は、覚醒中に視覚異常とけいれんをともなうこともある。

3. 主な神経筋疾患

脊髄性筋萎縮症（Spinal Muscular Atrophy：SMA）

　脊髄の運動神経細胞の脱落により、全身の筋力低下と筋萎縮をきたし、運動が障害される。知的障害はともなわない。常染色体劣性の遺伝を示し、発症時期などにより3型に分類され、中でも1型（ウエルドニッヒ・ホフマン病）は乳児期に発症し重症で、哺乳力低下、下肢は開排して床についている姿勢（蛙様肢位）が特徴で、2歳ごろまでに呼吸不全をきたす。現在、治療薬の開発が進められている。関節の拘縮や誤嚥の予防、呼吸や栄養管理で生活の質を保つようにすることが大切になる。

重症筋無力症

　神経から骨格筋への刺激伝達が障害され、筋肉が疲労し、筋力低下をきたす。眼瞼下垂が特徴で、全身の筋力が低下するものもある。症状は起床時には目立たず、午後に強くなる日内変動が特徴である。小児では眼の症状のみの眼筋型が多い。

筋ジストロフィー（筋原性疾患）

　筋が変性・壊死し、筋力低下と筋萎縮が進行していく病気で、多くは遺伝する。病型がいくつかに分類される。近年、原因の解明が進み、治療薬も研究されている。

（1）デュシェンヌ（Duchenne）型筋ジストロフィー

　X染色体劣勢遺伝のため男児で発症する。2歳ころより走れない、階段を上れないなど登はん性起立の症状が現れる。10歳前後で歩行が困難になり、20歳ころまでに呼吸障害のため人工呼吸器が必要になる。

（2）先天性筋ジストロフィー

　乳児期早期から全身の筋力低下と筋緊張低下がみられ、表情がとぼしい。福山型先天性筋ジストロフィーは脳病変をともない、精神発達遅滞、けいれんがあり、常染色体劣性遺伝で、発病は日本人に多い。

Step3

1. がんをもつ子どもたちへの理解

　小児がんは大人のがんとはその種類が異なり、治療効果は大幅に進歩している。しかし、成長期にある子どもへの長期間の治療の負担は、本人だけではなく、きょうだいを含む家族にも大きい。また、治療による副作用や将来的影響への配慮が必要である。さらに、がんと診断された子どもの約70％は長期生存が可能となり、がん治療を終えた子どもたちが地域社会や学校社会へと戻り、日常生活を過ごしている。長期の入院治療生活による体力低下や免疫力の低下に対しての配慮が十分に求められる。小児がんとその子どもたちの抱える不安や問題を保育者や教育関係者、地域の人々が正しく理解して支援していくことが望まれる。

2. 主な小児がん

白血病

　白血病は造血幹細胞に成熟過程で異常が起こり、未熟な細胞（芽球＝白血病細胞）が増殖する病気で、どの年齢でも発病する。正常な血液がつくられず、貧血、発熱、出血傾向や骨髄で白血病細胞が増殖するため骨痛が出現し、これらが初発症状となる。子どもでは約70％が急性リンパ性白血病、約25％が急性骨髄性白血病である。病型により適切な抗がん剤で治療される。治療開始から約１年間は入院での治療が中心となり、その後も治療が継続される。退院後は状態により保育所、学校に復帰する。現在、子どもの急性リンパ性白血病の治癒率は約80％以上となっている。

脳腫瘍

　子どもでは、白血病に次いで多い。その種類は多く、発生部位や悪性度も異なる。このため正確な診断により適切な治療方法が選択される。主な症状は、頭痛、嘔吐、眼の動きの制限、運動麻痺や歩行のふらつき、意識障害、けいれんなどがみられる。また、下垂体の腫瘍では成長障害、性早熟症状、多尿がみられる。手術や抗がん剤、放射線治療の進歩により治療成績も向上しているが、発育期の脳への影響もありうる。脳腫瘍の初期症状は子どもの一般的な病気でもみられるため、気づかれにくい。脳腫瘍を疑うサインに注意することが早期診断・治療につながる。

神経芽腫

　神経芽腫は脳腫瘍に次いで多い。好発年齢は0～4歳で1歳未満が最も多く、10歳を過ぎるとまれである。神経芽腫は交感神経節に由来するため、副腎発生が多く、胸部や頸部などの交感神経からも発生する。発生部位と診断時の年齢、病気の進展度（＝病期）により、症状や予後は異なる。1歳未満で発症したものには予後がよく、自然消退をするものもある。1歳を超えて発症したものは骨や骨髄に転移がある進行例も多く、予後が不良となる。治療は外科的切除、化学治療が基本になるが、病期により放射線治療や自家骨髄移植も併用される。なんとなく元気がない、微熱、腹部膨隆、貧血などが初期症状となるが、発病に気づきにくいため注意を要する。

3. 早期発見の難しさとがんを乗り越える子どもたちへの支援

　小児がんの治療成績がよくなった現在も、早期治療がその後の生命予後だけでなく機能的な後遺症を残さないためにも重要となる。しかし、一般に小児がんの始まりの症状で特異的なものはなく、遊んではいるがなんとなく元気がない、すぐに横になりやすい、食欲がない、足を痛がる、歩き方がおかしい、熱が出たなど、子どもにみられる一般的な病気と区別がつきにくい。一度の受診では診断がされないことも少なからずある。しかし、白血病や神経芽腫の骨髄転移があれば出血斑や骨痛、貧血がみられ、脳腫瘍では体重増加不良、身長の伸びが低下する、反対に急な伸びなどがみられることもある。子どもに少しでも気になる様子があれば、小児がんを疑い受診することも必要で、確実な診断と治療につなげることが大切になる。

　小児がんの原因は明らかでなく、生活習慣に起因するものでもないので、これを予防することはできない。がんを発病した子どもたちは、突然の入院生活となり、痛みをともなう検査や、長期にわたる嘔気や発熱、脱毛をともなう抗がん剤治療や手術治療を受ける。進歩した治療を受けてもなかには命を落とす子どももいる。また、がんを乗り越えた子どもたちでも、がんの再発や治療の影響による晩期合併症といわれる成長や発達への影響、心機能、生殖臓器などへの影響、さらに続発腫瘍（2次がん）の発生など、治療終了後も、さらに成人期になっても不安は残る。がんによる生命予後が改善する現在、身体的、心理的、社会的に包括した生涯にわたる支援と理解が必要とされる。

参考文献
- 白木和夫・高田哲『ナースとコメディカルのための小児科学』日本小児医事出版社，2011.
- 川崎淳，社団法人てんかん協会編『「てんかん」入門シリーズ　てんかん発作』，日本てんかん協会，2008.
- 日本小児がん学会編『小児白血病・リンパ腫の診療ガイドライン　2011年版』金原出版，2011.
- 厚生労働省小児がん専門員会報告書　「今後の小児がん対策のあり方について」2008.
- 国立がん研究センターがん対策情報センター『がんの冊子　小児がんシリーズ　白血病　第2版』2013.

COLUMN　「もしかしたら…?」という気づきから病気がわかることも

　Aちゃんは小学校入学前の元気な子。でもときどき、ふとおしゃべりが途切れる、ぽーっとして一点を見つめて動作が止まることに保育士が気づいた。次第にその回数が増え、ある日の昼食で熱い物をフーフーして冷ましていると明らかに動作が止まり、フォークを落とした。これらのエピソードを保育士が「もしかしたら、てんかんかも」と親に伝えて、小児科への受診を勧めた。家族は、病気と言われたことは意外だったが、そういえば横断歩道を渡っている途中でふと数十秒立ち止まったことがあったことも思い出した。受診すると小児欠神（しょうにけっしん）てんかんと診断されて飲み薬で治療することになり、薬をはじめると1か月も経たないうちに症状はみられなくなった。その後、Aちゃんに症状はなく、小学3年で薬も終了しててんかんは治っている。

　保育士に気づかれていなかったら、小学校入学後に授業中にうとうとしていると間違われていたかもしれない。毎日身近に接している親御さんではかえって気づかない変化もあるため、保育士は、「もしかしたら病気かも?」と気づいたらよく観察して、保護者に伝えることも大切である。

（杉田記代子）

第14講

主な疾病の特徴⑤
感染症

　人類の歴史は感染症との戦いの歴史であるといっても過言ではない。わが国ではさまざまな要因により感染症による死亡は少なくなったが、罹患する疾病として最も多いのは依然として感染症である。

　感染症対策は「感染症の予防及び感染症の患者に対する医療に関する法律」（感染症法）に規定され、学校という集団のなかでは保健管理の視点から学校感染症として学校保健安全法で対策が立てられ、保育所もそれに準じている。

Step 1

1. 感染症理解の基本

感染源・病原体

　私たちの周囲にはさまざまな微生物が存在している。消化管においてもさまざまな細菌が存在しており、食物の消化を助けるなど私たちのからだに有益なはたらきをしている。これを常在菌という。私たちは多くの微生物と共存していると考えるべきである。しかし微生物のなかには人のからだに害をもたらし、感染症を引き起こすものもいる。これらを病原体（病原微生物）という。感染症を引き起こす病原体はウイルスと細菌が多く、その他に真菌、寄生虫、原虫などがある。

感染経路

　病原体が私たちに取りつき感染を起こす経路としては、飛沫感染、空気感染、接触感染、経口感染、媒介感染がある。人から人へと感染することを水平感染、母親から胎児ないしは新生児・乳児に感染することを垂直感染、性行為を介して感染することを性感染という。

（1）飛沫感染

　会話やせき、くしゃみなどで口から飛び散る病原体を含む飛沫を、近くにいる人が浴びて吸い込むことで感染する。飛沫が飛び散る範囲は1～2mである。飛沫感染する主な病原体は、細菌としてはA群溶血性レンサ球菌、百日咳菌、インフルエンザ菌、肺炎球菌、肺炎マイコプラズマ、ウイルスとしてはインフルエンザウイルス、アデノウイルス、風しんウイルス、ムンプスウイルス、RSウイルス、エンテロウイルスなどがある。

（2）空気感染（飛沫核感染）

　感染している人の会話やせき、くしゃみで口から飛び出した飛沫が乾燥し、その中にいる病原体が空気の流れによって拡散し、遠くにいる人もそれを吸い込むことで感染する。室内などの密閉された空間内で起こる感染経路であり、空調が共通の部屋なども含め、その感染範囲は空間内の全域に及ぶ。空気感染する主な病原体は、細菌としては結核菌、ウイルスとしては麻しんウイルス、水痘・帯状疱疹ウイルスなどがある。

（3）接触感染

　握手、だっこ、キスなど感染している人との直接接触による感染と、ドアノブ、手すり、遊具など汚染された物を介して伝播が起こる間接接触によるものがある。

通常、からだの表面に病原体が付着しただけでは感染は成立しない。病原体の体内への主な侵入門戸は鼻、口あるいは眼であり、接触感染は最終的には病原体の付着した手で鼻、口、眼を触ったり、あるいは病原体の付着している遊具等をなめることによって感染が成立する。接触感染する主な病原体は、細菌では黄色ブドウ球菌、インフルエンザ菌、肺炎球菌、百日咳菌、腸管出血性大腸菌、ウイルスとしてはRSウイルス、エンテロウイルス、アデノウイルス、ロタウイルス、ノロウイルス、風しんウイルス、ムンプスウイルス、麻しんウイルス、水痘・帯状疱疹ウイルスなどがある。

（4）経口感染

病原体を含んだ食物や水分を口から摂取することにより病原体が消化管に達して感染が起こるものである。経口感染する主な病原体は、細菌としては黄色ブドウ球菌、腸管出血性大腸菌、サルモネラ菌、カンピロバクター、赤痢菌、コレラ菌など、ウイルスとしてはロタウイルス、ノロウイルス、アデノウイルス、エンテロウイルスなどがある。保育所では食中毒の発生予防に注意が必要である。

（5）媒介感染

感染した動物から、蚊やノミ、ダニなどの昆虫が媒介して感染する。蚊を介した日本脳炎や2014（平成26）年に大きな社会問題となったデング熱、地球温暖化によって日本でも流行が危惧されているマラリアなどがある。保育所でしばしば飼育されているミドリガメからのサルモネラ菌感染症にも注意が必要である。

汚染・感染・感染症

病原体が私たちのからだに取りつくことを汚染といい、病原体が私たちのからだの中で増殖すると感染が成立する。さらに病原体を排除する過程で発熱やせき、鼻汁、嘔吐、下痢などの症状が発症したときに感染症という。

ヒト免疫不全ウイルス（HIV）は性交渉で感染が成立する。HIVがからだの中で増殖し続けても当人は何の自覚もなく、数年の期間、無症状である。この状態にある人を無症候性HIVキャリアといい、感染源となりうる。HIVが免疫細胞を破壊しつくし、通常は病原性のない緑膿菌などの細菌や原虫のカリニ肺炎などによる日和見感染症、悪性腫瘍、認知症などの臨床症状を発症したときに後天性免疫不全症候群（AIDS）という感染症を発症したという。

不顕性感染・潜伏感染・持続感染（キャリア）

潜伏期とは、感染が成立し、発熱などの症状が出て発症するまでの期間をいう。

この時期にも感染源となり得ることがある。

不顕性感染とは、病原体による感染が成立しても症状がない、発症しない状況をいう。風疹や流行性耳下腺炎などでみられる。免疫は獲得することができる。

潜伏感染とは、体内に病原体が存在しているのにもかかわらず症状を示さない状態をいう。ヘルペスウイルスの一種である水痘・帯状疱疹ウイルスは水痘発症後に神経節の中に潜伏し続けることがあり、宿主の免疫力が低下したときに末梢神経を通して皮膚に帯状疱疹を発症する。同様に単純ヘルペスウイルスは口唇ヘルペスを発症する。

持続感染（無症候性キャリア）とは、病原体による感染が起こっていながら明らかな症状がなく、感染症を伝播させる可能性のある人のことをいう。B型肝炎、HIV感染、HTLV-1（ヒトT細胞白血病ウイルス）感染などがある。

2. 感染症法と学校感染症

感染症対策にかかわる1897（明治30）年に制定された伝染病予防法は廃止され、1998（平成10）年に感染症の予防及び感染症の患者に対する医療に関する法律（感染症法）が制定された。そして性病予防法、結核予防法、後天性免疫不全症候群の予防に関する法律も、その後感染症法に統合された。

学校という集団のなかでの感染症（学校感染症）は、保健管理上の特性を考慮し、特に留意する必要のある事項については学校保健安全法ならびに同施行規則で必要な事項が規定されている。保育所および幼稚園もおおむねそれらに準じている。

感染症法

感染症法において「感染症」とは、一類感染症から五類感染症と、その他に新型インフルエンザ等感染症、指定感染症および新感染症をいうと定義されている。感染症の種類は極めて多く、**参考資料4**（191ページ）に主な感染症をまとめてあるので参照のこと。

（1）一類感染症

感染力、重篤度および危険性が極めて高く早急な届出義務がある。わが国では通常流行はないが、感染した人が潜伏期間中に流行国から入国し蔓延する危険性がある輸入感染症であり、わが国での流行を防ぐことを検疫という。エボラ出血熱、クリミア・コンゴ出血熱、南米出血熱、ペスト、マールブルグ病、ラッサ熱、痘そう（天然痘）が該当する。痘そうは世界保健機関から絶滅宣言が出されているが、

バイオテロを考慮し一類に位置づけられている。

（2）二類感染症

　感染力、重篤度および危険性が高く、一類に準ずる対応が必要である感染症で、早急な届出義務がある。急性灰白髄炎（ポリオ）、結核、ジフテリア、重症急性呼吸器症候群（SARS）、中東呼吸器症候群（MERS）、鳥インフルエンザが該当する。急性灰白髄炎、結核、ジフテリアは定期予防接種の対象になっている。

（3）三類感染症

　感染力、重篤度、危険性は高くはないものの、集団発生を起こしうるため早急な届出義務がある。コレラ、細菌性赤痢、腸管出血性大腸菌感染症、腸チフス、パラチフスが該当する。保育所では細菌性赤痢、腸管出血性大腸菌感染症は食中毒の原因として注意が必要である。腸管出血性大腸菌はベロトキシンという毒素を産生し、赤血球を破壊し、溶血性尿毒症症候群（HUS）を発症する。

（4）四類感染症

　人から人への感染はないが、動物、飲食物などを介して人に感染するため、早急な届出義務がある。A型肝炎、オウム病、ボツリヌス症、マラリア、狂犬病など、43疾患が該当する。

（5）五類感染症

　国が感染症発生動向調査を行い、国民や医療関係者などに必要な情報を公開、提供し、感染症の新たな発生と拡大を防止すべき感染症である。保育所において問題となる感染症の多く、また、学校感染症の多くがこの五類に含まれ、46疾患が該当する。全国の医師から発生情報を収集し、専門家による発生の状況、動向および原因調査などの解析結果が公開される感染症発生動向調査によって、日本のどこでどのような感染症がどの程度流行しているのかを把握し、対策を講じることができる。

（6）新型インフルエンザ感染症

　新たに人から人に伝染する能力を有することとなったインフルエンザウイルスによる感染症である。鳥インフルエンザウイルスは人から人へは感染しないが、濃厚な接触により感染し、人に発症すると致死率は高く、人から人へと感染するウイルスへ変異することが危惧されている。

（7）指定感染症

　すでに知られている感染症のなかで一～三類感染症に準じる対応が必要な感染症である。2014（平成26）年に中東呼吸器症候群（MERS）が指定され、2015（平成27）年に二類感染症になった。

(8) 新感染症

感染した人からほかの人に伝染すると認められる疾病で、すでに知られている感染症とは病状、治療の結果が明らかに異なり、当該疾病にかかったときの重篤度から極めて危険性が高い感染症である。

学校感染症

学校感染症は、学校における保健管理の特異性を考慮し、特に留意する必要のある事項については学校保健安全法および同施行規則で規定されている。

学校感染症は第一種、第二種および第三種に分類され、第一種12疾患は感染症法の一類ならびに二類感染症（結核を除く）である（**図表14-1**）。

第二種9疾患は飛沫感染するもので、児童生徒の罹患が多く、学校において流行が広がる危険性が高いものである（**図表14-2**）。インフルエンザ、百日咳、麻しん、流行性耳下腺炎、風しん、水痘、咽頭結膜熱、結核、髄膜炎菌性髄膜炎が該当する。咽頭結膜熱と髄膜炎菌性髄膜炎以外はワクチンがある。

第三種は学校教育活動を通じ、学校において流行が広がる危険性のある感染症である。コレラ、細菌性赤痢、腸管出血性大腸菌感染症、腸チフス、パラチフス、流行性角結膜炎、急性出血性結膜炎その他の感染症が該当する（**図表14-3**）。それぞれの感染症については**参考資料4**（191ページ）を参考のこと。

図表14-1 学校感染症における第一種

感染症法の一類および二類（結核を除く）に該当する

病名	感染症法
エボラ出血熱	一類
クリミア・コンゴ出血熱	一類
痘そう	一類
南米出血熱	一類
ペスト	一類
マールブルグ病	一類
ラッサ熱	一類
重症急性呼吸器症候群（SARS）	二類
急性灰白髄炎（ポリオ）	二類
ジフテリア	二類
中東呼吸器症候群（MERS）	二類
鳥インフルエンザ（H5N1、H7N9）	二類

図表14-2 学校感染症における第二種

飛沫感染をする感染症で、児童生徒の罹患が多く、学校での流行の可能性の高いもの

病名	感染症法
インフルエンザ（特定鳥インフルエンザを除く）	五類[*1]
百日咳	五類[*2]
麻しん（はしか）	五類
流行性耳下腺炎（おたふくかぜ）	五類[*2]
風しん	五類
水痘（みずぼうそう）	五類[*2]
咽頭結膜熱	五類[*2]
結核	二類
髄膜炎菌性髄膜炎	五類

[*1] インフルエンザ定点：全国5000か所の内科・小児科医院　全国500か所の内科・小児科病院（300床以上）
[*2] 小児科定点：全国3000か所の小児科医院

「その他の感染症」（**図表14-3**）は、学校で流行が起こった場合にその流行を防ぐため、必要であれば校長が学校医の意見を聞き、第三種の感染症として措置することができる感染症である。条件によっては出席停止の措置が必要と考えられる感染症として、溶連菌感染症、ウイルス性肝炎、手足口病、伝染性紅斑、ヘルパンギーナ、マイコプラズマ感染症、感染性胃腸炎（流行性嘔吐下痢症）などが該当する。通常出席停止の措置は必要ないと考えられる感染症としてアタマジラミ、伝染性軟属腫（水いぼ）、伝染性膿痂疹（とびひ）があげられている。

図表14-3 学校感染症における第三種

学校教育活動を通じ、学校において流行を広げる可能性のあるもの

病名	感染症法
コレラ	三類
細菌性赤痢	三類
腸管出血性大腸菌感染症	三類
腸チフス	三類
パラチフス	三類
流行性角結膜炎	五類[1]
急性出血性結膜炎	五類[1]
その他の感染症　溶連菌感染症	五類[2]（A型溶連菌喉頭炎）
その他の感染症　ウイルス性肝炎	五類（A型四類、E型四類除く）
その他の感染症　手足口病	五類[2]
その他の感染症　伝染性紅斑	五類[2]
その他の感染症　ヘルパンギーナ	五類[2]
その他の感染症　マイコプラズマ肺炎	五類[3]
その他の感染症　感染性胃腸炎	五類[2]
その他の感染症　アタマジラミ	―
その他の感染症　伝染性軟属腫（水いぼ）	―
その他の感染症　伝染性膿痂疹（とびひ）	―

*1　眼科定点：全国200か所の眼科医療機関
*2　小児科定点：全国3000か所の小児科医院
*3　基幹定点：全国500か所、300床以上の医療機関（週単位、月単位あり）

Step 2

1. 学校感染症と出席停止期間

　学校は子どもたちが学校感染症第一種、第二種に罹患した場合、出席停止、臨時休業などの対応を講じ、学校における感染症の流行拡大防止に努めることになる。保育所においても学校保健安全法における出席停止の考え方に準拠する（出席停止期間については巻末の**参考資料7**（**202ページ**）**参照**）。

　「その他の感染症」で出席停止の処置をとるか否かは、都道府県や市区町村の単位で、地域性などを考慮し、教育委員会が事前に統一的な基準を定めていることが多い。自治体（学校）によっては、学校感染症に罹患し、治癒して再登校する場合、「治癒証明書」の提出を義務づけているところがある。

2. 感染症の分類

　感染症の種類は多くすべてを網羅することは難しいため、以下のいくつかの視点・立場でまとめた。

ワクチンなどで予防ができる感染症（VPD）

・定期予防接種：インフルエンザ菌、肺炎球菌、B型肝炎、急性灰白髄炎（ポリオ）、ジフテリア、破傷風、百日咳、結核（BCGワクチン）、麻しん、風しん、水痘、日本脳炎

・任意予防接種：ロタウイルス感染症、流行性耳下腺炎、インフルエンザ、A型肝炎、狂犬病、黄熱など

・モノクローナル抗体：ワクチンではないが、RSウイルスに対するモノクローナル抗体で、低出生体重児などを対象に接種される

伝染力が強く集団生活で特に注意すべき感染症

　麻しん、水痘、百日咳、流行性角結膜炎、ノロウイルス、結核

発症すると死亡する危険性のある感染症

　破傷風、狂犬病、ボツリヌス症、溶血性尿毒症症候群、後天性免疫不全症候群（AIDS）、破傷風、狂犬病、ボツリヌス症にはトキソイド（ワクチンの一種）が有効である。またヒト免疫不全ウイルス（HIV）感染からAIDS発症を抑制することが可能になってきているので、血液による無症候性キャリアの検査が大切である。なお、ボツリヌス症の危険があることから、乳児にははちみつを与えてはならない。

早期対処で発症を予防できる感染症

　ガンマーグロブリンの投与（注射）で発症を防ぐことが、麻しんとB型肝炎で認

められている。万が一、B型肝炎患者の針刺し事故が起きたらただちに対応する。破傷風、狂犬病、ボツリヌス症はトキソイドがある。

迅速検査が可能な感染症

インフルエンザウイルス、RSウイルス、アデノウイルス、ロタウイルス、ノロウイルス、マイコプラズマ、A群溶血性レンサ球菌などは、外来で10分から15分で抗原検査が可能である。

抗ウイルス薬のある感染症

インフルエンザウイルスとヘルペスウイルスに対しては、有効な薬剤が開発され、使用できる。

ペットからうつる可能性のある感染症

オウム病（オウム、インコなど）、トキソプラズマ（猫の糞）、猫ひっかき病、イヌ回虫、サルモネラ菌（ミドリガメ）、狂犬病（イヌやその他のペット）などは人畜共通感染症として注意が必要である。

食中毒の原因となる病原体

ウイルスとしてはノロウイルスに注意が必要である。細菌性の食中毒には細菌の増殖によるものと細菌が産生する毒素によるものがある。細菌増殖型としてはサルモネラ、赤痢、ビブリオ菌、毒素によるものは黄色ブドウ球菌、病原性大腸菌（O157など）、ふぐ（テトロドトキシン）、ボツリヌスなどがある。

性感染症

梅毒、淋病は従来性病として知られていたが、クラミジア、B群溶血性レンサ球菌、B型肝炎、HIV、ヒトT細胞白血病ウイルス1型（HTLV-1）なども性行為を介して感染する。

潜伏感染する感染症

ヘルペスウイルスの潜伏感染は帯状疱疹や口唇ヘルペスであり、前述した。結核菌は肺の中で長期間潜伏し、高齢になるなど宿主の免疫力が低下すると肺結核を発症することがある。

母乳を介して感染する感染症

HIV、HTLV-1は母乳中のリンパ球を介して垂直感染する危険があるので、感染者は母乳を与えてはならない。

不顕性感染がみられる感染症

風しん、流行性耳下腺炎など。

アルコール消毒が無効な病原体

ノロウイルス、B型肝炎ウイルスなど。

Step3

1. 感染症との戦いとヘルスプロモーション

　人類の歴史は感染症との戦いであると述べた。結核はかつてわが国で国民病と呼ばれたほど多くの人が罹患し死亡したが、抗結核薬の開発により治療が可能となり、治癒が望める病気になった。しかし近年急速な高齢化などにより、結核は再び大きな問題となっている。このような感染症は再興感染症と呼ばれる。結核は空気感染するため、保育士が結核に罹患すると保育所での集団感染の危険がある。このため自身の健康管理が大切である。

　ペニシリン、ストレプトマイシンをはじめとする抗生物質の発見で撲滅できるかと期待された細菌感染症は、細菌が抗生物質に対する耐性を獲得し、院内感染、日和見感染症として大きな問題になっている。

　一方、2014（平成26）年に西アフリカで発生したエボラ出血熱は、潜伏期の患者が飛行機で移動したため世界中に拡がり、地球規模の大きな社会問題となった。もはやわが国にはない感染症ということだけで、安心はできない。

　また、2014（平成26）年には、長くわが国では発生していなかったデング熱患者が発症し、大きな社会問題となった。さらに、蚊が媒介する熱帯病であるマラリアが地球温暖化の影響でわが国でも流行することが危惧されている。鳥インフルエンザも、いつ人から人へと伝染するウイルスに変異するか、予断を許さない状況である。

　わが国は衛生環境が整備され、子どもの肥満が問題となるほど栄養状態が改善され、日本全国どこでも医療が受けられる体制が整備されている。しかし、健康に毎日を過ごすことができることが、感染症の予防にとっても基本である。健康に対する考え方を、健康を守るという消極的な考え方から、積極的に健康を高めるという健康増進（ヘルスプロモーション）へと転換し、その基礎を保育所で身につけることには大きな意義がある。

2. 市中感染症と院内感染症

　私たちは微生物と共存している。肺炎のかかり方には、普通に生活をしていてもかかる市中感染と、入院している人がかかる院内感染がある。市中感染症とは通常の生活を送っている健康な人が、急に肺炎を患ってしまうことをいい、子どもでは肺炎球菌、ブドウ球菌、インフルエンザ菌などの細菌が原因であることが多い。学童期にはマイコプラズマ肺炎も多くなる。

一方、病院にはさまざまな細菌やウイルスが存在しており、そこに病気や免疫抑制剤などの影響で抵抗力の弱った患者が入院していることから、通常であればかからないような弱毒性の細菌に感染してしまう可能性がある。これが日和見感染であり、院内感染である。

3. 後天性免疫不全症候群（AIDS）

　ヒト免疫不全ウイルス（HIV）感染と後天性免疫不全症候群（AIDS）は、わが国では血友病の治療に使用された血液製剤によるいわゆる「薬害エイズ」として大きな社会問題となったが、HIV感染は基本的には性感染症であることを忘れてはならない。世界的規模でみればHIV感染者およびAIDS発症者ともに減少しているが、わが国では絶対数は少ないものの、明らかには減少していない。そしてAIDSは世界的規模でみれば働き盛りの年齢の死亡原因の第1位である。医療の進歩によりHIV感染からAIDS発症を遅らせることができるようになってきたが、HIV感染キャリアが感染源になり得ることも忘れてはならない。子どものHIVキャリアも存在する。しかし、通常の保育のなかでは水平感染は起こらない。標準予防策を徹底し、正しい知識をもって、保育にあたらなければならない。

4. 感染症と病児保育

　保育所に入所できたのに、行くとかぜをもらい発熱し休まなければならず、また、登園できても発熱し、なかなか続けて登園できないということはしばしばある。特に乳児期後期には母親からもらった免疫は底をつき、感染症に罹患しやすい時期である。病児保育は医療機関に併設されたもの、保育所に併設されたものなどさまざまな形態があり、受け入れ体制もさまざまである。病児保育にかかわる保育士は、感染症の十分な知識を身につけて保育にあたらなければならない。

参考文献

- 厚生労働省「保育所における感染症対策ガイドライン(2018年改訂版)」2018.
- 文部科学省「学校において予防すべき感染症の解説」2013.
- 東京都新たな感染症対策委員会監,東京都福祉保健局健康安全部感染症対策課編「東京都感染症マニュアル2009」東京都生活文化スポーツ局広報広聴部都民の声課,2009.

第15講

子どもの疾病の予防と適切な対応

保育所保育指針第3章では、「保育所保育において、子どもの健康及び安全の確保は、子どもの生命の保持と健やかな生活の基本であり、一人一人の子どもの健康の保持及び増進並びに安全の確保とともに、保育所全体における健康及び安全の確保に努めることが重要となる。また、子どもが、自らの体や健康に関心をもち、心身の機能を高めていくことが大切である」としており、子どもの健康状態の把握は日々の子どもの状態の観察が基本となる。

Step 1

1. 定期健康診断

　児童福祉法では、児童福祉施設の設備及び運営に関する基準第12条に、入所時の健康診断、年2回の定期健康診断および臨時の健康診断を学校保健安全法に準じて行うように規定されている。

　健康診断の目的は、園児の身体の発育、精神・運動発達を医学的根拠に基づき評価する機会とすること、また、家庭生活や保育所生活において、気になる事等を相談し、医学的立場からアドバイスを受け、子どもが健やかに成長・発達していくための支援につなげるためである。

2. 日々の健康観察

　日々の健康観察では、子どもの心身の状態をきめ細かに確認し、平常とは異なった状態を速やかに見つけ出すことが重要である。観察すべき事項としては、機嫌、食欲、顔色、活動性等、どの子どもにも共通した項目と、一人ひとりの子ども特有の疾病等に伴う状態がある。また、同じ子どもでも発達過程により症状の現れ方が異なることがあり、子どもの心身の状態を日頃から把握しておくことが必要である（**第7講参照**）。

　なお、一人ひとりの子どもの生育歴に関する情報を把握するに当たっては、母子健康手帳の活用が有効である。活用の際は、保護者の了解を求めるとともに、その情報の取り扱いに当たっては、秘密保持義務があることに留意しなければならない。

3. 感染症の予防

　免疫も体力も十分備わっていない子どもたちは、感染症に何度も罹りながら、病気とたたかい免疫をつくる。子どもたちが長時間密接にかかわりあう集団生活の場である保育所では、感染症が流行することが多く、感染症対策が重要といえる。

感染症予防の原則

　感染症を防ぐには、感染症成立の三大要因である①感染源、②感染経路および③感受性への対策が重要である。病原体の付着や増殖を防ぐこと、感染経路を断つこと、予防接種を受けて感受性のある状態（免疫をもっていない状態）をできる限り

早く解消すること等が大切である。

（1）感染源対策

　発症者は大量の病原体を周囲に排出するため、症状が軽減した後も、一定の条件を満たすまでは登園を控えてもらう必要がある。感染源となり得る感染者は発症者だけでなく、他の子どもや職員のなかにも発症者と認識されない不顕性感染者が存在している。このことを意識して感染症対策を実施することが重要である。

（2）感染経路対策

　保育所で特に注意すべき主な感染経路には、飛沫感染、空気感染（飛沫核感染）、接触感染、経口感染、血液媒介感染、蚊媒介感染があり、それぞれに応じた対策をとることが必要である。病原体によっては、複数の感染経路をたどるものがあることに留意する。

（3）感受性対策（予防接種等）

　感染症予防にはワクチン接種が効果的である。感受性がある者に対して、予防接種によって免疫を与え、未然に感染症を防ぐことが重要である。

感染症対策における乳幼児の特徴

（1）乳幼児の保育における感染症対策の特徴

・午睡や食事、集団での遊びなど、子ども同士の濃厚な接触が多く、その時間も長いことから、飛沫感染や接触感染の予防対策が非常に困難である。
・乳児にいたっては、床を這い、手に触れるものは何でも舐めまわすので、接触感染の予防対策はさらに困難である。
・乳幼児には手洗い、マスクなどの衛生教育も十分にはできない。

（2）乳児が感染症に罹りやすく、しかも重症化しやすい生理的特徴

・5～6か月になると、母体からの抗体（移行抗体）が底をつき、しかもいまだ感染症にあまり罹っていないので獲得抗体も低く、あらゆる感染症に罹りやすい（感受性が高い）。
・鼻腔が狭く、気道も細いため、かぜなどで気道の粘膜が多少腫れただけでも呼吸困難に陥りやすい。
・比較的体内の水分量が多いため、体重当たりの必要水分量が多い。したがって、下痢や嘔吐、哺乳量の減少などで水分の補給が減少すると、脱水に陥りやすい。

感染経路と保育所における予防対策

　保育所で気をつけなければならない主な感染経路としては、飛沫感染、空気感染、

接触感染、経口感染、血液媒介感染、蚊媒介感染などとなる。

　すべての感染症について、流行の拡大のおそれがある期間は隔離し（休所してもらう）、また有効な予防接種があれば早期の（入所前までの）接種を勧奨する。

（1）飛沫感染

　感染している人がせきやくしゃみ、会話をした際に、病原体が含まれた小さな水滴（飛沫）が口から飛び、これを近くにいる人が吸い込むことで感染する。飛沫が飛び散る範囲は1～2mである。

① 飛沫感染する主な病原体

細　　菌：A群溶血性レンサ球菌、百日咳菌、インフルエンザ菌、肺炎球菌、肺炎マイコプラズマ等

ウイルス：インフルエンザウイルス、RSウイルス、アデノウイルス、風疹ウイルス、ムンプスウイルス、エンテロウイルス、麻疹ウイルス、水痘・帯状疱疹ウイルス等

② 保育所における具体的な対策

・飛沫感染対策の基本は、病原体を含む飛沫を吸い込まないようにすることである。
・はっきりとした感染症の症状がみられる子どもには、登所を控えてもらい、保育所内で急に発病した場合には医務室等の別室で保育する。
・不顕性感染の患者等を含めて、すべての「感染者」を隔離することや、みなが2mの距離をとって生活することは現実的ではないため、飛沫感染する感染症が保育所内で流行することを防ぐことは容易ではない。流行を最小限に食い止めるためには、日常的に全員がせきエチケットを実施することが大切である（**図表15-1**）。
・保育所等の子どもの集団生活施設では、職員が感染しており、知らない間に感染源になるということがあるため、職員の体調管理にも気を配る。

（2）空気感染（飛沫核感染）

　感染している人がせきやくしゃみ、会話をした際に口から飛び出した小さな飛沫が乾燥し、その芯となっている病原体（飛沫核）が感染性を保ったまま空気の流れによって拡散し、それを吸い込むことで感染する。飛沫感染の感染範囲は飛沫が飛び散る2m以内に限られているが、空気感染は室内等の密閉された空間内で起こるものであり、その感染範囲は空調が共通の部屋間等も含めた空間内の全域に及ぶ。

① 空気感染する主な病原体

細　　菌：結核菌等

ウイルス：麻疹ウイルス、水痘・帯状疱疹ウイルス等

Step1

> **図表15-1** せきエチケット

飛沫感染による感染症が保育所内で流行することを最小限に食い止めるために、日常的に咳エチケットを実施しましょう。素手のほか、ハンカチ、ティッシュ等で咳やくしゃみを受け止めた場合にも、すぐに手を洗いましょう。

① マスクを着用する（口や鼻を覆う）
・咳やくしゃみを人に向けて発しないようにし、咳が出る時は、できるだけマスクをする。
② マスクがないときには、ティッシュやハンカチで口や鼻を覆う
・マスクがなくて咳やくしゃみが出そうになった場合は、ハンカチ、ティッシュ、タオル等で口を覆う。
③ とっさの時は、袖で口や鼻を覆う。
・マスクやティッシュ、ハンカチが使えない時は、長袖や上着の内側で口や鼻を覆う。

3つの咳エチケット 電車や職場、学校など人が集まるところでやろう

① マスクを着用する（口・鼻を覆う）
鼻から顎までを覆い、隙間がないようにつけましょう。

② ティッシュ・ハンカチで口・鼻を覆う
ティッシュ：使ったらすぐにゴミ箱に捨てましょう。
ハンカチ：使ったらなるべく早く洗いましょう。

③ 袖で口・鼻を覆う
マスクやティッシュ・ハンカチが使えない時は、袖や上着の内側で口・鼻を覆いましょう。

こまめに手を洗うことでも病原体が拡がらないようにすることができます。

出典：厚生労働省「保育所における感染症対策ガイドライン（2018年改訂版）」p.10, 2018.

② 保育所における具体的な対策

・空気感染する感染症のうち保育所で日常的に注意すべきものは、麻疹、水痘および結核である。
・空気感染対策の基本は「発症者の隔離」と「部屋の換気」である。
・結核は排菌している患者と相当長時間空間を共有しないと感染しないが、麻疹や水痘の感染力は非常に強く、発症している患者と同じ部屋にいた者は、たとえ一緒にいた時間が短時間であっても、すでに感染している可能性が高いと考えられる。
・麻疹や水痘では、感染源となる発病者と同じ空間を共有しながら、感染を防ぐこ

第15講 子どもの疾病の予防と適切な対応

175

とのできる有効な物理的対策はないため、ワクチン接種が極めて有効な予防手段である。

（３）接触感染

　感染源に直接触れることで伝播が起こる感染（握手、だっこ、キス等）と、汚染された物を介して伝播が起こる間接接触による感染（ドアノブ、手すり、遊具等）がある。通常、接触感染は、身体の表面に病原体が付着しただけでは感染は成立せず、病原体が体内に侵入することで感染が成立する。病原体が付着した手で口、鼻または眼を触ること、病原体の付着した遊具等を舐めること等によって病原体が体内に侵入する。また、傷のある皮膚から病原体が侵入する場合もある。

① 接触感染する主な病原体

細　　菌：黄色ブドウ球菌、インフルエンザ菌、肺炎球菌、百日咳菌、腸管出血性大腸菌

ウイルス：ノロウイルス、ロタウイルス、RSウイルス、エンテロウイルス、アデノウイルス、風疹ウイルス、ムンプスウイルス、麻疹ウイルス、水痘・帯状疱疹ウイルス、インフルエンザウイルス、伝染性軟属腫ウイルス等

ダ　　ニ：ヒゼンダニ等

昆　　虫：アタマジラミ等

真　　菌：カンジダ菌、白癬菌等

　接触感染によって拡がりやすいものとして保育所で特に注意する必要がある病原体は、

・感染性胃腸炎の原因であるノロウイルスやロタウイルス
・咽頭結膜熱や流行性角結膜炎の原因であるアデノウイルス
・手足口病やヘルパンギーナの原因であるエンテロウイルス
・伝染性膿痂疹（とびひ）の原因である黄色ブドウ球菌
・咽頭炎等の原因である溶血性レンサ球菌である。

　これらの病原体は身近な生活環境の下でも長く生存することが可能な病原体である。

② 保育所における具体的な対策

・接触によって体の表面に病原体が付着しただけでは感染は成立しない。
・遊具を直接舐めるなどの例外もあるが、多くの場合は病原体の付着した手で口、鼻または眼を触ることによって、体内に病原体が侵入して感染が成立する。
・最も重要な対策は手洗い等により手指を清潔に保つことである。忙しいことを理由に手洗いが不十分になることは避けなければならない。また、保育所等の乳幼

児の集団生活施設においては、子どもの年齢に応じて、手洗いの介助を行うことや適切な手洗いの方法を指導することが大切である。
・タオルの共用は絶対にしない。手洗いの際にはペーパータオルを使用することが理想的である。
・石けんは、1回ずつ個別に使用できる液体石けんや泡石けんを推奨する。
・消毒には適切な「医薬品」および「医薬部外品」を使う。嘔吐物、下痢便、患者の血液等の体液が付着しているか所については、それらをていねいに取り除き、適切に処理した後に消毒を行う。嘔吐物等が残っていると、消毒効果が低下する。また、消毒は患者が直接触った物を中心に適切に行う。
・健康な皮膚は強固なバリアとして機能するが、皮膚に傷等がある場合には、そこから侵入し、感染する場合もある。このため、皮膚に傷等がある場合は、その部位を覆うことが対策の1つとなる。

(4) 経口感染

病原体を含んだ食物や水分を口にすることによって、病原体が消化管に達して感染が成立する。食事の提供や食品の取り扱いは、適切に衛生管理を行うことが重要である。

① 経口感染する主な病原体

細　　菌：腸管出血性大腸菌、黄色ブドウ球菌、サルモネラ属菌、カンピロバクター属菌、赤痢菌、コレラ菌等
ウイルス：ロタウイルス、ノロウイルス、アデノウイルス、エンテロウイルス等

② 保育所における具体的な対策

・経口感染対策は、食材を衛生的に取り扱うことや適切な温度管理を行うこと、病原微生物が付着・汚染している可能性のある食材を十分に加熱することが重要である。
・保育所では、通常、生肉や生魚、生卵が食事に提供されることはないが、魚貝類、鶏肉、牛肉等には、ノロウイルス、カンピロバクター属菌、サルモネラ属菌、腸管出血性大腸菌等が付着・汚染している場合があり、生や加熱不十分な状態で食することによる食中毒が少なからず認められる。
・サラダ、パン等の調理の過程で加熱することが少ない食材にノロウイルス等の病原微生物が付着することがある。それを多数の人が摂取することによって、集団食中毒が発生した例も多くある。
・調理器具の洗浄および消毒を適切に行うことが大切である。また、生肉等を取り扱った後の調理器具で、その後の食材を調理しないことが大切である。

・ノロウイルス、腸管出血性大腸菌等では、不顕性感染者が感染症に罹患していることに気づかないまま病原体を排出している場合があるため、調理従事者が手指の衛生管理や体調管理を行うことが重要である。

（5）血液媒介感染

　血液を介して感染する感染症。血液には病原体が潜んでいることがあり、血液が傷ついた皮膚や粘膜に付くと、そこから病原体が体内に侵入し、感染が成立する場合がある。

① 血液媒介感染する主な病原体

ウイルス：B型肝炎ウイルス（HBV）、C型肝炎ウイルス（HCV）、ヒト免疫不全ウイルス（HIV）等

② 保育所における具体的な対策

・日々の保育のなかで、子どもが転んだり、けがをしたり、また、ひっかき傷やかみ傷、すり傷、鼻からの出血が日常的にみられる。このため、血液や傷口からの滲出液に周りの人がさらされる機会も多くある。皮膚の傷を通して、病原体が侵入する可能性もある。子どもや職員の皮膚に傷ができたら、できるだけ早く傷の手当てを行い、他の人の血液や体液が傷口に触れることがないようにする。

・ひっかき傷等は流水できれいに洗い、絆創膏やガーゼできちんと覆う。また、子どもの使用するコップ、タオル等には、唾液等の体液が付着する可能性があるため、共有しない。

・子どもが自分で血液を適切に処理することは困難であるため、その処理は職員の手に委ねられることになる。保育所の職員は子どもたちの年齢に応じた行動の特徴等を理解し、感染症対策として血液および体液の取扱いに十分に注意して、使い捨ての手袋を装着し、適切な消毒を行う。

・本人にはまったく症状がないにもかかわらず、血液、唾液、尿等の体液にウイルスや細菌が含まれていることがある。このため、すべての血液や体液には病原体が含まれていると考え、防護なく触れることがないように注意する。

③ 血液についての知識と標準予防策

　血液に病原体が潜んでいる可能性があることは一般にはあまり知られていないため、これまで保育所では血液に注意するという習慣があまり確立されていなかった。おむつの取り替え時には手袋を装着しても、血液は素手で扱うという対応もみられる。血液にも便や尿のように病原体が潜んでいる可能性を考え、素手で扱わないようにすることや血液や傷口からの滲出液、体液に防護なく直接触れることがないよう工夫することが必要である。

このように、ヒトの血液、喀痰、尿、糞便等に感染性があるとみなして対応する方法を「標準予防策」という。これは医療機関で実践されているものであり、血液や体液に十分な注意を払い、素手で触れることのないよう必ず使い捨て手袋を着用する、また、血液や体液が付着した器具等は洗浄後に適切な消毒をして使用し、適切に廃棄するなど、その取扱いに厳重な注意がなされている。これらは保育所でも可能な限り実践すべき事項であり、すべての人の血液や体液の取扱いに十分に注意を払って対応する。

(6) 蚊媒介感染

　病原体をもった蚊に刺されることで感染する感染症。蚊媒介感染の主な病原体である日本脳炎ウイルスは、国内では西日本から東日本にかけて広い地域で毎年活発に活動している。また、南東アジアの国々には、日本脳炎が大規模に流行している国がある。

① 蚊媒介感染する主な病原体

ウイルス：日本脳炎ウイルス、デングウイルス、チクングニアウイルス等

原　　虫：マラリア等

② 保育所における具体的な対策

・日本脳炎は、日本では主にコガタアカイエカが媒介する。コガタアカイエカは主に大きな水たまり（水田、池、沼等）に産卵する。

・また、デングウイルス等を主に媒介するヒトスジシマカは小さな水たまり（植木鉢の水受け皿、古タイヤ等）に産卵する。

・側溝の掃除により水の流れをよくして、水たまりをつくらないようにすること、植木鉢の水受け皿や古タイヤを置かないように工夫することが蚊媒介感染の1つの対策となる。

・緑の多い木陰、やぶ等、蚊の発生しやすい場所に立ち入る際には、長そで、長ズボン等を着用し、肌を露出しないようにする。

Step2

1. 感受性対策（予防接種等）

　感染症の予防にはワクチンの接種が効果的で、感受性がある者に対して、あらかじめ予防接種によって免疫を与え、未然に感染症を防ぐことが重要である。保育所入所前に受けられる予防接種はできるだけ済ませておくことが求められる。

　子どもの予防接種状況を把握し、定期の予防接種として接種可能なワクチンを保護者に周知する。また、職員は、予防接種歴および罹患歴がともにないまたは不明な場合には、予防接種を受けることが感染症対策として重要である。

小児期に接種可能なワクチン

（1）定期接種と任意接種

　わが国の予防接種の制度には、大きく分けると、予防接種法に基づき市区町村が実施する「定期接種」と、予防接種法に基づかず対象者の希望により行う「任意接種」がある（図表15-2）。

　また、「定期接種」の対象疾病にはA類疾病とB類疾病があり、A類疾病については、市区町村が予防接種を受けるよう積極的に勧奨し、保護者が自分の子どもに予防接種を受けさせるよう努める義務がある。子どもたちが受ける予防接種はすべてA類疾病の予防接種である。

　一方で「任意接種」のワクチンのなかには、流行性耳下腺炎（おたふくかぜ）ワクチン、ロタウイルスワクチン、インフルエンザワクチン等がある。

　定期接種と任意接種では、保護者（または本人）が負担する接種費用の額と、万が一、接種後に健康被害が発生した場合の救済制度に違いがある。任意接種のワクチンは原則自己負担であるが、接種費用の一部または全部を助成している自治体がある。市区町村が実施している定期接種は、その種類および実施内容とともに、接種の推奨時期が政令により定められている。

（2）ワクチンの種類（生ワクチンおよび不活化ワクチン・トキソイド）

生ワクチン：生きたウイルスや細菌の病原性を、免疫が獲得できるが症状が出ないように極力抑制した製剤である。自然感染より免疫力が弱いので、間隔を空けて追加接種したほうがよいものもある。ワクチンの種類によっては、2～3回の接種が必要なものもある。副反応として、もともとの病気のごく軽い症状が出ることがある。

不活化ワクチン：不活化ワクチンは、ウイルスや細菌の病原性（毒性）を完全になくして、免疫を作るのに必要な成分だけを製剤にしたものである。1回の接種で

図表15-2 日本において小児が接種可能な主なワクチンの種類

（2018（平成30）年3月現在）

【定期接種】 （対象年齢は 政令で規定）	生ワクチン 　BCG 　麻しん・風しん混合（MR）、麻しん（はしか）、風しん 　水　痘 不活化ワクチン・トキソイド 　インフルエンザ菌b型（Hib）感染症 　肺炎球菌（13価結合型）感染症 　B型肝炎 　DPT-IPV（ジフテリア・百日咳・破傷風・不活化ポリオ混合） 　DPT（ジフテリア・百日咳・破傷風混合）、不活化ポリオ（IPV） 　日本脳炎 　ジフテリア・破傷風混合トキソイド（DT） 　ヒトパピローマウイルス（HPV）感染症：2価 　ヒトパピローマウイルス（HPV）感染症：4価
【任意接種】	生ワクチン 　流行性耳下腺炎（おたふくかぜ） 　ロタウイルス：1価、ロタウイルス：5価 不活化ワクチン 　インフルエンザ 　髄膜炎菌：4価

資料：国立感染症研究所 HP「日本で接種可能なワクチンの種類（2016（平成28）年10月1日現在）」
(http://www.niid.go.jp/niid/ja/vaccine-j/249-vaccine/589-atpcs003.html) を一部改編
出典：厚生労働省「保育所における感染症対策ガイドライン（2018年改訂版）」p.26, 2018.

は免疫が十分にはできない。ワクチンによって決められた回数の接種が必要である。

トキソイド：感染症によっては、細菌の出す毒素が免疫を作るのに重要なものもある。この毒素の毒性をなくし、免疫をつくる働きだけを残したものがトキソイドであり、不活化ワクチンとほとんど同じである。

（3）ワクチンの接種間隔

日本では、生ワクチンの接種後に別の生ワクチンを接種する場合には、中27日以上（4週間）空ける必要があり、不活化ワクチン・トキソイドの接種後に別の種類のワクチンを接種する場合には、中6日以上（1週間）空ける必要がある。

（4）同時接種

同時接種とは医師が必要と認めた場合、複数の種類のワクチンを同じ日に時間を空けず、別々のか所に接種することである。単独で接種する場合と比べても、有効性や副反応への影響はない。

ワクチンで予防できる病気から確実に守るためには、必要なワクチンを適切な時

期に適切な回数接種することが重要なため、同時接種が勧められるようになった。

（5） 接種後の留意点

・接種後30分ほど全身状態に変化が起きないか接種医が監視する。やむを得ず帰宅する場合は、すぐに接種医療機関と連絡がとれることが望ましい。

・その後、発熱・発疹（ほっしん）の有無、接種部位を観察する。接種当日はいつもどおりの生活をし、入浴も可能だが、接種部位をこすらないようにする。

・保育所では、接種したワクチンと接種時の状況について確認する。受け入れ時の子どもの様子についても入念に観察する。受け入れ後に発熱・発疹が現れた場合には、速やかに保護者に連絡する。

（6） 副反応

　ワクチンを接種したときに起こる、正常でない反応を副反応という。生命にかかわる重大なもの（ショック様症状）から、発熱、発疹など全身症状を示すもの、接種部位での局所症状（発赤（ほっせき）、腫脹（しゅちょう）、硬結（こうけつ））などがある。また、発症が接種直後から48時間以内のもの、2〜3週後（生ワクチンの場合）など、さまざまなタイプがある。これらの副反応の原因としては、①ワクチンそのもの、②ワクチンを作る成分（卵由来、添加物、保存剤）などがある。これらの副反応はある程度予想されるものであるが、まったく予想できないトラブルを「副作用」という。

（7） 予防接種を受ける時期

　市区町村が実施している予防接種は、その種類および実施内容とともに、接種の推奨（すいしょう）時期が定められている。同じワクチンを複数回接種する場合には、免疫を獲得するのに一番効果的な時期として、標準的な接種間隔が定められている。この標準的な接種間隔を踏まえて接種スケジュールを立てる必要があり、このことを保護者に伝えることが大切となる。

　子どもは急に体調を崩（くず）すこともあり、予定どおり予防接種を受けることが難しい場合もあるため、接種可能なワクチンについてはできる限り入所前に接種すること、また、入所後においても、体調がよいときになるべく早めに接種することが大切である（推奨される予防接種スケジュールについては、巻末の**参考資料7参照**）。

（8） 保育所の子どもたちの予防接種

　保育所の子どもたちにとって、定期接種のインフルエンザ菌b型（Hib：ヒブ）ワクチン、小児用肺炎球菌ワクチン、B型肝炎ワクチン、DPT-IPV（四種混合）ワクチン、BCGワクチン、麻疹風疹混合（ましんふうしん）（MR）ワクチン、水痘（すいとう）（水ぼうそう）ワクチンおよび日本脳炎ワクチンの予防接種が重要であることはもちろんだが、定期接種に含まれていない、流行性耳下腺炎（おたふくかぜ）ワクチンの予防接種につ

いても、発症や重症化を予防し、保育所での感染伝播を予防するという意味で大切である。また、ロタウイルスワクチンやインフルエンザワクチンの予防接種も重症化予防に効果がある。

（9）保育所職員（保育実習の学生を含む）の予防接種

　子どもの病気と考えられがちであった麻疹、風疹、水痘および流行性耳下腺炎（おたふくかぜ）に成人が罹患することも稀ではなくなってきたことから、保育所職員についても、当該感染症に罹患したことがなく、かつ予防接種を受けていない場合（受けたかどうかが不明な場合も含む）には、1歳児以上の必要回数である計2回のワクチン接種を受け、自分自身を感染から守るとともに、子どもたちへの感染を予防することが重要である。

　また、保育所の職員は、子どもの出血を伴うけがの処置等を行う機会がある。このため、B型肝炎ワクチンの予防接種も大切になる。

　成人の百日咳患者の増加を受けて、第2期（11～12歳）のジフテリア破傷風混合（DT）トキソイドをDPTワクチンに変える検討が国内でも始まっている。大人の百日咳は典型的な症状がみられない場合も多く、知らない間に子どもへの感染源になっていることがある。呼吸器症状がみられる職員についてはマスク着用などのせきエチケットを行うことが重要であり、また、特に0歳児の保育を担当する職員については、呼吸器症状がみられる期間中の勤務体制の見直しを検討すること等が必要となる。このほか、インフルエンザの流行期には、任意接種のインフルエンザワクチンの予防接種を受けることで、感染症対策や感染した際の重症化予防につながる。

2. 健康教育

　感染症を防ぐためには、子どもが自分の体や健康に関心をもち、身体機能を高めていくことが大切である。特に、手洗いやうがい、歯みがき、衣服の調節、バランスのとれた食事、十分な睡眠や休息等の生活習慣が身につくよう、毎日の生活を通して、子どもにていねいに繰り返し伝え、自らが気づいて行えるよう援助する。そのためには、子どもの年齢や発達過程に応じた健康教育を計画的に実施することが重要となる。

　実際には、低年齢児が自己管理することは非常に難しいため、保護者が子どもや家族全員の健康に注意し、家庭において感染予防、病気の早期発見等ができるよう、保護者に対して具体的な情報を提供するとともに、感染症に対する共通理解を求め、家庭と連携しながら健康教育を進めていくことが重要である。

Step3

感染症の疑い時・発生時の対応

感染症の疑いのある子どもへの対応

子どもの病気の早期発見

・保育中に感染症の疑いのある子どもに気づいたときには、医務室等別室に移動させ、体温測定等子どもの症状等を的確に把握し、体調の変化の記録を行う。
・保護者に連絡をとり、記録をもとに症状や経過を正確に伝えるとともに、適宜、嘱託医、看護師等に相談して指示を受ける。
・子どもは感染症による発熱、下痢、嘔吐、せき、発疹等の症状により不快感や不安感を抱きやすいので、子どもに安心感を与えるように適切に対応する。
・保護者に対して、地域や保育所内での感染症の発生状況等について情報提供する。また、保護者から、医療機関での受診結果をすみやかに伝えてもらう。

感染症発生時の対応

（１）感染症が発生した場合

　嘱託医等へ相談し、関係機関へ報告するとともに、保護者への情報提供を適切に行うことが重要である。感染拡大を防止するため、手洗いや排泄物・嘔吐物の適切な処理を徹底するとともに、施設内を適切に消毒する。
　施設長の責任のもと、感染症の発生状況を記録する。

（２）具体的な対応

・予防接種で予防可能な感染症が発生した場合には、子どもや職員の予防接種歴および罹患歴をすみやかに確認する。
・未罹患で予防接種を必要回数受けていない子どもについては、嘱託医、看護師等の指示を受けて、保護者に対して適切な予防方法を伝えるとともに、予防接種を受ける時期について、かかりつけ医に相談するよう説明する。
・麻疹や水痘（水ほうそう）のように、発生（接触）後、すみやかに（72時間以内に）予防接種を受けることで発症の予防が期待できる感染症も存在する。このため、これらの感染症に罹患したことがなく、かつ予防接種を受けていない、感受性が高いと予想される子どもについては、かかりつけ医と相談するよう保護者にうながす。
・感染拡大防止のため、手洗いや排泄物・嘔吐物の適切な処理を徹底する。また、感染症の発生状況に対応して消毒の頻度を増やすなど、施設内を適切に消毒す

る。食中毒が発生した場合には、保健所の指示に従い適切に対応する。
・感染症の発生について、施設長の責任のもと、しっかりと記録に留めることが重要である。この際、①欠席している子どもの人数と欠席理由、②受診状況、診断名、検査結果および治療内容、③回復し、登園した子どもの健康状態の把握と回復までの期間、④感染症終息までの推移等について、日時別、クラス（年齢）別に記録するようにする。また、職員の健康状態も記録することが求められる。

罹患した子どもが登所する際の対応

保育所では、乳幼児が長時間にわたり集団で生活する環境であることをふまえ、周囲への感染拡大を防止することが重要である。

具体的な対応

・感染症に罹患した子どもが登所する際には、
① 子どもの健康（全身）状態が保育所での集団生活に適応できる状態まで回復していること
② 保育所内での感染症の集団発生や流行につながらないことについて確認すること
が必要である。
・感染症に罹患した職員についても、周囲への感染拡大防止の観点から、勤務を停止することが必要になる場合がある。勤務復帰の時期、従事する職務等については、嘱託医の指示を受け、当該職員と施設長等との間で十分に相談し、適切な対応をとる必要がある。

感染症対策の実施態勢

保育所における感染症の予防と対策には、①子どもの年齢と予防接種の状況、②子どもの抗菌薬の使用状況、③環境衛生、④食品管理の状況、⑤施設の物理的空間と機能性、⑥子どもと職員の人数（割合）、⑦それぞれの職員の衛生管理と予防接種の状況等の、あらゆるものが関与する。

（1）記録の重要性

感染予防や拡大防止の対策を迅速（じんそく）に講じるために、子どもの体調や症状およびその変化等を的確に記録し、感染発生状況を把握することが大切である。家庭や地域の関係者（近隣の保育所、学校、嘱託医、設置者、行政担当者等）と連携し、記録に基づく情報を活用し、共有することが重要である。

（２）医療関係者の役割

　保育所の感染症対策には、嘱託医の積極的な参画・協力が不可欠で、地域の医療・保健機関と連携し、地域全体で子どもの健康と安全を守るための体制を整備することが必要である。看護師が配置されている場合には、感染予防や拡大防止にあたって、子どもの回復に向けた支援、保護者への連絡および助言等、その専門性を活かした対応が図られることが重要である。

（３）関係機関との連携

　保育所保育指針では、感染症に関する保育所の対応方法等について、あらかじめ関係機関の協力を得ておくこととされている。感染予防や拡大防止に関する取り組み、報告等については、市区町村や保健所等、地域の関係機関と連携を図ることが重要である。

（４）関連情報の共有と活用

　感染症対策の取り組みを進めていくうえで、国や自治体等が公表する感染症発生動向等の情報を関係者間で共有し、活用することが重要である。

（５）子どもの健康支援の充実

　保育所においては、子どもの健康支援や家庭・地域との連携を促進する観点から、感染症予防をはじめとする子どもの健康問題への対応や保健的対応を充実・向上するよう努めることが求められる。

参考文献

- 厚生労働省「保育所における感染症対策ガイドライン（2018年改訂版）」2018.
- 厚生労働省「感染症法に基づく消毒・滅菌の手引き（平成16年1月30日改正）」2004.
- 国立感染症研究所感染症疫学センターHP　https://www.niid.go.jp/niid/ja/idsc.html
- 巷野悟郎監『保育保健の基礎知識』日本小児医事出版社，2013.
- 高野陽ほか『小児保健活動マニュアル』文光堂，2007.
- 氏家幸子監，高野陽・中原俊隆編『小児看護学』廣川書店，2007.
- 田中哲郎監『医師、看護師のための乳幼児保健活動マニュアル』文光堂，2007.
- 巷野悟郎編『子育て支援における保健相談マニュアル』日本小児医事出版社，2009.
- 日本小児科学会が推奨する予防接種スケジュール
  https://www.jpeds.or.jp/uploads/files/vaccine_schedule.pdf
- 咳エチケット
  http://www.mhlw.go.jp/stf/seisakunitsuite/bunya/0000187997.html

参考資料

参考資料1　DENVER Ⅱ（デンバー発達判定法）

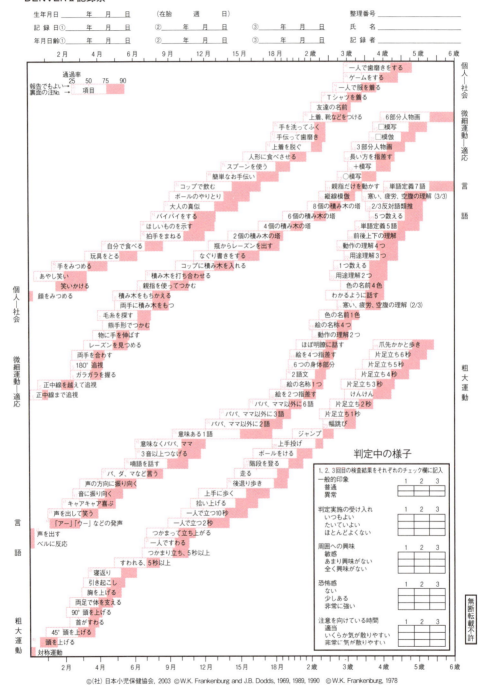

示された月齢で通過率75％とは、その月齢に達した子の75％が項目の動作・行動が可能であることを示している。
出典：日本小児保健協会編『DENVER Ⅱ――デンバー発達判定法 第2版』日本小児医事出版社, 2009.

参考資料2 年少、年中、年長クラスの健診票

年少クラス（3歳〜4歳11カ月）　　名前【　　　　　】

＜診察＞	日付（　）（　）	＜発達＞		年齢（　）（　）
皮膚疾患	所見あり（　）（　）	（3歳頃）	名前、年齢が言える	通過□ 通過□
心音	所見あり（　）（　）		赤・青・黄・緑がわかる	通過□ 通過□
呼吸音	所見あり（　）（　）		くつがはける	通過□ 通過□
咽頭所見	所見あり（　）（　）		片足で2、3秒立つ	通過□ 通過□
＜保健＞		（4歳頃）	ジャンケンができる	通過□ 通過□
体重・身長	問題あり（　）（　）		3つまでの数がわかる	通過□ 通過□
予防接種	問題あり（　）（　）		概念ができている	通過□ 通過□
食事	問題あり（　）（　）		片足で数歩とぶ	通過□ 通過□
排泄	問題あり（　）（　）	（5歳頃）	左右がわかる	通過□ 通過□
養育状況	問題あり（　）（　）			

年中クラス（4歳〜5歳11カ月）　　名前【　　　　　】

＜診察＞	日付（　）（　）	＜発達＞		年齢（　）（　）
皮膚疾患	所見あり（　）（　）	（4歳頃）	ジャンケンができる	通過□ 通過□
心音	所見あり（　）（　）		3つまでの数がわかる	通過□ 通過□
呼吸音	所見あり（　）（　）		概念ができている	通過□ 通過□
咽頭所見	所見あり（　）（　）		片足で数歩とぶ	通過□ 通過□
＜保健＞		（5歳頃）	左右がわかる	通過□ 通過□
体重・身長	問題あり（　）（　）		スキップができる	通過□ 通過□
予防接種	問題あり（　）（　）	（6歳頃）	ひらがなが読める	通過□ 通過□
食事	問題あり（　）（　）		ひらがなが書ける	通過□ 通過□
養育状況	問題あり（　）（　）			

年長クラス（5歳〜6歳11カ月）　　名前【　　　　　】

＜診察＞	日付（　）（　）	＜発達＞		年齢（　）（　）
皮膚疾患	所見あり（　）（　）	（5歳頃）	左右がわかる	通過□ 通過□
心音	所見あり（　）（　）		しりとりができる	通過□ 通過□
呼吸音	所見あり（　）（　）		スキップができる	通過□ 通過□
咽頭所見	所見あり（　）（　）	（6歳頃）	ひらがなが読める	通過□ 通過□
＜保健＞			ひらがなが書ける	通過□ 通過□
体重・身長	問題あり（　）（　）		10までの数がわかる	通過□ 通過□
予防接種	問題あり（　）（　）			
食事	問題あり（　）（　）			
養育状況	問題あり（　）（　）			

出典：公益社団法人東京都医師会ホームページ（2018年12月内容現在）掲載資料を一部改変

参考資料3 主な内分泌腺、分泌されるホルモンとその作用

内分泌腺		ホルモン	作用
松果体		メラトニン	生活の活動周期にかかわる
視床下部		下垂体前葉への刺激ホルモン・抑制ホルモンの分泌 下垂体後葉ホルモンの産生	
下垂体	前葉	成長ホルモン プロラクチン 甲状腺刺激ホルモン 副腎皮質刺激ホルモン 卵胞刺激ホルモン 黄体形成ホルモン	骨・筋の成長促進 乳腺発育・乳汁生成 各臓器の分泌をうながす
	後葉	バゾプレッシン （抗利尿ホルモン） オキシトシン	水の再吸収促進・血圧上昇 子宮収縮・乳汁分泌の促進（分娩時・授乳時）
甲状腺		サイロキシン カルシトニン	代謝促進 カルシウムを骨に沈着、血中カルシウムの低下
上皮小体		パラトルモン	骨からのカルシウムの放出、血中カルシウムの上昇
膵臓（ランゲルハンス島）		インシュリン グルカゴン	血糖を下げる 血糖を上げる
副腎	皮質	アルドステロン コルチゾン 性ホルモン	尿細管でのナトリウムの吸収、カリウムの排出 血糖上昇、代謝促進、ストレスに対応
	髄質	アドレナリン ノルアドレナリン	心臓促進、血糖上昇、代謝促進 血圧上昇、気管支拡張、ストレスに対応
精巣		テストステロン	男性性徴発現
卵巣		エストロゲン プロゲステロン	女性性徴発現、子宮内膜の着床準備 子宮内膜の成長
心臓		心房性ナトリウム利尿因子（ANP）	アルドステロン分泌抑制・血圧低下
腎臓		レニン（酵素） エリスロポエチン	間接的にアルドステロン分泌促進 赤血球の産生

上記の内分泌腺のほかにも、ホルモンを分泌する細胞群が、胃・十二指腸などに存在する。妊娠中の胎盤からは、妊娠維持のためのホルモンが分泌される。

〈参考様式〉

参考資料4 保育所におけるアレルギー疾患生活管理指導表の参考様式

保育所におけるアレルギー疾患生活管理指導表（食物アレルギー・アナフィラキシー・アレルギー性鼻炎） 提出日 平成　年　月　日

名前　　　　　　　男・女　平成　年　月　日生（　歳　ヶ月）　　組

この生活管理指導表は保育所の生活において特別な配慮や管理が必要となった場合に限って作成するものです。

	病型・治療	保育所での生活上の留意点	
食物アレルギー（あり・なし）アナフィラキシー（あり・なし）	A. 食物アレルギー病型（食物アレルギーありの場合のみ記載） 1. 即時型 2. その他（新生児消化器症状・口腔アレルギー症候群・ 　食物依存性運動誘発アナフィラキシー・その他：　　　） B. アナフィラキシー病型（アナフィラキシーの既往ありの場合のみ記載） 1. 食物（原因：　　　　　　　　　　　　　　　　） 2. その他（医薬品・食物依存性運動誘発アナフィラキシー・ラテックスアレルギー・ 昆虫・動物のフケや毛） C. 原因食品・除去根拠　該当する食品の番号に○をし、かつ《　》内に除去根拠を記載 《除去根拠》該当するもの全てを《　》内に番号を記入 ①明らかな症状の既往 ②食物負荷試験陽性 ③IgE抗体等検査結果陽性 ④未摂取 1. 鶏卵　　　　《　　》 2. 牛乳・乳製品　《　　》 3. 小麦　　　　《　　》 4. ソバ　　　　《　　》 5. ピーナッツ　《　　》 6. 大豆　　　　《　　》 7. ゴマ　　　　《　　》 8. ナッツ類*　《　　》（すべて・クルミ・アーモンド・　　　） 9. 甲殻類*　　《　　》（すべて・エビ・カニ・　　　　　　） 10. 軟体類・貝類*《　　》（すべて・イカ・タコ・ホタテ・アサリ・　　） 11. 魚卵　　　《　　》（すべて・イクラ・タラコ・　　　　　） 12. 魚類*　　　《　　》（すべて・サバ・サケ・　　　　　　　） 13. 肉類*　　　《　　》（鶏肉・牛肉・豚肉・　　　　　　　　） 14. 果物類*　　《　　》（キウイ・バナナ・　　　　　　　　　） 15. その他　　《　　》 　　　　　　　　　（＊類は（　）の中の該当する項目に○をするか具体的に記載すること） D. 緊急時に備えた処方薬 1. 内服薬（抗ヒスタミン薬、ステロイド薬） 2. アドレナリン自己注射薬「エピペン®0.15mg」 3. その他	A. 給食・離乳食 1. 管理不要 2. 保護者と相談し決定 B. アレルギー用調整粉乳 1. 不要 2. 必要　下記該当ミルクに○、又は（　）内に記入 ミルフィー・ニューMA-1・MA-mi・ペプディエット・ エレメンタルフォーミュラ その他（　　　　　　　　　　　　　） C. 食物・食材を扱う活動 1. 管理不要 2. 保護者と相談し決定 D. 除去食品の際に除去が必要となるもの 病型・治療のC欄で除去の際に摂取不可能なものにO 1. 鶏卵：　　　卵殻カルシウム 2. 牛乳・乳製品：乳糖 3. 小麦：　　　醤油・酢・麦茶 5. 大豆：　　　大豆油・醤油・味噌 6. ゴマ：　　　ゴマ油 11. 魚類：　　　かつおだし・いりこだし 13. 肉類：　　　エキス E. その他の配慮・管理事項	【緊急連絡先】 ★保護者 電話： ★連絡医療機関 医療機関名： 電話： 記載日 　　　年　月　日 医師名 医療機関名
アレルギー性鼻炎（あり・なし）	A. 病型 1. 通年性アレルギー性鼻炎 2. 季節性アレルギー性鼻炎 主な症状の時期：春、夏、秋、冬 B. 治療 1. 抗ヒスタミン薬・抗アレルギー薬（内服） 2. 鼻噴霧用ステロイド薬 3. その他	A. 屋外活動 1. 管理不要 2. 保護者と相談し決定 B. その他の配慮・管理事項（自由記載）	記載日 　　　年　月　日 医師名 医療機関名

この生活管理指導表は、地域独自の取り組みや現場からの意見を踏まえ、今後改善していくことを考えております。

資料：厚生労働省「保育所におけるアレルギー対応ガイドライン」2011.

参考資料5　主な感染症一覧

（厚生労働省「2012年版 保育所における感染症対策ガイドライン」2012年版、2018年版をもとに作成）

1．ウィルス感染症

感染症名	感染経路	症　状	診断・治療・予防	登園のめやす	保育所において留意すべき事項
RSウイルス感染症〔RSウイルス〕	飛沫感染接触感染	発熱、鼻汁、咳嗽、喘鳴、呼吸困難 <合併症>乳児期早期では細気管支炎、肺炎で入院が必要となる場合が多い。 生涯にわたって感染と発病を繰り返す感染症であるが、特に乳児期の初感染では呼吸状態の悪化によって重症化することが少なくない。	診断＝迅速検査あり 治療＝対症療法 予防＝モノクロナール抗体あり	重篤な呼吸器症状が消失し全身状態が良いこと	・非常に感染力が強く、施設内感染に注意が必要。 ・生後6か月未満の児は重症化しやすい。 ・ハイリスク児（早産児、先天性心疾患、慢性肺疾患等を有する児）では重症化することがあり、モノクロナール抗体が投与される。 ・一度の感染では終生免疫を獲得できず再感染する。 ・年長児や成人の感染者は、症状は軽くても感染源となりうる。保育所職員もかぜ症状のある場合には、分泌物の処理に気をつけ、手洗いをこまめに行う。 ・特に0・1歳児クラスでは、発症した園児から感染した職員が、自分が感染しているとの自覚がないままに他の園児に感染を広げてしまう可能性が高いと考えられるため、園内で患者が発生している場合は0歳児クラス、1歳児クラスの職員は勤務時間中はマスクの装着を厳守して咳エチケットに努め、また手洗い等の手指衛生を徹底する。
咽頭結膜熱（プール熱）〔アデノウイルス〕	飛沫感染接触感染 プールでの目の結膜からの感染もある。	39℃前後の発熱、咽頭炎（咽頭発赤、咽頭痛）頭痛、食欲不振が3〜7日続く。 眼症状として結膜炎（結膜充血）、涙が多くなる、まぶしがる、眼脂	診断＝迅速検査あり 治療＝対症療法 予防＝ワクチンなし	主な症状（発熱、咽頭発赤、眼の充血）が消失してから2日を経過するまで	・発生は年間を通じてあるが、夏季に流行がみられる。 ・手袋や手洗い等の接触感染予防、タオルの共用は避ける。 ・プールの塩素消毒とおしりの洗浄 ・流行時はドアノブ、スイッチ等の複数の人の触れる場所の消毒、遊具の消毒が求められる。 ・感染者は気道、糞便、結膜等からウイルスを排泄している。おむつの取扱いに注意（治った後も便の中にウイルスが30日間程度排出される） ・職員の手を介して感染が広がらないように、特におむつ交換後の流水・石けんによる手洗いは厳重に行う。
インフルエンザ〔インフルエンザウイルス〕	飛沫感染接触感染	突然の高熱が出現し、3〜4日間続く。全身症状（全身倦怠感、関節痛、筋肉痛、頭痛）を伴う。 呼吸器症状（咽頭痛、鼻汁、咳嗽） 約1週間の経過で軽快する。 <合併症>気管支炎、肺炎、中耳炎、熱性けいれん、脳症	診断＝迅速検査あり 治療＝抗ウイルス薬あり 予防＝ワクチンあり	発症した後5日を経過し、かつ解熱した後2日を経過するまで。13歳未満の子どもには2回接種がすすめられる。	・日本では毎年冬季（12月上旬〜翌年3月頃）に流行する。 ・飛沫感染対策として、流行期間中は、可能なものは全員が咳エチケットに努める。特に職員は厳守すること。 ・接触感染対策としての手洗いの励行を指導する。 ・消毒は発症者が直接触り、唾液や痰などの体液が付着しているものを中心に行う。 ・加湿器等を用いて室内の湿度・温度を園児たちが過ごしやすい環境に保つ。 ・抗ウイルス薬を服用した場合、解熱は早いが、ウイルスの排泄は続く。 ・抗ウイルス薬の服用に際しては、服用後の見守りを丁寧に行う。 ・対症療法として用いる解熱剤は、アセトアミ

感染症名	感染経路	症状	診断・治療・予防	登園のめやす	保育所において留意すべき事項
					ノフェンを使用する。
ウイルス性胃腸炎（ロタウイルス胃腸炎・ノロウイルス胃腸炎）〔ロタウイルス、ノロウイルス〕	経口（糞口）感染、接触感染 食品媒介感染 吐物の感染力は高く、乾燥しエアロゾル化した吐物から空気感染もある	ノロウイルス 嘔吐と下痢 ロタウイルス 嘔吐と下痢 しばしば白色便 〈合併症〉けいれん、脳症	診断＝ノロウイルス・ロタウイルスには迅速検査あり 治療＝対症療法 予防＝ロタウイルスにはワクチンあり	嘔吐・下痢等の症状が治まり、普段の食事ができること	・冬に流行する乳幼児の胃腸炎はほとんどがウイルス性である。 ・ロタウイルスは3歳未満の乳幼児が中心で、ノロウイルスは乳幼児のみならずすべての年齢層で患者がみられる。 ・ウイルス量が少量でも感染するので、集団発生に注意する。 ・症状が消失した後もウイルスの排泄は2〜3週間ほど続くので、便とおむつの取扱いに注意する。 ・ノロウイルス感染症では嘔吐物にもウイルスが含まれる。嘔吐物の適切な処理が重要である。
A型肝炎〔A型肝炎ウイルス〕	糞口感染（家族・室内）食品媒介感染（生の貝類等）	急激な発熱、全身倦怠感、食欲不振、悪心、嘔吐ではじまる。数日後に解熱するが、3〜4日後に黄疸が出現する。完全に治癒するまでには1〜2か月を要することが多い。	診断＝迅速検査なし 治療＝対症療法 予防＝ワクチンあり	肝機能が正常であること	・集団発生しやすい。 ・低年齢の乳幼児では不顕性感染のまま糞便中にウイルスを排泄していることが多い。 ・黄疸発現後1週間を過ぎれば感染性は低下する。
急性出血性結膜炎〔エンテロウイルス〕	飛沫感染 接触感染	目の痛み、結膜（白眼の部分）の充血と出血、眼脂	診断＝迅速検査なし 治療＝対症療法 予防＝ワクチンなし	医師において感染のおそれがないと認められるまで	・洗面具やタオルの共用を避ける。 ・ウイルスは1か月程度、便中に排出されるので登園しても手洗いを励行する。
水痘（みずぼ	空気感染 飛沫感染 接触感染	発しんは顔や頭部から全身に、頭髪部や口腔内にも出現する。紅斑から丘疹、水疱、痂皮	診断＝迅速検査なし 治療＝抗ウイルス薬あり 予防＝ワクチンあり	すべての発しんが痂皮化するまで	・水痘の感染力は極めて強く集団感染をおこす。 ・免疫力が低下している児では重症化する。 ・接触後72時間以内にワクチンを接種すること

193

感染症名	感染経路	症状	診断・治療・予防	登園のめやす	保育所において留意すべき事項
（水痘）〔水痘・帯状疱疹ウイルス〕		の順に変化する。種々の段階の発しんが同時に混在する。発しんはかゆみが強い。<合併症>皮膚の細菌感染症、肺炎	定期接種となり2回接種		で発症の予防、症状の軽減が期待できる（緊急接種）。
帯状疱疹〔水痘・帯状疱疹ウイルス〕	接触感染 水疱が形成されている間は感染力が強い。	小水疱が神経の支配領域にそった形で片側性に現れる。正中を超えない。多数の水疱（水ぶくれ）が集まり、紅斑となる。日が経つと膿疱や血疱、びらんになることもある。発熱はないことが多い。通常1週間で痂皮（かさぶた）化する。 神経痛、刺激感を訴える。小児では搔痒を訴える場合が多い。 小児期に帯状疱疹になった子は、1歳未満の低年齢での水痘罹患例が多い。	診断＝迅速検査なし 治療＝抗ウイルス薬あり 予防＝治験中	すべての発しんが痂皮化するまで	・水痘に対して免疫のない児が帯状疱疹の患者に接触すると、水痘を発症する。 ・保育所職員は発しんがすべて痂皮化するまで保育を控える。
単純ヘルペス感染症〔単純ヘルペスウイルス〕	接触感染	歯肉口内炎、口周囲の水疱 歯肉が腫れ、出血しやすく、口内痛も強い。治癒後は潜伏感染し、体調が悪い時にウイルスの再活性化が起こり、口角、口唇、口唇の皮膚粘膜移行部に水疱を形成する（口唇ヘルペス）。	診断＝迅速検査なし 治療＝抗ウイルス薬あり 予防＝ワクチンなし	発熱がなく、よだれが止まり、普段の食事ができること （歯肉口内炎のみであればマスク着用で登園可能）	・免疫不全の児、重症湿疹のある児との接触は避ける。 ・アトピー性皮膚炎などに単純ヘルペスウイルスが感染すると、カポジ水痘様発疹症を起こすことがある。これは水痘とは全く別の疾患である。 ・遊具は個人別にする。
手足口病〔エンテロウイルス、コク	飛沫感染 糞口感染（経口） 接触感染	水疱性の発しんが口腔粘膜及び四肢末端（手掌、足底、足背）に現れる。水疱は痂皮形成せずに治癒する場合が多い。発熱は軽度であることが多い。口内炎がひどくて、食事がとれないことがある。<合併症>無菌性髄膜	診断＝迅速検査なし 治療＝対症療法 予防＝ワクチンなし	発熱がなく（解熱後1日以上経過し）、普段の食事ができること	・夏季（7月がピーク）に流行する。 ・回復後もウイルスは、呼吸器から1〜2週間、糞便から2〜4週間にわたって排泄されるので、おむつ等の排泄物の取扱いに注意する。 ・遊具は個人別にする。 ・手洗いを励行する。 ・エンテロウイルスは無菌性髄膜炎の原因の90％を占め、稀に脳炎を伴った重症になることがある。 ・コクサッキーA6型の手足口病では、爪が剥

感染症名	感染経路	症状	診断・治療・予防	登園のめやす	保育所において留意すべき事項
サッキーウイルス)		炎、脳炎			・離する症状が後で見られることがある。 ・原因ウイルスが複数あるため、何度か罹患する可能性がある。
伝染性紅斑（りんご病）（ヒトパルボウイルス）	飛沫感染	軽いかぜ症状を示した後、頬が赤くなったり手足に網目状の紅斑が出現する。稀に妊婦の罹患により流産や胎児水腫が起こることがある。<合併症>関節炎、溶血性貧血、紫斑病	診断＝迅速検査なし 治療＝対症療法 予防＝ワクチンなし	発しんが出現した頃にはすでに感染力は消失しているので、全身状態が良いこと	・幼児、学童期に好発する。 ・保育所で流行中は、保護者にこれを知らせ妊婦は送迎等をなるべく避けるか、マスクを装着するなどの感染防止策を講ずる。また、妊娠中の職員に対しても防止策が求められる。 ・発症前にもっとも感染力が強いので対策が難しい疾患である。
突発性発しん（ヒトヘルペスウイルス6及び7型）	飛沫感染 経口感染 接触感染	38℃以上の高熱（生まれて初めての高熱である場合が多い）が3～4日間続いた後、解熱とともに体幹部を中心に鮮紅色の発しんが出現する。軟便になることがある。咳や鼻汁は少なく、発熱のわりに機嫌がよく、哺乳もできることが多い。<合併症>熱性けいれん、脳炎、肝炎、血小板減少性紫斑病等	診断＝迅速検査なし 治療＝対症療法 予防＝ワクチンなし	解熱後1日以上経過し、全身状態が良いこと	・生後6か月～24か月の児が罹患することが多い。 ・ウイルスは多くの子ども・成人の唾液等に常時排出されていて、母親からの移行抗体が消失する乳児期後半以降に保護者や兄弟姉妹から感染すると考えられている。 ・なかには2回罹患する小児もいる。1回目はヒトヘルペスウイルス6、2回目はヒトヘルペスウイルス7が原因の突発性発しんが多い。 ・施設内で通常流行することはない。
B型肝炎（B型肝炎ウイルス）	母子など垂直感染 家庭内や集団生活での水平感染 性行為感染	急性肝炎の場合 全身倦怠感、発熱、食欲不振、黄疸など。 慢性肝炎では、自覚症状は少ない。 乳幼児期の感染は無症候性に経過することが多く、持続感染（キャリア）に移行しやすい。 ※キャリアとはHBs抗原陽性のウイルスの持続感染者のこと	診断＝迅速検査なし 治療＝対症療法 　　インターフェロン 　　核酸 予防＝ワクチンあり 　　ガンマグロブリン アナログウイルスの排除は困難	急性肝炎の場合、症状が消失し、全身状態が良いこと キャリア、慢性肝炎の場合は、登園に制限はない。	・新生児期を含め4歳頃までに感染を受けるとキャリア化する頻度が高い。 ・HBV母子感染予防対策事業（HBsヒト免疫グロブリンとB型肝炎ワクチン）により母子感染による感染は激減した。 ・2016年10月よりHBワクチンは定期接種となった。 ・入園時にはワクチン接種歴を確認し、未接種児には、接種をすすめる。 すべての人に一般的な感染症対策を講じ、集団生活の場で他人のウイルスから感染し、あるいは感染させることのないよう標準予防策を徹底する。 ・キャリアの子どもが非常に攻撃的で、噛み付きや出血性疾患がある等、血液媒介感染を引き起こすリスクが高い場合は、主治医、施設長、保育者が個別にリスクを評価して対応する。

感染症名	感染経路	症状	診断・治療・予防	登園のめやす	保育所において留意すべき事項
風しん（三日はしか）（風しんウイルス）	飛沫感染 接触感染	発熱、発しん、リンパ節腫脹 発熱の程度は一般に軽い。発しんは淡紅色の斑状丘疹で、顔面から始まり、頭部、体幹、四肢へと拡がり、約3日で消える。リンパ節腫脹は有痛性で頸部、耳介後部、後頭部に出現する。 <合併症>関節炎、血小板減少性紫斑病、脳炎、心筋炎	診断＝迅速検査なし 治療＝対症療法 予防＝ワクチンあり 麻しんと風しんの2種混合ワクチンの2回接種	発しんが消失するまで	・妊娠前半期の妊婦が風しんにかかると、白内障、先天性心疾患、難聴等の先天異常の子どもが生まれる（先天性風しん症候群）可能性があるため、1人でも風しんが発生した場合は、保育所・嘱託医とも連携して感染拡大を防止するための対策を講じる。 ・保育所等で発症が確認された場合、直ちに保護者に伝え、送迎時等の感染防止策を講じる。 ・保育所職員は、感染リスクが高いのであらかじめワクチンで免疫をつけておく。 ・平常時から麻しん風しん混合ワクチンを受けているか確認し、入所児童のワクチン接種率を上げておく。
ヘルパンギーナ（コクサッキーウイルス）	飛沫感染 接触感染 糞口感染（経口）	突然の高熱（1〜3日続く）、咽頭痛、口蓋垂付近に水疱疹や潰瘍形成 咽頭痛がひどく食事、飲水ができないことがある。 <合併症>無菌性髄膜炎、熱性痙攣、脱水症	診断＝迅速検査なし 治療＝対症療法 予防＝ワクチンなし	発熱がなく（解熱後1日以上経過し）、普段の食事ができること	・1〜4歳児に好発。 ・6〜8月にかけて多発する。 ・回復後もウイルスは、呼吸器から1〜2週間、糞便から2〜4週間にわたって排泄されるので、おむつ等の排泄物の取扱いに注意する。 ・原因ウイルスは複数あるため何度も罹患する可能性がある。
麻しん（はしか）（麻しんウイルス）	空気感染 飛沫感染 接触感染	発症初期には高熱、咳、鼻汁、結膜充血、目やにがみられる。熱が一時下がるが再び上昇し、この頃にコプリック斑と呼ばれる小斑点が頬粘膜に出現する。 その後、耳後部から発しんが現れて下方に広がる。発しんは赤みが強く、少し盛り上がっている。融合傾向があるが、健康皮膚面を残す。 やがて解熱し、発しんは色素沈着を残して消退する。 <合併症>中耳炎、肺炎、熱性けいれん、脳炎	診断＝迅速検査あり 治療＝対症療法 予防＝ワクチンあり 麻しん・風しんの2種混合ワクチンの2回接種 麻しん未罹患者が麻しん患者と接触した場合、接触後72時間以内に緊急的にワクチン接種をすれば、発症を予防できる可能性がある。	解熱した後3日を経過するまで（病状により感染力が強いと認められたときは長期に及ぶこともある）	・感染力は非常に強い。 ・入園前の健康状況調査において、麻しんワクチン接種歴、麻しん既往歴を母子健康手帳で確認し、1歳以上の未接種、未罹患児にはワクチン接種を勧奨する。入園後にワクチン接種状況を再度確認し、未接種であれば、ワクチン接種を勧奨する。 ・麻しんの感染力は非常に強く1人でも発症したら、すぐに入所児童の予防接種歴、罹患歴を確認し、ワクチン未接種で、未罹患児には、主治医と相談するよう指導する。 ・児童福祉施設等における麻しん対策については、「学校における麻しん対策ガイドライン第二版」（国立感染症研究所感染症疫学センター作成）を参考にする。 (https://www.niid.go.jp/niid/images/idsc/disease/measles/guideline/school_201802.pdf)
流行性角結膜炎（アデノ	接触感染 飛沫感染（流涙や眼脂で汚染された指やタオルから感染するこ	流涙、結膜充血、眼脂、耳前リンパ節の腫脹と圧痛を認める。 角膜に傷が残ると、後遺症として視力障害を残す可能性がある。	診断＝迅速検査あり 治療＝対症療法 予防＝ワクチンなし	医師において感染の恐れがないと認められるまで（結膜炎の症状が消失してから）	・集団発生することがある。 ・手洗い励行、洗面具やタオルの共用をしない。 ・ウイルスは1か月ほど排泄されるので、登園してからも手洗いを励行する。

感染症名	感染経路	症 状	診断・治療・予防	登園のめやす	保育所において留意すべき事項
ウイルス）	とが多い）				
流行性耳下腺炎（おたふくかぜ、ムンプス）[ムンプスウイルス]	飛沫感染 接触感染	発熱、片側ないし両側の唾液腺の有痛性腫脹（耳下腺が最も多いが顎下腺もある）耳下腺腫脹は一般に発症3日目頃が最大となり6〜10日で消える。乳児や年少児では感染しても症状が現れないことがある。〈合併症〉無菌性髄膜炎、脳炎・脳症、難聴、精巣炎・卵巣炎	診断＝迅速検査なし 治療＝対症療法 予防＝ワクチンあり 2回接種が推奨されている。	耳下腺、顎下腺、舌下腺の腫脹が発現してから5日を経過するまで、かつ全身状態が良好になるまで	・集団発生を起こす。好発年齢は2〜7歳 ・明らかな症状のない不顕性感染例が約30%に存在する。 ・不顕性感染でも感染源になりうる。

2. 細菌感染症

感染症名	感染経路	症 状	診断・治療・予防	登園のめやす	保育所において留意すべき事項
結核 [結核菌]	空気感染 飛沫感染 経口、接触、経胎盤感染もある 感染源は喀痰の塗抹検査で結核菌陽性の肺結核患者	初期結核 粟粒結核 二次性肺結核 結核性髄膜炎 全身に影響を及ぼす感染症である。肺に病変を生じることが多い。慢性的な微熱、咳、食欲不振、疲れやすさ。乳幼児では、重症結核の粟粒結核、結核性髄膜炎になる可能性がある。	診断＝迅速検査なし 治療＝抗結核薬 予防＝ワクチンあり	医師により感染のおそれがなくなったと認められるまで（異なった日の喀痰の塗抹検査の結果が連続して3回陰性となるまで）	・成人結核患者（家人が多い）から感染する場合が大半である。 ・1人でも発生したら保健所、嘱託医等と協議する。 ・排菌がなければ集団生活を制限する必要はない。 粟粒結核 リンパ節などの病変が進行して菌が血液を介し散布されると、感染は全身に及び、肺では粟粒様の多数の小病変が生じる。症状は発熱、咳、呼吸困難、チアノーゼなど。 結核性髄膜炎 結核菌が血行性に脳・脊髄を覆う髄膜に到達して発病する最重症型。高熱、頭痛、嘔吐、意識障害、痙攣、死亡例もある。後遺症の恐れもある。
腸管出血性大腸菌感染症（ベロ	経口感染 接触感染 生肉（特に牛肉）、水、生牛乳、野菜等を介して経口感染する。患者や保	激しい腹痛、頻回の水様便、さらに血便。発熱は軽度 <合併症>溶血性尿毒症症候群、脳症（3歳以下での発症が多い）	診断＝迅速検査なし 治療＝抗菌薬 脱水等に対する対症療法 予防＝ワクチンなし	症状が治まり、かつ、抗菌薬による治療が終了し、48時間あけて連続2回の検便によっていずれも菌陰性が確認	・衛生的な食材の取扱いと十分な加熱調理。 ・接触感染対策としての手洗いの励行。 ・プールで集団発生が起こることがある。低年齢児の簡易プールには十分注意する（塩素消毒基準を厳守する）。 ・乳幼児では重症化しやすい。 ・患者発生時には速やかに保健所に届け、保健所の指示に従い消毒を徹底する。 ・乏尿や出血傾向、意識障害は、溶血性尿毒症症候群の合併を示唆するので速やかに医療機

感染症名	感染経路	症　状	診断・治療・予防	登園のめやす	保育所において留意すべき事項
毒素を産生する大腸菌）	菌者の便からの二次感染もある。			されたもの	関を受診する。 ・無症状病原体保有者の場合、排泄習慣が確立している5歳以上の小児は出席停止の必要はない。
伝染性膿痂疹（とびひ）（黄色ブドウ球菌、溶血性レンサ球菌）	接触感染	湿疹や虫刺され痕を掻爬した部に細菌感染を起こし、びらんや水疱病変を形成する。掻痒感を伴い、病巣は擦過部に広がる。 アトピー性皮膚炎がある場合には重症になることがある。	診断＝迅速検査なし 治療＝抗菌薬 予防＝ワクチンなし	皮疹が乾燥しているか、湿潤部位が被覆できる程度のものであること	・夏に好発する。 ・子どもの爪は短く切り、掻爬による感染の拡大を防ぐ。 ・手指を介して原因菌が周囲に拡大するため、十分に手を洗う習慣をつける。 ・湿潤部位はガーゼで被覆し、他の児が接触しないようにする。皮膚の接触が多い集団保育では、浸出液の多い時期には出席を控える方が望ましい。 ・市販の絆創膏は浸出液の吸収が不十分な上に同部の皮膚にかゆみを生じ、感染を拡大することがある。 ・治療するまではプールは禁止する。 ・感染拡大予防法として、炎症症状の強い場合や化膿した部位が広い場合は傷に直接さわらないよう指導する。
百日咳（百日咳菌）	飛沫感染 接触感染	感冒様症状からはじまる。次第に咳が強くなり、1〜2週で特有な咳発作になる（コンコンと咳き込んだ後にヒューという笛を吹くような音を立て息を吸う）。 咳は夜間に悪化する。 合併症がない限り、発熱はない。 ＜合併症＞肺炎、脳症	診断＝迅速検査なし 治療＝抗菌薬 予防＝ワクチンあり	特有な咳が消失するまで又は5日間の適正な抗菌性物質製剤による治療を終了するまで	・咳が出ている子にはマスクの着用を促す。 ・生後6か月以内、特に早産児とワクチン未接種者の百日咳は合併症の発率や致死率が高いので特に注意する。 ・成人の長引く咳の一部が百日咳である。小児のような特徴的な咳発作がないので注意する。 ・乳児期早期では典型的な症状は出現せず、無呼吸発作からチアノーゼ、けいれん、呼吸停止となることがある。
マイコプラズマ肺炎（肺炎マイコプラズマ）	飛沫感染 症状がある間がピークだが保菌は数週間から数か月持続する	咳、発熱、頭痛などの風邪症状がゆっくりと進行し、特に咳は徐々に激しくなる。 しつこい咳が3〜4週間持続する場合もある。 中耳炎、鼓膜炎、発疹を伴うこともあり重症例では呼吸困難になることもある。	診断＝迅速検査あり 治療＝抗菌薬 予防＝ワクチンなし	発熱や激しい咳が治まっていること （症状が改善し全身状態が良い）	・肺炎は、学童期、青年期に多いが、乳幼児では典型的な経過をとらない。
溶連菌感	飛沫感染 接触感染	扁桃炎、伝染性膿痂しん（とびひ）、中耳炎、肺炎、化膿性関節炎、	診断＝迅速検査あり 治療＝抗菌薬 予防＝ワクチンなし	抗菌薬内服後24〜48時間経過して	・乳幼児では、咽頭に特異な変化を認めることは少ない。

感染症名	感染経路	症　状	診断・治療・予防	登園のめやす	保育所において留意すべき事項
染症〔A群溶血性レンサ球菌〕		骨髄炎、髄膜炎等とさまざまな症状を呈する。 扁桃炎では突然の発熱、咽頭痛を発症。 舌が苺状に赤く腫れ、全身に鮮紅色の発しんが出る。発しんが治まった後、手の皮がむけることがある。 感染後数週間してリウマチ熱や急性糸球体腎炎を合併することがあるので適切な治療を受ける。		いることただし、治療の継続は必要	・膿痂しんは水疱から始まり、膿疱、痂疱へとすすむ。 子どもに多く見られるが成人に感染することもある。

3．その他

感染症名	感染経路	症　状	診断・治療・予防	登園のめやす	保育所において留意すべき事項
アタマジラミ症〔アタマジラミ〕	接触感染（頭髪から頭髪への直接接触、衣服や帽子、櫛、寝具を介する感染）	小児では多くが無症状であるが、吸血部分にかゆみを訴えることがある。	診断＝虫体・卵の確認 治療＝駆虫薬 予防＝ワクチンなし	駆除を開始していること	・保育施設では頭を近づけ遊ぶことが多く、午睡など伝播の機会が多い。 ・家族内でも伝播する。家族同時に駆除することが重要。
伝染性軟属腫（水いぼ）〔伝染性軟属腫ウイルス〕	接触感染皮膚の接触やタオル等を介して感染。	直径1～3mmの半球状丘疹で、表面は平滑で中心臍窩を有する。 四肢、体幹等に数個～数十個が集簇してみられることが多い。 自然治癒もあるが、数か月かかる場合がある。自然消失を待つ間に他へ伝播することが多い。アトピー性皮膚炎等、皮膚に病変があると感染しやすい。	診断＝特徴的な皮疹 治療＝摘除、冷凍凝固法 予防＝ワクチンなし	掻きこわし傷から滲出液が出ているときは被覆すること	・幼児期に好発する。 ・プールや浴槽内の水を介して感染はしないが、ビート板や浮き輪、タオル等の共用は避ける。プールの後はシャワーで体をよく流す。 ・掻きこわさないよう気をつける。 ・周囲の子どもに感染することを考慮し対応は嘱託医と相談し、対応する。

参考資料6 予防接種の推奨スケジュール

*1 2008年12月19日から国内での接種開始。生後2か月から接種開始、生後2か月以上7か月未満の間にある者に行うが、標準として生後2か月以上7か月未満で接種を開始すること。接種方法は、通常、生後12か月に至るまでの間に27日以上の間隔で3回接種し、これを認めた場合には20日間隔で接種可能(医師が必要と認めた場合には20日間隔で接種可能)。1回皮下接種は5歳未満、通常、生後12か月に至るまでの間に、27日以上の間隔で2回皮下接種、1回皮下接種は5歳未満、通常、1回皮下接種。

*2 2013年11月1日から7価結合型に変わって定期接種に導入。生後2か月以上7か月未満で接種開始する場合、初回接種の合計4回接種。接種もれ者には、次のようなスケジュールで接種。生後7か月以上12か月未満の場合、追加免疫は通常、生後12〜15か月の間隔で2回接種。27日以上の間隔で3回初回接種。追加免疫で1回追加接種の合計4回接種。1歳:60日間以上の間隔で2回接種、2歳以上5歳未満、1回接種。

*3 2016年10月1日から定期接種適用。2016年4月1日以降に生まれた者が対象。母子感染予防は HBs 人免疫グロブリンとの併用で定期接種ではなく健康保険で受ける。

健康保険適用:
① B型肝炎ウイルス母子感染の予防で抗HBs人免疫グロブリンとの併用[HBワクチン]通常、0.25mLを1回、生後12時間以内を目安に皮下接種(被接種者のHBs抗体の状況に応じて生後12時間以降とすることも可能。その場合であっても生後できるだけ早期に行う)。更に0.25mLずつを初回接種の1か月後及び6か月後の2回、皮下接種。ただし、能動的HBs抗体が獲得されていない場合には追加接種。[HBIG(原則として HBワクチンとの併用)]初回接種は生後5日以内(なお、生後12時間以内が望ましい)、筋肉内注射0.5〜1.0mLを投与。また、追加注射には0.16〜0.24mL/kgを投与。2013年10月18日から接種月齢変更。
② 血友病患者にはB型肝炎の予防の目的で使用した場合
③ 業務外で「HBs抗原陽性でかつHBe抗原陽性」の血液による汚染事故後のB型肝炎発症予防(抗HBs人免疫グロブリンとの併用)

労災保険適用:
①業務上、HBs抗原陽性でかつHBe抗原陽性血液による汚染を受けた場合(抗HBs人免疫グロブリンの併用)
②業務上、既存の自傷にHBs抗原陽性でかつHBe抗原陽性血液が付着した場合(抗HBs人免疫グロブリンの併用)

*4 D:ジフテリア、P:百日咳、T:破傷風、IPV:不活化ポリオを表す。IPVは2012年9月1日から、DPT-IPV混合ワクチンは2012年11月1日から定期接種に導入。回数は4回接種だが、OPV(生ポリオワクチン)を1回接種している場合にはあと3回接種、OPVを2回接種はIPV3回接種、OPV未接種はIPV4回接種。2015年12月9日から、野生株ポリオウイルスを不活化したセービン株を不活化したDPT-cIPVワクチンの接種を開始。従来のDPT-IPVワクチンであるセービン株を不活化したIPVを混合したDPT-sIPVワクチン。

*5 2018年1月29日から再び使用可能となった。

*6 なお、生ポリオワクチン(OPV)1回接種者は、IPVの接種は不要。OPV1回接種者はIPV3回接種、OPV未接種はIPV4回接種。

*7 2014年10月1日から定期接種導入、3か月以上には6〜12か月の間隔をあけて2回接種。

*8 定期接種は毎年1回、3か月以上(標準的には6〜12か月)の間隔をあけて2回接種。

*9 2014年10月1日から定期接種適用。化血研、阪大微研、デンカ生研のインフルエンザワクチンは生後6か月以上が接種対象。北里第一三共生研のインフルエンザワクチンは1歳以上が接種対象。

*10 2015年5月18日から国内での接種開始。血清群A,C,Y,Wによる侵襲性髄膜炎菌感染症を予防する。発作性夜間ヘモグロビン尿症における溶血抑制あるいは非典型溶血性尿毒症候群における血栓性微小血管障害の抑制、あるいは全身型重症筋無力症等にエクリズマブ(製品名:ソリリス点滴静注)を投与する場合は健康保険適用あり。定期接種として受ける場合は、2歳以上が接種対象。

*11 一般医療機関での接種は行われておらず、検疫所での接種。

予防接種法に基づく定期の予防接種は、本図に示したように、政令で接種対象年齢が定められています。この年齢範囲以外で接種する場合は、任意接種としても受けることになります。ただしワクチンや対象者により定められた接種年齢があり、かかりつけの医師あるいは当該自治体の担当者とよくご相談下さい。なお、↓は一例を示したものです。接種スケジュールの立て方などについてはお子様の体調、基礎疾患の有無等を考慮して、かかりつけ医あるいは自治体の担当者とよくご相談下さい。

資料:国立感染症研究所ホームページ (http://www.niid.go.jp/niid/ja/vaccine-j/2525-v-schedule.html)

参考資料7 学校感染症における出席停止の基準

分類	病名	出席停止の基準
第一種	＊1	治癒するまで
第二種	インフルエンザ	発症後5日、かつ、解熱後2日（幼児3日）が経過するまで
	百日咳	特有の咳が消失するまで、または、5日間の適正な抗菌剤による治療が終了するまで
	麻しん（はしか）	解熱した後3日を経過するまで
	流行性耳下腺炎（おたふくかぜ）	耳下腺、顎下腺または舌下腺の腫脹が発現した後5日間を経過し、かつ、全身状態が良好となるまで
	風しん	発疹が消失するまで
	水痘（みずぼうそう）	すべての発疹が痂皮化するまで
	咽頭結膜熱	主要症状が消失した後2日を経過するまで
	結核	症状により学校医その他の医師が感染の恐れがないと認めるまで
	髄膜炎菌性髄膜炎	症状により学校医その他の医師が感染の恐れがないと認めるまで
第三種	コレラ	症状により学校医その他の医師が感染の恐れがないと認めるまで
	細菌性赤痢	症状により学校医その他の医師が感染の恐れがないと認めるまで
	腸管出血性大腸菌感染症	症状により学校医その他の医師が感染の恐れがないと認めるまで
	腸チフス	症状により学校医その他の医師が感染の恐れがないと認めるまで
	パラチフス	症状により学校医その他の医師が感染の恐れがないと認めるまで
	流行性角結膜炎	症状により学校医その他の医師が感染の恐れがないと認めるまで
	急性出血性結膜炎	症状により学校医その他の医師が感染の恐れがないと認めるまで
	その他の感染症：溶連菌感染症	適正な抗菌剤治療開始後24時間を経て全身状態が良ければ登校可能
	ウイルス性肝炎	A型・E型：肝機能正常化後登校可能
		B型・C型：出席停止不要
	手足口病	発熱や咽頭・口腔の水疱・潰瘍を伴う急性期は出席停止、治癒期は全身状態が改善すれば登校可
	伝染性紅斑	発疹のみで全身状態が良ければ登校可能
	ヘルパンギーナ	発熱や咽頭・口腔の水疱・潰瘍を伴う急性期は出席停止、治癒期は全身状態が改善すれば登校可
	マイコプラズマ感染症	急性期は出席停止、全身状態が良ければ登校可能
	感染性胃腸炎（流行性嘔吐下痢症）	下痢・嘔吐症状が軽快し、全身状態が改善されれば登校可能
	アタマジラミ	出席可能（タオル、櫛、ブラシの共用は避ける）
	伝染性軟属腫（水いぼ）	出席可能（多発発疹者はプールでのビート板の共用は避ける）
	伝染性膿痂しん（とびひ）	出席可能（プール、入浴は避ける）

＊1 第一種学校感染症：エボラ出血熱、クリミア・コンゴ出血熱、痘そう、南米出血熱、ペスト、マールブルグ熱、ラッサ熱、ジフテリア、重症急性呼吸器症候群（SARS）、急性灰白髄炎（ポリオ）、中東呼吸器症候群（MERS）、鳥インフルエンザ（H5N1、H7N9）

索 引

あ〜お

RSウイルス感染 132
悪性新生物 19,153
アザ 151
アトピー性皮膚炎 137,141
アドレナリン自己注射 145
アナフィラキシー 144
アナフィラキシーショック 137
アレルギー 136,144
アレルギー性結膜炎 141
アレルギー性鼻炎 141
アレルゲン 136
育児相談 34
いざりっ子 62
意識障害 83
胃食道逆流症 128
一時保育 11
一類感染症 162
1か月健診 96
1歳児健診 98
1歳6か月児健診 96,98
溢乳 69
遺伝子異常 118
意欲 6,20
インスリン 143
インスリン自己注射 143
院内感染症 168
ウイルス 82
well-being 14
運動器 150
運動発達 62
…の評価 60
…のマイルストーン 56
永久歯 54
エイズ（AIDS） 144,169
衛生行政 40
HIV 144
SpO_2 80
NICU 41
エピペン 137
…の使い方 145
園医 48
嚥下 69
遠視 152
延髄 70
延長保育 47
横隔膜 66
黄疸 116
嘔吐 83
オタワ憲章 14

か〜こ

介護保険法 42
外耳道炎 153
カウンセリング 47
核家族 26
核家族化 11,26
学齢期 52
仮死 114
かぜ症状 125
学校感染症 162,164
…と出席停止期間 166
…における第一種 164
…における第三種 165
…における第二種 164
学校保健 40,43
学校保健安全法 43,164
合併症 113
蚊媒介感染 179
川崎病 131
がん 156
感覚器官 76
感覚統合 56
環境 8
幹細胞 72
感受性 172
感受性対策 173
感染経路 160
感染経路対策 173
感染源 160
感染源対策 173
感染症 116,160,172
…の分類 166
…の予防 172
感染症の予防及び感染症の患者に対する医療に関する法律 43,162
感染症発生時の対応 184
感染症法 43,162
冠動脈瘤 131
間脳 70
カンファレンス 91
気管支喘息 137,140
喫煙 117
気づき 102
気道 66
虐待死 19
虐待専門コーディネーター 37
キャリア 161
QOL 14,26
吸収 68
9、10か月健診 97
急性胃腸炎 127
急性気管支炎 125
急性喉頭炎 125
急性喉頭蓋炎 125
急性虫垂炎 129
吸啜反射 55
橋 70
胸囲 53
教育 6
教育格差 23
教育支援 23
教育・保育施設等における事故防止及び事故発生時の対応のためのガイドライン 49
胸式呼吸 66
協調運動 55
菌 82
筋緊張低下児 63
筋原性疾患 155
近視 152
筋ジストロフィー 155
筋肉 55
空気感染 160,174
屈折異常 152
国 40
ぐにゃぐにゃ赤ちゃん 63
クループ 125
クレチン症 143
経口感染 161,177
経済的理由 23
経母乳感染 117
けいれん 82,148
血圧 67
血液 126
…の病気 126
血液系 72
血液媒介感染 178
結核 27,36
血球成分 72
血漿成分 72

203

血小板	72
血尿	138
結膜炎	151
血友病	126,133
下痢	83
健康	8,14
…の定義	14
健康教育	183
健康指標	20
健康状態の観察	78
健康診査	32
健康診断	92
健康増進	2,168
健康増進法	42
健康問題	14
言語発達	60
原始反射	55
健診票	93
権利擁護	44
広域保健	40
後遺症	112
恒温動物	74
口蓋唇裂	127
口蓋裂	127
口角炎	127
口腔	127
…の病気	127
口腔アレルギー症候群	145
口腔内	81
合計特殊出生率	16
甲状腺機能低下症	143
甲状腺ホルモン	62
口唇裂	127
巧緻性	56
後天性心疾患	124
後天性免疫不全症候群	144,169
口内炎	127
高齢者の医療の確保に関する法律	42
高齢者保健	40
誤嚥性肺炎	128
股関節	150
呼吸	78,79
呼吸器	66,124
…の病気	124
呼吸器系	66
呼吸困難	67,85
国勢調査	15
こころの健康指標	20
こころの状態	20
5歳児健診	99
午睡	75
子育て援助活動支援事業	11
子育て支援	11
子育て支援センター	10
子育て世代包括支援センター	36
子育てひろば	10
骨化	59
骨系統疾患	150
言葉	8
子ども虐待防止医療ネットワーク事業	37
子ども・子育て支援新制度	10
子どもの心の診療ネットワーク事業	37
子どもの最善の利益	48
子供の貧困対策に関する大綱	23
子どもの貧困対策の推進に関する法律	23
子どもの貧困率	22
子どもを守る地域ネットワーク	46
五類感染症	163
婚姻	15
こんにちは赤ちゃん事業	35,45

さ～そ

サーカディアンリズム	74
細気管支炎	125
在胎週数	112
逆さまつげ	152
産後うつ	34
産後ケア	34
産後ケア事業	37
3歳児健診	96,99
三世代家族	26
産前・産後サポート事業	37
酸素飽和度	67
産道感染	117
産婦健康診査	34
3、4か月健診	97
霰粒腫	151
三類感染症	163
死因順位別死亡数	19
歯科保健	40
糸球体腎炎	141
自己肯定感	5,20
事故防止	4
自殺	19
死産	15,16,28
資質	7
思春期	52
姿勢保持	56
自然死産	28
持続感染	161
市中感染症	168
市町村保健センター	11,40
湿疹	150
SIDS	19,30
疾病	14
指定感染症	163
児童委員	47
児童虐待	31,44
…による死亡事件	31
…の分類	44
児童虐待相談	19
児童虐待の防止等に関する法律	19,44
児童虐待防止法	19,44
児童相談所	19
児童福祉法	10
シナプス	71
自発的	6
死亡	15
社会資源	26
社会性	60
弱視	152
斜視	152
シャフリングベビー	62
就学援助	23
就学困難	23
周産期	112
周産期死亡	16
周産期死亡率	18,28
重症筋無力症	155
集団	3
重度心身障害者医療助成	121
絨毛検査	121
主体性	6
出血傾向	133
出生	15
出生数	16
出生前診断	121
受動喫煙	117
循環器	124
…の病気	124
循環器系	67
消化	68
障害者基本法	42
障害者自立支援法	42
障害者の日常生活及び社会生活を総合的に支援するための法律	42

障害受容のプロセス	119
消化管の病気	127
消化器	126
…の病気	126
消化器系	68
消化酵素	68
消化性潰瘍	128
上気道炎	125
少子高齢社会	26
小泉門	53
情緒の安定	2,6
小頭症	148
小児がん	153,156
小児欠神てんかん	154,158
小児てんかん	155
小児慢性特定疾病医療支援	121
小脳	70
情報共有	102
静脈血	67
睫毛内反	152
職域保健	40
食育	35
食習慣	8
嘱託医	3,48
食物アレルギー	137,140,144
食欲	80
自立支援医療	121
新型インフルエンザ	43
新型インフルエンザ感染症	163
新感染症	164
心奇形	115
神経芽腫	157
神経筋疾患	150
神経細胞	71
神経皮膚症候群	151
人権	44
人工死産	28
人口統計	15
人工妊娠中絶	28
腎疾患	138
心室中隔欠損症	124,130
新生児	112
…にみられる主な病気	114
…の病気	112
新生児期	52
新生児死亡	16
新生児死亡率	18
新生児集中治療室	41
新生児聴覚検査	34
心臓	67

腎臓	69,138
心臓合併症	131
身体感覚	5
身体障害	42
身体的虐待	19,44
身体発育	52
身体発育値	59
身長	52
身長・体重パーセンタイル値成長曲線	53
新陳代謝	74
心拍数	67
腎・泌尿器系	69
腎不全	69
心房中隔欠損症	130
信頼感	5
信頼関係	104
心理的虐待	44
随意運動	55
水頭症	148
水分	86
水分代謝	74
髄膜炎	149
睡眠	81
睡眠リズム	74
スキャモンの臓器別発育曲線	58
スキンシップ	5
健やか親子21（第2次）	41
ストレス	84
スモールステップ	109
生活支援	23
生活習慣	4
生活の質	14,26
生活保護	23
生産人口	15
生殖補助技術	122
精神衛生法	42
精神障害	42
精神保健	40
成人保健	40
精神保健及び精神障害者福祉に関する法律	42
精神保健福祉センター	40
精神保健法	42
成長	52
成長曲線	90,92
成長ホルモン	62,142
成長ホルモン分泌不全性低身長	143
性的虐待	44
生命の保持	2,6

生理的黄疸	72
生理的機能	74
生理的欲求	4
世界保健機関	14
せき	85
せきエチケット	174,175
脊髄	55
脊髄性筋萎縮症	155
赤血球	66,72
舌小帯短縮症	127
接触感染	160,176
全国保育サービス協会	11
染色体異常	118
全身状態	81
先天異常	118
先天奇形	19,120
先天性筋ジストロフィー	155
先天性股関節脱臼	150
先天性疾患	112,118
…の受容	119
先天性心疾患	115,124,130
先天性代謝異常症	116
先天性胆道拡張症	129
先天性難聴	117
先天性風疹症候群	117
潜伏感染	161
喘鳴	85
早期新生児	18
早期発見	34
相対的貧困率	22
鼠径ヘルニア	129
咀嚼	69
粗大運動	55,56

た〜と

第1次ベビーブーム	16
第2次ベビーブーム	16
第一種（学校感染症）	164
体温	78
体温調節	74
待機児童	48
第三種（学校感染症）	164
胎児アルコール症候群	117
胎児仮死	114
代謝	69,116
体重	52
体循環	67
対人保健	40
胎生期	55

大泉門	53
大頭症	148
胎内感染症	116
第二種（学校感染症）	164
大脳半球	70
対物保健	40
ダウン症候群	118
脱水	81,86
WHO	14
痰	85
胆道閉鎖症	129
タンパク尿	138
チアノーゼ	67,149
地域型保育	10
地域子ども・子育て支援事業	10
地域保健	40
窒息	83
知的障害	42
地方公共団体	40
中耳炎	153
中枢神経	55,148
中枢神経系	70
中脳	70
聴覚障害	34
腸重積	128
通告	47
定期健康診断	172
定期接種	180
低血糖	116
低出生体重児	36,112,120
低身長	62
デュシェンヌ型筋ジストロフィー	63,155
電解質	86
てんかん	149,154
点頭てんかん	154
デンバー発達判定法	60
トイレトレーニング	75
頭囲	53,148
…の異常	148
糖尿病	117,143
動脈管開存症	130
動脈血	67
動脈血酸素飽和度	80
トキソイド	181
特別児童扶養手当	121
吐乳	69
鳥インフルエンザ	43

な〜の

内分泌系	71
内分泌腺	71,139
泣き入りひきつけ	149
生ワクチン	180
難聴	153
乳歯	54
乳児家庭全戸訪問事業	35,45
乳児期	52
乳児死亡	16
乳児死亡率	18,26
乳幼児	2
乳幼児健康診査	11,34
乳幼児身体発育調査	59
乳幼児突然死症候群	19,30
ニューロン	71
尿	69,75
…の状態	81
尿管	69
尿路感染症	139,142
二類感染症	163
任意接種	43,180
認可外保育施設	10
認可施設	10
人間関係	8
妊産婦死亡	16,28
妊産婦手帳制度	27
妊娠・出産包括支援事業	36
妊婦健康診査	33
ネグレクト	19,44
熱性けいれん	82,149
ネフローゼ症候群	141
年少人口	15
脳	55,70
脳炎	149
脳幹	55,70
脳腫瘍	156
脳症	149
脳神経障害	115
脳性麻痺	148
能力	7
ノンレム睡眠	75

は〜ほ

把握反射	55
パーセンタイル値曲線	59
肺	66

肺炎	126
媒介感染	161
肺循環	67
排泄	69
排泄機能	75
バイタルサイン	78,81
肺胞	66
麦粒腫	151
発育	4,52
発育曲線	59
白血球	72
白血病	153,156
発達	4,52
発達過程	4
発達障害	11
発達障害者支援法	96
発達相談	34
発熱	82
パルスオキシメータ	67,80
反射	55
反射運動	55
肥厚性幽門狭窄症	128
微細運動	55,56
非対称性緊張性頸反射	55
ひとり親家庭	22
ひとり親家庭・多子世帯等自立応援プロジェクト	24
皮膚	75
皮膚炎	150
皮膚機能	75
飛沫核感染	160
飛沫感染	160,174
肥満度曲線	92
表現	8
病原体	73,82,160
病児保育	169
日和見感染	169
貧血	126
貧困の世代間連鎖	23
ファミリー・サポート・センター事業	11
ファロー四徴症	130
フェニルケトン尿症	116
不活化ワクチン	180
不感蒸泄	74
腹式呼吸	66
腹痛	84
副反応	182
不顕性感染	161
不妊	36,122

不妊専門相談センター	35	
不慮の事故	19	
フロッピーインファント	63	
分解	68	
憤怒けいれん	149	
平熱	74	
ベビーシッター	11	
ヘモグロビン	72,80	
ヘルスプロモーション	14,168	
便	75	
…の状態	81	
保育	2	
保育環境	2	
保育所におけるアレルギー対応ガイドライン	49	
保育所における感染症対策ガイドライン	49	
保育所における食育に関する指針	49	
保育所における食事の提供ガイドライン	49	
保育所保育指針	2,48	
保育所保育指針解説	46	
膀胱	69	
ほくろ	151	
保健活動	2	
保健管理	43	
保健教育	43	
保健行政	40	
保健指導	32	
保健所	40	
保健所法	27	
保護者	32,102	
…との情報共有	102	
…にADHDが疑われる	109	
…に自閉スペクトラム症が疑われる	109	
…に精神障害が疑われる	110	
…に知的障害が疑われる	109	
…に発達障害が疑われる場合	109	
…の成育歴	109	
…の特徴	109	
…へのアドバイス	108	
…への支援	108	
保護者面接	106	
母子健康手帳	27,32,34,172	
母子健康包括支援センター	37	
母子保健	26,40	
母子保健相談支援事業	37	
母子保健統計	16	
母子保健法	32,96	
母子保護法	28	

母体免疫移行	144	
発疹	82	
骨	59	
母斑	151	
母斑症	151	
ホルモン	71,139	

ま～も

マススクリーニング検査	34	
マタニティマーク	35	
末梢神経系	55	
慢性肺疾患	132	
未熟児	36,112	
未熟児養育医療	121	
耳	153	
…の疾患	153	
脈拍	79	
民生委員	47	
メラトニン	74	
免疫	136,144	
免疫異常	136	
免疫系	73	
面接	106	
ものもらい	151	
モロー反射	55	

や～よ

養育医療	32	
養育支援訪問事業	45	
養護	3,6	
…の理念	6	
幼児期	52	
羊水検査	121	
要保護児童対策地域協議会	46	
予防接種	173,180	
…を受ける時期	182	
予防接種指導	96	
予防接種法	43	
四類感染症	163	

ら～ろ

ライフサイクル	26	
乱視	152	
離婚	15	
療育手帳	121	
良性小児てんかん	154	
倫理的問題	121	

レム睡眠	75	
老人保健法	42	
老年人口	15	
ローランドてんかん	154	
6、7か月健診	97	
肋間筋	66	

わ～ん

ワクチン	180	

新・基本保育シリーズ

【企画委員一覧】（五十音順）

◎ 委員長　○ 副委員長

相澤　仁（あいざわ・まさし）	大分大学教授、元厚生労働省児童福祉専門官
天野珠路（あまの・たまじ）	鶴見大学短期大学部教授、元厚生労働省保育指導専門官
石川昭義（いしかわ・あきよし）	仁愛大学教授
近喰晴子（こんじき・はるこ）	東京教育専門学校専任講師、秋草学園短期大学特任教授
清水益治（しみず・ますはる）	帝塚山大学教授
新保幸男（しんぽ・ゆきお）	神奈川県立保健福祉大学教授
千葉武夫（ちば・たけお）	聖和短期大学学長
寺田清美（てらだ・きよみ）	東京成徳短期大学教授
◎西村重稀（にしむら・しげき）	仁愛大学名誉教授、元厚生省保育指導専門官
○松原康雄（まつばら・やすお）	明治学院大学学長
矢藤誠慈郎（やとう・せいじろう）	岡崎女子大学教授

（2018年12月1日現在）

【編集・執筆者一覧】

編 集

松田博雄（まつだ・ひろお）	社会福祉法人子どもの虐待防止センター理事長
金森三枝（かなもり・みえ）	東洋英和女学院大学准教授

執筆者（五十音順）

秋山千枝子（あきやま・ちえこ）	あきやま子どもクリニック院長	第8講・第9講
石野晶子（いしの・あきこ）	杏林大学講師	第7講
小野正恵（おの・まさえ）	東京逓信病院小児科部長	第10講・第12講
梶　美保（かじ・みほ）	皇學館大学准教授	第2講・第4講
加藤則子（かとう・のりこ）	十文字学園女子大学教授	第1講
金森三枝（かなもり・みえ）	（前掲）	第3講
杉田記代子（すぎた・きよこ）	東洋大学教授	第5講・第11講・第13講
藤井祐子（ふじい・ゆうこ）	全国保育園保健師看護師連絡会会長	第15講
松田博雄（まつだ・ひろお）	（前掲）	第6講・第14講

子どもの保健

新・基本保育シリーズ⑪

2019年2月20日　発行

監　　修	公益財団法人 児童育成協会
編　　集	松田博雄・金森三枝
発行者	荘村明彦
発行所	中央法規出版株式会社
	〒110-0016 東京都台東区台東3-29-1　中央法規ビル
	営　　業　Tel 03(3834)5817　Fax 03(3837)8037
	書店窓口　Tel 03(3834)5815　Fax 03(3837)8035
	編　　集　Tel 03(3834)5812　Fax 03(3837)8032
	https://www.chuohoki.co.jp/
印刷・製本	株式会社アルキャスト
装　　幀	甲賀友章(Magic-room Boys)
カバーイラスト	大畑　泉(社会福祉法人　富岳会)
本文デザイン	タイプフェイス
本文イラスト	小牧良次(イオジン)

定価はカバーに表示してあります。
ISBN978-4-8058-5791-5

本書のコピー、スキャン、デジタル化等の無断複製は、著作権法上での例外を除き禁じられています。また、本書を代行業者等の第三者に依頼してコピー、スキャン、デジタル化することは、たとえ個人や家庭内での利用であっても著作権法違反です。

落丁本・乱丁本はお取替えいたします。